U0126576

明代道士張三丰考

黃兆漢著

臺灣學生書局印行

編輯「道教研究叢書」弁言

李豐楙

道教在中華文化中具有其獨特的地位，直至今日，道教信仰仍深具影響力。有關道教的研究，國內正在發展中；而國外漢學家則已累積至可觀的成果。有鑒於此，乃有編輯出版本叢書之舉。將來預計收錄的凡有三大類：一爲國人研究道教的論文與專著，彙編成書，以利典藏。二爲譯介國外的道教研究，交流學術，以資借鏡。三則編輯整理與道教相關的資料，諸如辭語解說、索引之類，以便翻檢。道教之學，方興未艾，而編印之初，百事待舉，衷心希望海內外的同道同好共襄盛舉，是則爲道教之幸，亦學界之幸，至所期盼。

見明代《列仙全傳》（明萬曆廿八年刊本）

道藏輯要　三丰全集　圖像　壹　續畢集七

大元遺老大明風漢招之不來覓之不見淂樂天懷廣度人願九州徧來浩乎無岸

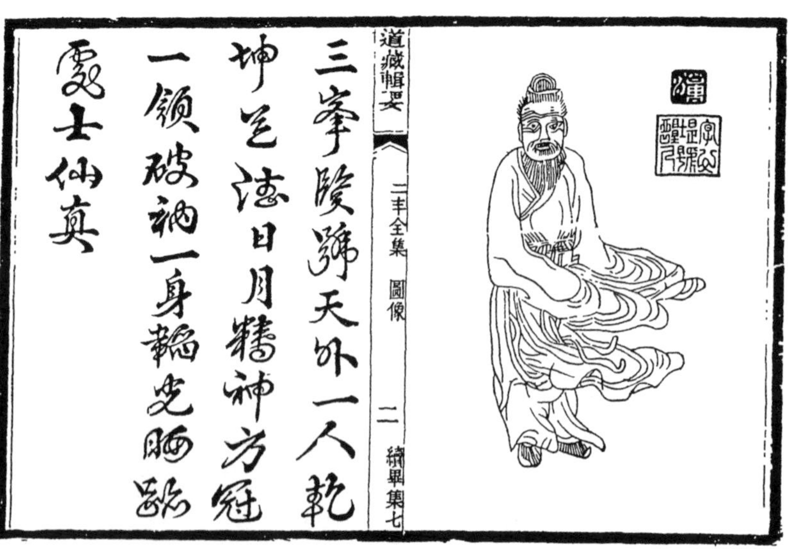

道藏輯要　三丰全集　圖像　二　續畢集七

三峯陵蹤天外一人乾坤包德日月精神方冠一領破衲一身韜光晦跡靈士仙真

見《道藏輯要》（清光緒丙午年（一九〇六）重刊，板藏成都二仙庵）

道藏輯要　三丰全集　圖像　三　續畢集七

蒲團不要坐石觀書三
友合講易象皆虛圓圓
朗朗印印如如菩提似
相先生有諸

道藏輯要　三丰全集　圖像　四　續畢集七

是真神仙睡着打睡是
真打睡乃知睡味長滿
蓑衣月篩林翠華
山擁猿河共三昧

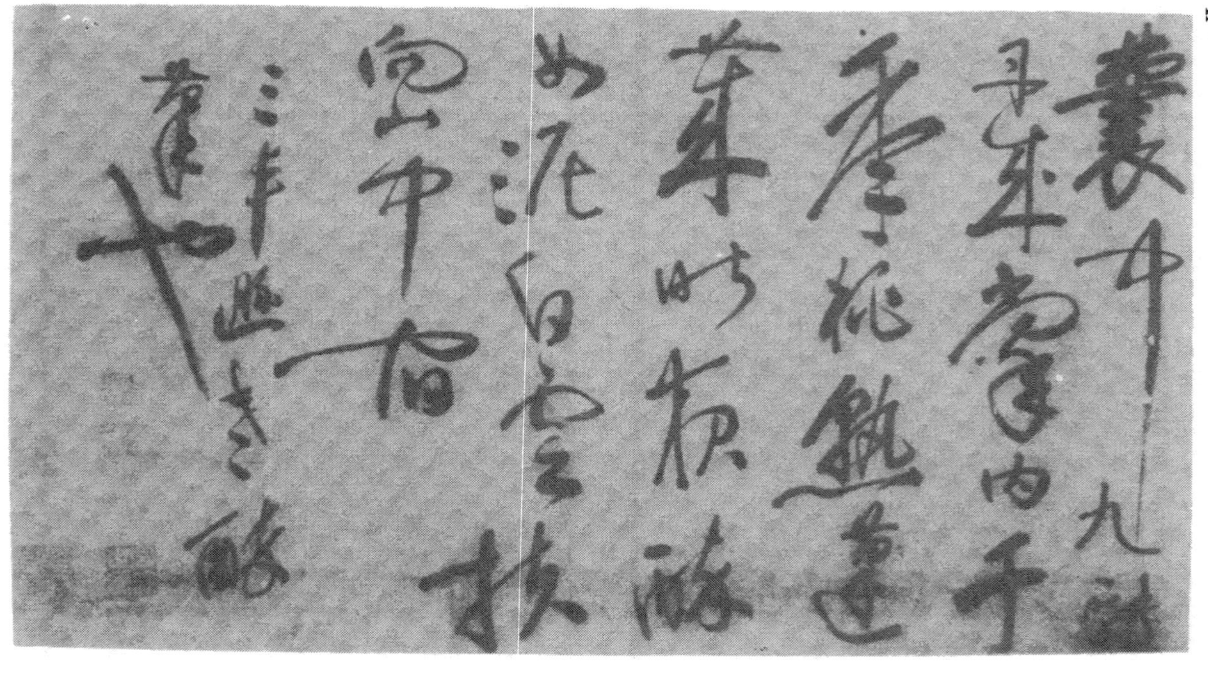

張三丰墨跡　載：《上野有竹齋蒐集中國書畫圖錄》
（日本·京都國立博物館出版，一九六六）

序

今年一月初臺灣國立政治大學中文系李豐楙教授託夏威夷大學東亞文學系馬幼垣教授帶來一信，說學生書局希望爲我出版一本有關道教研究的著作，以充實他們的《道教研究叢書》。看信後，我覺得很高興，但可惜的是，手頭上沒有足夠文稿可作爲一書出版。本來我已發表了二十多萬有關道教研究的文字，正好趁這機會把它們彙集起來交給學生書局出版的，可是恰巧得很，去年底已交給香港中文大學出版社出版了。幾經苦思及和李教授商議，最後我決定撰寫一本有關明代道士張三丰的研究專著。

張三丰的研究，對我來說，不是一個新鮮的課題，十一年前（一九七六年）我向澳洲國立大學遞交的博士論文——“On the Cult of Chang San-feng and the Authenticity of his Works” 就是以張三丰爲研究對象的。本書便是根據這篇論文改寫及擴充而成的。初時我以爲既已有論文作爲藍本和已掌握了一堆有關的材料便可以輕而易舉的在幾個星期之內交卷，可是一寫就寫了四個月！現在總算寫好了，如釋重負，心情既輕鬆又興奮。更值得安慰的是，對張三丰的研究也可以告一段落了。

在過去的十年內我不是沒有寫過有關張三丰的文字，不過都是環繞着小題目去造文章，是片面的，並不能通過任何一篇去了解張三丰的全面，或說得正確一點，對張三丰有一個全面的認識。現在這本書正好彌補這個缺陷。我不是說我這本書已解決了一切有關張三丰的問題，其中自然還有不少仍留待我們去研究。幸好，對一些比較重要的問題本書已經涉及，亦或者已得到初步解決。如果讀者更認爲某些地方寫得頗爲詳盡或不致膚淺的話，我會覺得很欣慰。我不敢說本書對道教研究有什麼貢獻，甚至對張三丰研究有什麼貢獻，我只是希望把我多年來對張三丰研究所得全盤寫出來，作爲對我自己的一個交代而已。至於說對了或說錯了，讓專家批評和指正。

在本書撰寫的過程中，常常得到內子曾影靖女士關注和鼓勵，於此特致謝意，亦藉此機會謹以此書獻給她。

我的博士論文是柳存仁教授指導的，沒有那篇博士論文或許就沒有這本書，飲水思源，在此致最大謝忱。

黃兆漢

一九八七年九月于香港大學中文系

明代道士張三丰考　目錄

壹、張三丰時代行蹟考

一、張三丰的生存時代

在明、清兩代的一般史籍、地方志、山志、筆記、神仙傳裏，有不少關於張三丰的記載。它們大多數把他描寫成一個行爲怪誕的奇人，其中更有些把他說成是個時隱時現於人間，歷數百年而不歿的神仙。它們一方面說他活動於明初洪武、永樂年間（一三六八～一四二四），又一方面說他與清代道光年間（一八二一～一八五〇）的人有所交往❶。人生幾何？一個人怎能活到四五百歲呢？我們怎可以相信張三丰有如此長的壽命呢？其他神話式的記載暫且不提了，單是這一點已值得我們玩味和懷疑了。最使人困惑的是，就是他何時死去亦不得而知。號稱爲「正史」的《明史》亦只能說他「終莫測其存亡❷」罷了。

不但張三丰何時死去不得而知，他何時出生亦沒有明確記載，就算籠統地指出他出生於某個時代亦很難確定。有些記載說他是宋時（九六〇～一二七九）人❸，有些說他是金時（一一一五～一二三四）人❹，有些說他是元時（一二七一～一三六八）人❺，更有些認爲他不知是何時人的❻。當然，因爲《明史》有他的傳，所以一般人都認爲他是明代（一三六八～一六四四）人了。

這樣的一個生死時代不可確知的人物，加上有關他的一大堆神話及一些似事實而可能不是事實或甚至並非事實的活動的記載（這點以後再詳談），很容易使人產生懷疑：實際上張三丰這個人物有沒有存在過？換句話說，張三丰是否一個歷史人物？當我蒐集有關張三丰的材料加以研究的初時就產生這樣的一個懷疑。後來經過了一番分析的工作，纔從這些蕪雜的材料找到一些比較可信的成份，初步推論出張三丰應該是個元末明初的人物。

我們實在很難正面肯定張三丰實際上存在過的，因爲他沒有留下一些東西足以具體地證實他曾經存在，連一般人認爲是他的作品的《張三丰全集❼》也不是他作的，而是後人僞造的（這一點我們留到本書第三部份「《張三丰先生全集》作者考」纔詳細討論）。他的存在只能靠着一些別人的文字來推論。縱使我們說可以找出一些證據，這些證據也是次等的、間接的。不過，除了這樣，也實在找不出更好的方法。

在有關張三丰的材料裏存着一個普遍的現象：它們大都記載明太祖和成祖訪尋張三丰的事，而且都言之鑿鑿，所以也許通過這些記載的分析可以推論出張三丰是個歷史人物。

關於明太祖訪尋張三丰的記載很多，最早的記載大概是成書於明宣德六年（一四三一）的任自垣❽著的《太嶽太和山志》。它說：

> （洪武）二十四年（一三九一）太祖皇帝遣三山高道使于四方，清理道教，有張玄玄（按：玄玄爲張三丰之字）可請來❾。

明太祖既然使人到處訪尋張三丰，張三丰自然有其存在的可能性，否則，倘若張三丰根本不存在，或根本沒有人說他存在的話，太祖又何須使人四處找他呢？明何喬遠（一五八六年進士）的《名山藏》這樣說：

> 太祖晚年聞其（按：指張三丰）名，四求不得⑩。

可知太祖晚年的時候實在有人對他說張三丰是在當時存在的。至於太祖要訪尋張三丰的原因則不見有什麼記載。但我相信大概不外兩個原因：一是出於好奇心或對張三丰的景仰，一是想要三丰給他一點仙藥治病或延壽，而後者的可能性較高。

太祖晚年是需要服仙藥的。在其《御製周顛仙人傳》說：

> （洪武二十五年）（一三九二）朕患熱症，幾將去世，俄赤脚僧至，言天眼尊者及周顛僊人遣某送藥至。……朕遂服之。當夜病愈，精神日强一日。服過三番，乃聞有菖蒲香，盞底有丹砂沉墜，鮮紅異世有者。……⑪

他的《御製赤脚僧詩》說：

> ……神憐黔首增吾壽，丹餌來臨久疾瘳⑫。

所謂「丹餌」就是丹藥，即俗稱的仙藥，而「丹砂」則是仙藥的一種。葛洪（二八四～三六四）《抱朴子・內篇・仙藥篇》說：

> 仙藥之上者丹砂，次則黃金，次則白銀……⓭

明太祖於洪武二十四年（一三九一）遣人四處訪尋張三丰似乎與其晚年需要服食仙藥不無關係。張三丰是被人認爲是「神仙中人⓮」的，而神仙正是仙藥的製造者。可惜太祖始終找不到張三丰。但亦有記載謂太祖曾經見過張三丰的。《山西通志》說：

> 明太祖咨以時務，（張三丰）曰：「唯本忠孝。」⓯

但我相信這條材料的可靠性很低。若果明太祖眞是找得到張三丰的話，成書時代距離洪武年間（一三六八～一三九八）並不太遠的《太嶽太和山志》不應沒有記載，而傅維鱗（一六四六進士，一六六七卒）的《明書》、王鴻緒（一六四五～一七二三）的《明史稿》及張廷玉（一六七二～一七五五）的《明史》等嚴肅的史書都明言明太祖找不到張三丰。《明書》說：

> 明年（即洪武二十四年，一三九一），太祖遣三山道士請（張）玄玄造朝，了不可見⓰。

《明史稿》說：

> 太祖故聞其名，洪武二十四年（一三九一）遣使徧覓之，不遇[17]。

《明史》說：

> 太祖故聞其名，洪武二十四年（一三九一）遣使覓之，不得[18]。

明太祖徧覓張三丰而不得是事實，但這並不等於說張三丰在當時並不存在。反之，正因爲明太祖曾大事訪尋張三丰而增加了我們對張三丰存在的信念。

明成祖訪尋張三丰一事，因爲過去的人都認爲或多或少與政治有關，所以記載特多。他們大多認爲成祖之所以使人訪尋張三丰只是藉口，目的是爲了查探可能已出亡的惠帝的下落[19]。「靖難之役」後，惠帝不知所終，或說由地道出亡。成祖爲了要查明眞相，於是使人分水陸兩路偵查。水路方面則派三保太監鄭和（一三七一～一四三五）主其事，陸路方面則使都給事中胡濙（一三七五～一四六三）主之。

李賢（一四〇八～一四六六）《胡濙神道碑銘》說：

> 丁亥（按：即永樂五年，一四〇七）上（按：指明成祖）察近侍中惟公（按：指胡濙）

> 忠實可託，遂命公巡遊天下，以訪異人為名，實察人心向背[20]。

所謂「察人心向背」就是說查察百姓的心是否已歸成祖或是仍向惠帝，意思是指查察惠帝是否仍然生存，仍負衆望。而以訪之爲名的「異人」則正是我們討論的張三丰。王鏊（一四五○～一五二四）《震澤紀聞》說：

> 太宗（即成祖）師渡江，薄都城，建文君闔宮自燔死，然或傳實自火逃去，或傳蜀府兵來赴難，竊載以去，莫察其實，故遣胡濙巡行天下，以訪張仙為名，實為建文也[21]。

陳建（一四九七～一五六七）《皇明通紀法傳錄》說：

> （永樂五年）……上察近侍中以濙忠實可託，命偏行天下，以搜訪異人為名，實察人心向背[22]。

鄭曉（一四九九～一五六六）《今言》說：

> 成祖遣禮科都給事中胡濙名求（張）儠傝，實是訪故君云[23]。

《震澤紀聞》的「張仙」、《皇明通紀法傳錄》的「異人」、《今言》的「張儠傝」亦是指張三丰。

訪尋惠帝自然是事實，但說訪尋張三丰只是名義上的則與事實不盡相符，因爲實際上成祖亦眞實地訪尋張三丰的。一般地說，明代的史家，如上述的李賢、王鏊、陳建、鄭曉等都沒有客觀地細看此事。在他們的眼中，訪尋張三丰一事只是虛有其名而已。但其實並非如此。《明史》的作者對此事的看法比較客觀，《明史・胡濙傳》說：

> 惠帝之崩於火，或言遁去，諸舊臣多從者，帝（按：指成祖）疑之。（永樂）五年（一四〇七）遣（胡）濙頒御製諸書，幷訪仙人張邋遢，徧行天下州郡鄉邑，隱察建文帝安在[24]。

此處已不再用「以訪張仙爲名」一類的字眼，而清楚的指出胡濙「訪仙人張邋遢」是成祖給他的任務之一了——雖然只是同「頒御製諸書[25]」一樣，是次要的。主要的自然是「隱察建文帝安在」。胡濙巡行天下的目的正如鄭和下西洋一樣，不是單純的。鄭和下西洋的一個很重要的目的自然是查探惠帝是否逃亡海外，另一個目的——也不是不重要的是要揚中國之威於異域。《明史・鄭和傳》明白地說：

> 成祖疑惠帝亡海外，欲蹤跡之；且欲耀兵異域，示中國富強。永樂三年（一四〇五）

六月命〔鄭〕和及其儕王景弘等通使西洋㉖。

成祖訪尋張三丰並不是虛有其名，而實在是頗有誠意的。任自垣《太嶽太和山志》說：

> 永樂初太宗文皇帝（按：即成祖）慕其（按：指張三丰）至道，致香書累遣使請之，……㉗

姚福（成化時期〔一四六五～一四八七〕人）《青溪暇筆》說：

> 太宗嘗命數十人乘傳行天下訪求之，……㉘

祝允明（一四六〇～一五二六）《野記》說：

> 太宗未登極時，喇闥（按：即張三丰，喇闥其號之一也。）異蹟甚多，比卽位，不復見，乃命胡忠安濙馳傳徧索於天下，不限時月，……㉙

據陸深（一四七七～一五四四）《玉堂漫筆》，與胡濙同往訪張三丰的有詹事府主簿張朝用㉚；據楊儀（一五三二年前後生存）《高坡異纂》，則有道錄任一愚和岷州指揮楊永吉㉛；據藍田（一四七七～一五五五）《張三丰眞人傳》，則有司攝監太監朱祥㉜。《明史・胡濙傳》記胡濙從永樂五年（一四〇七）起徧行天下訪尋張三丰歷十年之久，至永樂十四年（一四一六）乃還㉝。如此有恒心訪尋張三丰，不可謂沒有誠意了。

成祖不甘心派胡濙訪尋不到張三丰，於永樂十五年（一四一七）再遣寶雞醫官蘇欽等齎香書遍訪名山求之，又遣龍虎山道士奉書請之㉞。而實際上根據《玉堂漫筆》及《名山藏》的記載，早在永樂三年（一四〇五）成祖已遣淮安王宗道徧訪張三丰於天下名山了。王宗道一訪便是十年，竟無所遇而還㉟。又在王宗道及胡濙等訪張三丰的同時，正一教（或稱天師道）的第四十三代天師張宇初（一四一〇卒）亦被派往訪尋張三丰。《漢天師世家》記載：

> 戊子（按：即永樂六年，一四〇八）十月（成祖）手勑俾邀請真仙張三丰。己丑（按：即永樂七年，一四〇九）再勑尋訪張三丰㊱。

永樂十年（一四一二）二月初十日成祖致張三丰的《御製書》最能表示他渴見及仰慕三丰之心。《書》說：

> 皇帝敬奉書真仙張三侓（按：與「丰」通）先生足下：朕久仰真仙，渴思親承儀範，嘗遣使致香奉書，遍詣名山虔請。真仙道德崇高，超乎萬有，體合自然，神妙莫測，朕才質疎庸，德行菲薄，而至誠願見之心夙夜不忘。敬再遣使謹致香奉書虔請，拱

候雲車風駕，惠然降臨，以副朕拳拳仰慕之懷。敬奉書㊲。

又在同年三月初六日賜正一教道士孫碧雲（一四一七卒㊳）的詩說：

若遇真仙張有道（按：即張三丰），為言佇候長相思㊴。

成祖不單只屢次遣人長時期地徧訪張三丰，而且實際上也爲張三丰做了點事：勅孫碧雲於武當山特爲張三丰創建道場。他的勅是製於永樂十年（一四一二）三月初六日的，勅云：

朕聞武當遇真〔宮〕實……真仙老師鶴馭所遊之處，不可以不加敬，今欲創建道場以伸景仰欽慕之誠。爾（按：指孫碧雲）往審度其地，相其廣狹，定其規制，悉以來聞。朕將卜日營建。爾宜深體朕懷，致宜盡力，以成協相之功。……㊵

明方升（十六世紀時人）《大嶽志》進一步的證實此事：

〔玉虛〕宮在展旗峰北遇真故址，為真仙張三丰之庵。……文皇（按：即成祖）遍訪物色不可得，遂大其宮以為祝釐之所㊶。

但根據《明史》則成祖不只爲張三丰改建遇眞宮爲玉虛宮那麼簡單，《明史．張三丰傳》說：

> 永樂中成祖遣給事中胡濙偕內侍朱祥齎璽書香幣往訪，遍歷荒徼，積數年不遇，乃命工部侍郎郭璡、隆平侯張信等督丁夫三十餘萬人大營武當宮觀，費以百萬計。既成，賜名「太和太岳山」，設官鑄印以守，……[42]

可是這樣的記載是不太明確的。不錯，成祖曾「大營武當宮觀，費以百萬計」，但目的是爲了崇祀玄帝[43]，而不是爲了景仰張三丰。這一點可以永樂十年（一四一二）七月十一日的「黃榜」證之：

> 皇帝諭官員軍民夫匠人等：武當，天下名山，是北極真武玄天上帝修真得道顯化去處，歷代都有宮觀，元末被亂兵焚盡，至我朝真武闡揚靈化，陰佑國家，福庇生民，十分顯應，我自奉天靖難之初，神明顯助威靈，感應至多，言說不盡。那時節已發誠心要就北京建立宮觀，因為內難未平，未曾滿得我心願。及即位之初，思想武當正是真武顯化去處，即欲興工創造。緣軍民方得休息，是以延緩到今。如今起倩些軍民去那裏創建宮觀，報答神惠，上資薦揚皇考皇妣，下為天下生靈祈福，用工夫不多，至容易，不難，特命隆平侯張信、駙馬都尉沐昕等把總提調管工官員人

等，……㊹

在武當山創建宮觀的因由與目的在此「黃榜」是說得很清楚的。我們更可證之以其他文獻。《孝宗實錄》載：

> 太宗（按：即成祖）入靖內難，以神（按：指玄帝）有顯相功，又於京城艮隅并武當山重建廟宇。兩京歲時朔望各遣官致祭，而武當山又專官督視祀事㊺。

王世貞（一五二六～一五九〇）《名卿績紀・姚廣孝傳》亦謂：

> 燕王既以定京師，……遣使於武當山營玄武宮殿，楣柱甃甓，悉用黃金。是時天下金幾盡㊻。

朱國楨（一五五七～一六三二）《湧幢小品》亦謂：

> 太和山一役，則因嘿祐之功，竭兩朝物力表其巔，至今奔走四海㊼。

但是，謂「靖難」之事得玄帝相助自屬誕詞，大有可能是姚廣孝（一三三五～一四一八）輩使用掩眼幻術，假號神佑，以堅定成祖起兵之志的㊽。

不過，話又要說回來，雖然成祖大事營建武當山宮觀是爲了崇祀玄帝，但是實際上也同時因景仰張三丰而「創建道場」。而且，他訪尋張三丰實是出自誠意的。從以上的討論可知。

成祖又是爲了什麼原因使人訪尋張三丰呢？

倘若我們相信成祖給張三丰的信及賜孫碧雲的詩所言是眞實的話，自然是爲了對張三丰的景仰。但是，相信實情並不是如此簡單。我以爲至少還有兩個原因：一是成祖與張三丰同奉玄帝，二是成祖像太祖一樣爲求仙藥。

成祖崇奉玄帝是因爲他相信玄帝曾助其靖難（此點上文已及），另外一個原因是他亦相信或至少佯作相信玄帝亦曾助太祖平定天下。成祖《御製太嶽太和山道宮之碑》說：

> 朕皇考太祖高皇帝以一旅定天下，神（按：指玄帝）陰翊顯佑，靈明赫奕。朕起義兵，靖內難，神輔相左右，……㊾

又在其《御製眞武廟碑》說：

> 昔朕皇考太祖高皇帝乘運龍飛，平定天下，雖文武之臣克協謀佐，實神有以相之。肆朕肅靖內難，雖亦文武不二心之臣疏附先後，奔走禦侮，而神之陰翊默贊，……

迹尤顯著[50]。

而三丰也是崇奉玄帝的。《太嶽太和山志・張全弌傳》說：

〔張三丰〕洪武初來入武當，拜玄帝於天柱峯[51]。

明任洛（十六世紀中葉人）等編《遼東志》說：

〔張三丰〕又入武當，謁玄帝於天柱峯[52]。

明吳道邇（十六世紀時人）等編《襄陽府志》說：

〔張三丰〕又尋展旗峯北陲，卜地結草菴，奉玄帝香火，……[53]

成祖既奉玄帝，今見異蹟滿天下的張三丰也是奉玄帝的，這崇奉對象的相同，很有可能促使他訪尋張三丰。

成祖晚年有疾，而此事是肇於永樂十五年（一四一七）的。明楊士奇（一三六五～一四四四）《東里文集・梁用之墓碣銘》說：

永樂十五年（一四一七），車駕巡狩北京，仁宗皇帝在春宮，監國南京。……上（按：指成祖）既有疾，兩京距隔數千里，支庶萌異志者，內結嬖倖，飾詐為間，……[54]

又楊士奇《三朝聖諭錄》說：

……（宣德三年（一四二八））六月間，一日早朝罷，召楊榮及臣（楊）士奇至文華門，命光祿賜食訖，上（按：指宣宗）曰：「吾三人商量一事，京師端本澄源之地，祖宗時朝臣無貪者，年來貪濁之風滿朝，何也？」對曰：「貪風永樂之末已作，但至今甚耳。」上問：「永樂何如？」對曰：「十五、六年以後，太宗皇帝有疾多不出，扈從之臣放肆無顧藉，請託賄賂，公行無忌。……」[55]

為了醫治疾病，成祖時服靈濟宮[56]仙方。《明史·袁忠徹傳》云：

禮部郎周訥自福建還，言閩人祀南唐徐知諤知誨（按：「誨」應作「證」），其神最靈。帝（按：指成祖）命往迎其像及廟祝以來，遂建靈濟宮於都城，祀之。帝每遘疾，輒遣使問神。廟祝詭為仙方以進，藥性多熱，服之輒痰壅氣逆，多暴怒，至失音，中外不敢諫。（袁）忠徹一日入侍，進諫曰：「此痰火虛逆之症，實靈濟宮符

藥所致。」帝怒曰：「仙藥不服，服凡藥耶？」……57

成祖對這些仙藥是極相信的。《洪恩靈濟眞君事實》一書便記載他極力讚頌徐氏二眞君的文字。其中撰於永樂十五年（一四一七）的《禦製靈濟宮碑》說：

乃者朕躬弗豫，用藥百計，罔底于效，神默運精靈，翊衞朕躬，頃刻弗違，隨叩隨應，屢顯明徵，施以靈符，天醫妙藥，使殆而復安，仆而復起，有回生之功，恩惠博矣盛矣58。

張三丰既被認爲是仙人，成祖訪尋他的理由之一極有可能是爲了求仙藥的，雖然記載上沒有一點提及。前文已經提過成祖遣寶雞醫官蘇欽等齎香書遍訪名山求張三丰一事，至値得玩味。事情是發生于永樂十五年（一四一七）的，正是成祖得疾之時，而被遣訪尋張三丰的又是一名醫官，這大概很難說與成祖之疾無關吧？若有關，則自然是想從三丰的身上得到一些所謂仙藥了。

但成祖並不曾訪尋到張三丰，這早在《太嶽太和山志》已指出來了。《山志》說：

永樂初，太宗文皇帝慕其至道，致香書累遣使臣請之，不獲59。

可是亦有一些記載謂成祖曾見過張三丰的。如徐禎卿（一四七九～一五一一）《異林》說：

〔張刺達〕（按：即是張三丰）國初時（按：指明初）往往遊人間，每顯異跡。太宗時開邸北平，嘗召見之，語有神異。及卽位，思慕甚篤，遣胡尚書瀠遍海嶽間求訪之，後于秦中邂逅，宣述聖意，……張公曰：「謹奉詔。但道遠日久，公先就駕，予當繼至耳。」旣而胡方入朝，張公果至，帝延入，……60

萬曆《南陽府志》說：

時永樂御，極以禮徵之，一見忽別61。

萬曆《青州府志》說：

太宗賜號「三丰」後，莫知所終62。

《潁州志》張鶴騰（一五九五年進士）撰《張三峯傳》說：

永樂靖難時，一日〔張三峯〕自浣敝衲，且浣且呼曰：「召來！召來！」人皆笑其狂。次日，召果至。至徐州遇駕。後五年遣胡濙訪異人張三峯，蓋思之耳[63]。

然而這些記載較《太嶽太和山志》晚出，且神話成份過濃，是不足爲信的。《明史》成書較這些記載爲遲，它的編者們不可能見不到這些材料，但亦不採成祖見過張三丰之說[64]。可見嚴肅的學者是不相信有這回事的。

經過以上的討論，可知成祖在訪尋惠帝的同時亦訪尋張三丰的，而且出自一番誠意，也可能有特殊的目的。既然有這麼多的記載說成祖曾訪張三丰，大抵我們可以說張三丰是個存在的人物。如果在成祖時根本沒有人認爲張三丰存在的話，成祖亦根本不會訪尋他的，而且又是花了這麼多人力、物力和時間呢！

太祖與成祖大事訪尋張三丰已足夠我們相信張三丰是個活動於明初的人物了。倘若我們細讀《太嶽太和山志》，則更可以發現一些材料增強我們這個信念。《山志》說張三丰有五個弟子：

〔張三丰〕洪武初來入武當，……命丘玄清住五龍，盧秋雲住南巖，劉古泉、楊善澄住紫霄，……黃土城卜地立草庵曰會仙館。語及弟子周真德：「爾可善守香火，成立自有時來，非在子也。至囑，至囑。」[65]

又說：

> 〔丘玄清〕，洪武初來遊武當，見張三仹真仙，舉為五龍宮住持⑯。

根據《山志》，丘玄清卒於洪武二十六年（一三九三）⑰，盧秋雲卒於永樂八年（一四一〇）⑱，而《山志》的作者任自垣則於永樂九年（一四一一）任道錄司右玄儀，永樂十一年（一四一三）任太和山玉虛宮提點⑲，他的活動時期與丘玄清、盧秋雲等同時，故有可能彼此相識，他從丘、盧等人得知張三丰的存在是很有可能的。若然，則除非丘、盧等人有意說謊，他對張三丰的存在的記載是頗爲可靠的。面對着這樣的材料還認爲張三丰沒有可能存在似乎是說不過去的吧！

如果張三丰曾經存在過，他應該是明初洪武、永樂年間的人，否則，明太祖與成祖也不會對他發生興趣而使人訪尋他的。而且，生於這個時候的任自垣也說同時代的丘玄清、盧秋雲等是張三丰的弟子，故張三丰的存在時期也應該約略相同，至低限度也不會較後，否則是於理不合的。根據《太嶽太和山志》的記載，張三丰在洪武初已入武當山修道和傳授弟子了，故可推想他當時的年紀理應不太輕，甚至或有可能是個上了年紀的人。在洪武二十四年太祖使人訪尋他的時候照理一定是有相當年紀了。因此之故，說他在元末已經在世不是沒有可能的，而且照理來推想，是應該的。楊儀《高坡異纂》有一段記載張三丰在元末的生活，說：

> 元末，〔張三丰〕居寶雞金臺觀，忽留頌而逝。土民楊軏山買棺斂之，臨窆，覺棺中展動有聲，發視之，乃復生。以小鼓一腔留其家，去入秦遊蜀，登武當山，時至

襄鄧間70。

死而復生一事也許不足信（若是眞死，如何可以復生呢？但亦可以解釋爲假死的。身體的修煉，不論在佛、道教或印度的外道，到了某個階段，呼吸和脈膊都可以受控制，停頓一個短時期的。大概張三丰的修煉達到了這個階段的時候，別人以爲他已死亡了，故「買棺歛之」），但文中指出「元末」這個時期却値得注意，因爲照我們的推想，張三丰在元末是已經存在的，而這段文字正好作爲我們的佐證。

又根據《玉堂漫筆》、《名山藏》、《明史稿》、《明史》等書的記載，謂張三丰於元時學道於鹿邑之太清宮71，雖沒有指明元的某個時期，但亦有可能是元末。且看《明史》的記載：

〔張三丰〕元初與劉秉忠同師，後學道於鹿邑之太清宮72。

「元初與劉秉忠同師」一說暫且不辯。至於說「後學道於鹿邑之太清宮」之「後」字似乎有表示元代晚期的可能。

二、張三丰的生卒時期

大概我們可以確實一點推論出張三丰的生卒時期。先說其卒年吧！上文提過他的弟子盧秋雲卒於永樂八年（一四一〇），而當時正是成祖遣人大事訪尋三丰的時候，在此年張三丰依理應該仍在世，至少可推想盧秋雲認爲他仍在世，否則，成祖不會不採納他認爲張三丰已死的意見而仍然遣人訪尋張三丰的（我相信成祖既然要訪尋三丰的行踪，第一步就是詢問他的弟子）。永樂十五年（一四一七）成祖仍有訪尋三丰之舉（前文已及），故甚有可能此時張三丰仍在世。但永樂十五年之後便沒有記載成祖訪尋三丰了。大概永樂十五年之後一般人（包括明成祖）已認爲三丰不存在了。因此，我們可以得出一個初步結論：三丰大約卒於永樂十五、六年（一四一七～一四一八）左右，或至少沒有任何活動了。

《明史・胡濙傳》有一段文字是頗值得指出來討論的：

> （永樂）五年（一四〇七），（成祖）遣（胡）濙頒御製諸書，并訪仙人張邋遢，徧行天下州郡鄉邑，隱察建文帝安在。濙以故在外最久，至十四年（一四一六）乃還。……十七年（一四一九）復出巡江、浙、湖、湘諸府，二十一年（一四二三）還朝，馳謁帝於宣府。帝已就寢，聞濙至，急起召入。濙悉以所聞對，漏下四鼓乃出。先濙未至，傳言建文帝蹈海去，帝分遣內臣鄭和數輩浮海下西洋，至是疑始釋[73]。

驟然看來，胡濙從永樂十七年到廿一年的「出巡」的目的之一仍然是爲訪尋張三丰的，但細讀之下，則知其實不然。這次「出巡」完全是爲了「隱察建文帝安在」。細細玩味引文後半段可以確知了。故永樂十七年到二十一年胡濙的「出巡」的目的不是訪尋張三丰。

三丰的生年又如何呢？我們從《太嶽太和山志》得知他的弟子丘玄清是卒於明洪武二十六年（一三九三）的（前文已及），又從同一書可知玄清享年六十七74，故可推算玄清的生年爲元泰定四年（一三二七）。若依常理來推論，老師的年齡是應該大過弟子的，則三丰的生年當在泰定四年（一三二七）之前，但確實年份則不可得知。然而三丰總是人吧，一個常人是很少超過一百歲的，倘若三丰是卒於永樂十五、六年（一四一七～一四一八）左右的話，他的生年大概當在元仁宗延祐年間（一三一四～一三二〇）。相信不會更早，因爲他在永樂年間（一四〇三～一四二四）還有活動，若說一個超過了一百歲的老人還有活動，就似乎有點不合常理了。

三、張三丰的交遊

在一些材料裏，提到張三丰與若干元人或元末明初人有過交涉。明姜紹書（十七世紀時人）《無聲詩史》記：

〔黃公望〕往來三吳，與曹知白及方外莫月鼎、冷啓敬、張三丰友善75。

黃公望是元至元六年（一二六九）到至正十四年（一三五四）的人，爲元季的一個很有名的山水畫家，一般人認爲是「元季四大家」之一（其餘三家爲王蒙（卒一三八五）、吳鎮（一二八○～一三五四）、倪瓚（一三○一～一三七四）），對明、清兩代山水畫的發展有過極其深遠的影響[76]。照年歲來看，他應該爲張三丰的老前輩，比三丰大出半個世紀，他死時三丰大概只有三十餘歲。他可能是晚年才認識三丰的。

黃公望博通三教，當他在六十歲左右的時候，鑒於時代的動亂，感到除了藝術生活之外，還需要有一種宗教生活來作人生的寄託，因此，與倪瓚同時加入了當時的新道教——全眞教，更開三教堂於蘇州之文德橋[77]。張三丰是個道士，更很可能亦是個全眞教道士（本文第二部份「張三丰道派考」有頗詳細的討論，於此暫且不談），所以與黃公望同氣相投，很自然的便與他成爲忘年交了。

《道藏》裏收錄了金月巖編、黃公望傳的三種道教典籍：《紙舟先生金丹直指》、《抱一子三峯老人丹訣》及《抱一函三秘訣》[78]，都是全眞教的作品。

黃公望，如上所論，與張三丰交往是有可能的。那麼與黃公望「友善」的曹知白、莫月鼎與冷啓敬又是否有可能曾與張三丰交往呢（當然，與黃公望「友善」的不一定曾與三丰交往）？先說冷啓敬。冷啓敬是冷謙的別字。冷謙也不是一個容易觸摸的人物。我們且先肯定他的存在時代，再看看他可否與張三丰有關。

據明祝允明（一四六○～一五二六）《野記》，冷謙於元中統（一二六○～一二六三）初與劉秉忠（一二一六～一二七四）從沙門海雲（一二○一～一二五六）游，至元間（一二六四～一二七九）秉忠爲相時，謙乃棄釋，到至正間（一三四一～一三六七）已百餘歲。明初仕于朝，爲太常博士⑲。祝允明為明代人，記冷謙於明初仕於朝一事應該可靠，但正如郎瑛（一四八七～一五六六）說：「冷在至正間，已百數歲，若洪武，必百數十歲矣。如此老尚為人臣耶？就使為之，可謂奇矣！⑳」故我推想，冷謙出仕明初時年紀一定不會太大，至正年間亦一定不會百餘歲。祝允明對冷謙年歲的記載必定有錯誤。劉秉忠與海雲是元初人，冷謙出生較晚，是不會及見他們的，他與劉秉忠和海雲的關係只是僞託而已。楊儀《高坡異纂》裏的《冷謙傳》也沒有提及冷謙與劉秉忠和海雲的關係，大概楊儀亦不相信此事，而只說他為「國初（按：即明初）協律郎」㉑，態度是比較嚴謹的。

冷謙與劉秉忠和海雲的關係及他在至正間已百餘歲的材料是從那裏得來的呢？可能都是本於傳為張三丰所撰的《跋蓬萊仙奕圖》㉒。《蓬萊仙奕圖》，根據三丰《跋》是冷謙於至元六年（一三四〇）為三丰而作的，後來三丰將此圖轉送給丘福（一三四三～一四〇九）時就特地為它寫了一篇《跋》，簡單地記述了冷謙的生平歷史及他自己題《跋》的理由。《高坡異纂》鈔錄了整個《跋》，《野記》則只引了一小段，而《野記・冷謙傳》所用的材料大部份都見於此《跋》。

但此《跋》的內容、作者都是有問題的。郎瑛早已指出來了。郎瑛在《七修類稿・續稿》說：

> 嘗思淇國（按：即丘福）乃成祖心腹功臣，〔張〕三丰至而敢匿不言者耶？且《跋》中止言「冷」字而無名，謂冷武陵人，而不知本錢塘。能言元時之事詳，而不知為

本朝（按：指明朝）協律郎。知遠而不知近，有是理耶？《跋》云：「觀李思訓畫，遂得其法，勾出神品，以丹青鳴於時。」何劉伯溫（按：即劉基）之詩與他書皆不言之，而獨言善音律術數耶？就使三丰真得冷畫，元末已死復生，子身遠遊矣，豈復帶畫，永樂時送人耶？且《跋》曰，冷在至正間，已百數歲，若在洪武，必百數十歲矣。如此老尚為人臣耶？就使為之，可謂奇矣！……何不見於書耶？此必憸人假冷之名，張之《跋》，淇國之所遺，見其難得之物，貨人重價。一時名人不察而紀其異，為之題咏也[83]。

郎瑛所說未嘗無理。

　　而且此《跋》之撰寫時間亦不太明確。根據《野記》，它是張三手於「永樂二年（一四〇四）四月手題此圖（按：指《蓬萊仙奕圖》）以歸於太師淇國丘公」的[84]，《七修類稿》亦如此記載[85]，但《高坡異纂》所鈔錄的《跋》卻在末尾署明是撰于「永樂壬辰（按：即永樂十年，一四一二）孟春三日」的[86]。《張三手全集》所收錄的《跋》亦是署明這個日子的[87]。這個時間上的差別不能不增加我們對此《跋》的眞僞的懷疑。丘福是卒於一四〇九年的，故說在一四一二年張三手跋《蓬萊仙奕圖》而轉送給丘福是沒有可能的。若說跋於一四〇四年則於理可通。

　　《跋》的內容、作者與撰作時間既然有問題了，如何還可以採用呢？本之而寫成的《冷謙傳》那裏還可靠呢？

至於《野記》謂冷謙於明初仕于朝，爲太常博士，而《高坡異纂》謂他於明初爲協律郎，在官職上的記載上稍有不同，但仕於明初則一。時人記時事總不會離事實太遠的。倘若冷謙眞是仕於明初——或說爲活動於明初的話，他與張三丰自然可能有交往的。陸深（一四七七～一五四四）《玉堂漫筆》說：

〔張三丰〕與劉太保秉中（按：「中」爲「忠」字之誤）、冷協律起敬（按：「起敬」之「起」與「啓敬」之「啓」爲同音字）同學於沙門海雲（按：「雪」可能爲「雲」之誤）88。

冷謙與劉秉忠、海雲是無關係的，前文已談過了；與張三丰是同學關係一點，也不能看得太認眞，至少不可能同學於海雲。重要的是他與張三丰同時，因爲這一點對我們推論三丰是元末明初人可作爲一個旁證。

劉秉忠與海雲是元初人，冷謙不及見之，與冷謙同時的張三丰亦自然不及見之了。縱然《張三丰全集》有數首與劉秉忠有關的詩89，但它們都是後人假託的。這一點留到第三部份「《張三丰先生全集》作者考」始詳論。

丘福是與張三丰同時的，雖然張三丰把冷謙的《蓬萊仙奕圖》轉送給他及在《跋》中敍述冷謙的事蹟並不可靠，但亦不能說他們彼此之間一定沒有關係的。

現在說曹知白（一二七二～一三五五）。曹知白與黃公望同時，生卒年份亦相約。他亦是個山水畫家[90]，成就與影響則不及黃公望。沒有記載說他與張三丰有關係，但既然他與張三丰都是黃公望的朋友，說不定他們彼此亦有交往的。

黃公望的另一個朋友莫月鼎是什麼人呢？他是元代的一個頗有名氣的道士。據元趙道一《歷世眞仙體道通鑑續編》說，他於「至元丁亥（一二八七）被召，赴闕下，符法闡揚，雷雨在指顧之間，一時名動京師，奔走後先者如雲如堵，有不遠數千里及門而求道者」[91]。又據同書說，他卒於「延祐庚寅」，年七十四[92]。但延祐並無「庚寅」一年，可能是甲寅（一三一四）或庚申（一三二〇）之誤。總之，他是卒於延祐年間的。而張三丰，按照我們的推論，是生於延祐年間的，縱使及見莫月鼎，亦不過是一個數歲大的小孩而已，自然說不上什麼朋友之交了。

黃公望有一個名叫金蓬頭（卒一三三六）的朋友或老師，也許於此值得一提的。清孫承澤（一五九三～一六七五）《庚子消夏記》說：

> 元季高人不願出仕，如金蓬頭、莫月鼎、冷啓敬、張三峰，（黃）子久（按：子久爲黃公望之字）與之為師友[93]。

據《歷世眞仙體道通鑑續編》，金蓬頭是個全眞教士，是全眞教的第二代大宗師丘處機（一一四八～一二二七）之高弟李志常（一一九三～一二五六）之再傳弟子[94]。生前名氣頗噪，「四方聞其道者，無遠邇凡病患者輒叩之，即應。以所供果服之，無不愈。參禮者日集」

[95]。卒於至元丙子（二年，一三三六）[96]。他逝世之時張三丰大概十餘二十歲，彼此是否相識不得而知。

金蓬頭可能是黃公望的老師。黃公望有《金蓬頭先生像贊》，云：

> 師之道大，此時其迹。普願學者，惟師是式。大癡道僕黃公望稽首拜贊[97]。

《贊》中之「師」可能是老師的意思，亦可能只是一種尊稱。若是老師的意思，金蓬頭自然是黃公望的老師了。但其中眞實情形如何，我們很難確知。

金蓬頭有被認爲即是金月巖的[98]，但金蓬頭並無「月巖」一名或字或號。他本名志陽，號埜庵（「埜」或作「野」），素蓬頭一髻，世因以爲號[99]。我疑心金蓬頭與金月巖是兩個人。把金蓬頭與金月巖看作爲一人，大概是因爲黃公望的《金蓬頭先生像贊》稱金蓬頭爲「師」，而同時注意到《道藏》裏有金月巖編、黃公望傳的幾本道書，誤以爲是師徒授受的經典，因而視線模糊了，以致誤會了。

有可能黃公望的老師是金月巖，可惜沒有材料加以證實。而金月巖的事蹟我們也不清楚。

四、張三丰爲元初人、金人及宋人的謬誤

張三丰應該是元末明初人，上文已有頗詳細的論證；他的生卒年代——即生於元延祐年

間，卒於明永樂十五或十六年，亦同時可得到較爲合理的推測。故此說他爲元初人或金時人或宋代人都是不可靠的。以爲他不知何時代人自然只是不負責之言。

以爲張三丰是元初人已見上文所引《玉堂漫筆》，理由是因爲說他與元初的劉秉忠同學於沙門海雲。《名山藏》亦主此說[100]。但從年齡上看，他是無可能及見劉秉忠與海雲的。這一點前文亦已提及。《明史稿》姑存此說，曰：

> 或言〔張〕三丰……元初與劉秉忠同師，……[101]

所謂「或言」即指有此一說而已，作者是不加以肯定或否定的。可是亦無形中表示作者對此說存有懷疑。《明史》的作者對此說的態度比較明確，他說：

> 或言〔張〕三丰……元初與劉秉忠同師，……然皆不可考[102]。

所謂「不可考」即是說無稽之談了。不過既有此說，姑且存錄之而已。

然而，有些人却認爲張三丰是元初人而爲他編造一些故事的。如託名爲明陸西星（一五二〇～約一六〇一）撰的一篇《張三丰傳》說：

> 〔張三丰〕幼有異質，長負才藝。遊燕京，故交劉秉忠見而奇之，曰：「眞仙才

也。」默挈之。久乃得一窐於中山苦寒之地[103]。

陸西星是眞有其人的，但是如此的記載如何可信呢？況且，此傳是否爲陸西星所作亦有問題（關於此傳的作者問題留待「《張三丰先生全集》作者考」部份討論），它所記的又不見於其他明代的文獻。

又如清人汪錫齡（一六六四～一七二四）撰的《三丰先生本傳》說：

〔蒙古〕定宗丁未（一二四七）夏，〔張三丰〕先生母林夫人夢元鶴自海天飛來而誕先生。時四月初九日子時也。……中統元年（一二六〇）舉茂才異等，二年（一二六一）稱文學才識，列名上聞，以備擢用。……至元甲子（一二六四）秋，游燕京，……聞望日隆，始與平章政事廉公希憲（一二三一～一二八〇）識。公異其才，奏補中山博陵令，遂之官。……[104]

這樣的記載眞可謂變本加厲了。汪錫齡是清康熙時代人，如何得到這些消息呢？他在同一文中說：

兩年來曦天少見，水潦頻增。齡乃跣足剪甲，恭禱眉山之靈。拈香七日，晴光普照，晝景遙開，奇峯異水間，幸遇先生（按：指張三丰），鑒齡微忱，招齡入道。……

齡侍先生甚久，得悉先生原本又甚詳。爰洗濁懷，恭為紀傳，以付吾門嗣起者[105]。

汪錫齡遇見及奉侍張三丰事，如果汪氏不是有意說謊的話，一定是白晝作夢或是從扶乩所得了。從扶乩所得的消息又怎能可信呢？

張三丰在元初的一切行爲只可視爲傳說好了。

又有記載謂張三丰是金時人的。陸深《玉堂漫筆》清楚地說：

（張三丰），金時人也[106]。

何喬遠《名山藏》也說得十分肯定：

（張三丰），生於金世[107]。

而且說他「在金時則修煉寶雞縣之金臺觀」[108]，清修《陝西通志》、清修《鳳翔府志》、民初《寶雞縣志》也是這樣記載[109]。但是，張三丰爲元初人已不可能了，那裏還會是元代之前的金時人呢！所以《明史稿》和《明史》都不敢肯定說他是金時人，只說「或言〔張〕三丰金時人[110]」罷了。態度是頗爲保留的。

《高坡異纂》、《遼東志》、《皇明泳化類編》、《武當山志》皆記載張三丰是張仲安的第五子⑪，而金時正有一個張仲安。劉祁（一二〇三～一二五〇）《歸潛志》有他的小傳，說：

張翰林仲安，字晉臣，燕山（河北）人，貞祐六年（按：貞祐只有四年，無六年。「六」應是錯字）詞賦魁也。為人謙謹，有禮法，時輩稱焉。為文亦平暢得體，尤工詞賦。自居太學有聲，入翰林為應奉。秩未滿卒，士論皆惜之⑫。

但一般認爲張三丰爲遼東懿州人⑬，而此張仲安則爲燕山人，看來兩人是沒有關係的；而且此活動於貞祐年間（一二一三～一二一七）的張仲安是不可能在元延祐年間（一三一四～一三二〇）生孩子的。因此之故，就算張三丰之父眞是名爲張仲安的話，亦不是這個在貞祐年間爲詞賦魁首的張仲安。

有人認爲張三丰是宋代人⑭，這可能是由於他們認爲我們所說的張三丰就是有些記載中所提到的宋代的技擊家張三峯的緣故。黃宗羲（一六一〇～一六九五）《王征南墓誌銘》說：

有所謂「內家」者，以靜制動，犯者應手卽仆，……蓋起於宋之張三峯。三峯為武當丹士。〔宋〕徽宗召之，道梗不得進，夜夢玄帝授之拳法，厥明，以單丁殺賊百餘⑮。

清修《寧波府志·張松溪傳》也有相似的記載：

> 張松溪，鄞人，善搏，師孫十三老。其法自言起於宋之張三峯。三峯為武當丹士，〔宋〕徽宗召之，道梗不前，夜夢元帝授之拳法，厥明，以單丁殺賊百餘，遂以絕技名於世[116]。

宋代是否有一個技擊家名張三峯，不可確知。若有，則自然不是元末明初的張三丰。我們所討論的張三丰大概是不懂技擊的，因爲在我讀到的張三丰的文獻裏也沒有提到他懂技擊的。這個技擊家張三峯亦可能只是僞託，創此說之人（當然不會晚到黃宗羲，黃氏只是直錄其所聞而已），大有可能特意借用張三丰的大名，把他遠推到宋徽宗時代（因爲徽宗甚爲尊重道教），以他作爲內家拳之祖，而自高聲價而已[117]。

又徐禎卿（一四七九～一五一一）的《異林》有張刺達者[118]，曾爲成祖所訪，故可能即爲張三丰。「刺達」可能爲張三丰之號「邋遢」之一音之轉。但徐又同時說他「相傳是宋人」[119]，且曾到華山謁陳摶（八七二～九八九）。倘若徐禎卿認爲張刺達即是張三丰，而同時是宋人的話，自然是不對了。

五、張三丰在明初以後仍有活動的謬誤

說張三丰在延祐以前有所活動是不可靠的，說他在永樂以後有所活動也一樣不可靠。郎

瑛《七修類稿・續稿》說他「天順三年（一四五九），又來謁帝[120]」是不足信的。其他明代的文獻並不曾有這樣的記載，只有清人汪錫齡撰的《隱鏡編年》採取此說，而且又加入了一段神話，說張三丰鑑明英宗（一四三六～一四六四在位）之誠，「乃現全神晉謁」等[121]。若果張三丰眞實曾謁見英宗的話，《明史》一類的史書不應沒有記載。試想，明太祖及成祖曾大事訪尋張三丰而終不能得，現在却來謁見英宗，事情重大，那有不記載之理？

又有不少記載謂張三丰於天順（一四五七～一四六四）末「或隱或見」。《高坡異纂》、《遼東志》、《皇明泳化類編》、《名山藏》、《明書》等都是這樣說[122]。但「或隱或見」是很不明確的說法，張三丰在當時存在與否是沒有確實地指出來的。可見記載的人亦不能確定張三丰在天順末是否存在。所謂「隱」只是猜測之言；所謂「見」只是傳說而已。實際上，三丰在天順年間又如何能「見」呢？他早已去世了。

謂天順三年封張三丰爲「通微顯化眞人」一事大概可信[123]，因爲皇帝封贈一個人名號不一定要那個人存在的。《潁州志》說得很好，它說：

> 至英〔宗〕廟封為「通微顯化真人」，蓋追崇之，原未召見，傳召見者訛也[124]。

當時三丰已不存在了，明英宗自然不會召見他，故追封之爲「通微顯化眞人」就算了。英宗之制見於藍田（一四七七～一五五五）撰的《張三丰眞人傳》，內云：

爾真仙張三丰，芳姿穎異，雅志孤高，……玆特贈爾為「通微顯化真人」125。

制中曾兩次用「爾」字，好像認爲張三丰在當時存在，實際上只是當作他存在而已。

《武當山志》（舊志）謂張三丰於明正統元年（一四三六）被贈爲「通微顯化眞人」126，大概是傳鈔錯誤了，別的書籍並無如此記載。汪錫齡編的《隱鏡編年》謂成化二十二年（一四八六）詔封張三丰爲「韜光尙志眞仙」，嘉靖四十二年（一五六三）封爲「清虛元妙眞君」，天啓三年（一六二三）封爲「飛龍顯化宏仁濟世眞君」127，更不知所本，可能是汪錫齡製造出來的罷了。無論如何，永樂以後張三丰其人已沒有活動，甚至已不存在了。

明、清以來，有關張三丰的記載不可謂少，但那些是眞實歷史，那些只是傳說，有時却很難分辨。一般地說，《明史》的《張三丰傳》是可作爲張三丰的正傳看的，亦即是說裏面的記載是可作爲歷史看的。但事實上並非全部如此。如說永樂中成祖遣胡濙等訪三丰不遇，因而命郭璡、張信等督丁夫三十餘萬人，大營武當宮觀，則與事實頗有距離，此點前文已交代過了。《傳》中又有一段記載是很難令人相信的。文曰：

洪武二十四年（一三九一），……（張三丰）一日自言當死，留頌而逝，縣人具棺殮之。及葬，聞棺內有聲，啓視則復活128。

如果這裏所謂的「死」不是相信爲假死而是眞死的話，《明史》的記載態度自然是有不夠嚴謹之嫌了。但《明史》的作者就好像相信這是眞死，故不加任何按語。以上兩點都可表示《張三丰傳》是寫得不夠妥當的，至少它不能明確地展現事情的眞相。當然，我們並無意思去全盤否定它的存在價值。

《明史》是頗爲晚出的書（成書於一七三六），在某個程度上，必會受到比它早出的書的影響，而這些早出的書的記載不一定全部是可靠的，在張三丰的記載上就是如此。

我們不容易知道有關張三丰的最原始的記載始自何時，但我相信《太嶽太和山志》（成書於一四三一）對他的記載是現存的最早的了。《山志》的《張三丰傳》記載頗爲平實（雖然亦不免雜有一些誕詞），可信的程度很高，至低限度它沒有張三丰死而復生的不合理的記載。現將全《傳》鈔錄如下：

張全弌（按：「弌」與「一」通），字玄玄，號三仹（按：「仹」與「丰」通），相傳留侯（按：即漢代張良）之裔，不知何許人。丰姿魁偉，龜形鶴骨，大耳圓目，鬚髯如戟。頂中作一髻，手中執方尺。身披一衲，自無寒暑。或處窮山，或遊鬧市，嬉嬉自如，傍若無人。有請益者，終日不答一語。及至議論三教經書，則絡繹不絕。但凡吐詞發語，專以道德仁義忠孝為本，並無虛誕禍福欺誑于人。所以心與神通，神與道一，事事皆有先見之理。或三五日一飡，或兩三月一食。興來穿山走石，倦時鋪雲臥雪。行無常行，住無常住。人皆異之。咸以為神仙中人也。洪武（一三六八～一三九八）初來入武當，拜玄帝於天柱峯。遍歷諸山，搜奇覽勝。嘗與耆舊語

> 云：「吾山異日與今日大有不同矣。我且將五龍、南巖、紫霄去荊榛，拾瓦礫，但粗創焉。」命丘玄清住五龍，盧秋雲住南巖，劉古泉、楊善澄住紫霄。又尋展旗峯北陲，卜地結草廬，奉高真（按：指玄帝）香火，曰遇真宮。黃土城卜地立草庵，曰會仙館。語及弟子周真德：「爾可善守香火，成立有時來，非在子也。至囑，至囑。」洪武二十三年（一三九〇）拂袖長往，不知所止。二十四年（一三九一）太祖皇帝遣三山高道使于四方，清理道敎，有張玄玄可請來。永樂（一四〇三～一四二四）初太宗文皇帝慕其至道，致香書累遣使臣請之，不獲。後十年勅大臣創建宮觀一新。玄風大振，自高真昇仙之後，未有盛於今日者。師之所言，信不虛矣[129]。

這篇傳記頗短，內容亦只有數點，除了記述張三丰的姓名、血統、外表特徵、生活行爲外，就只記載了與他直接有關的兩件大事：一爲他於洪武初到武當山修道與傳授門徒，一爲明太祖與成祖遣使訪尋他。連他的籍貫也沒有記載，只說「不知何許人」而已。那些見於其他文獻的神話式的事件，一件也沒有收錄。

我以爲這篇傳記的可貴處是在乎簡要，不獨沒有神話式事件的荒誕記載，亦無一些不明確的記載，「或言」一類的記載並沒有採入。由此可知，此傳記之作者是頗肯定他所得到的知識是正確的。他也不隨便說張三丰是何處人，他不知道的就只寫下「不知何許人」算了。這比較後來的記載妄說張三丰是何處何處人謹愼得多。又，後來不少張三丰的傳記往往記載明英宗天順時（一四五七～一四六四）封張三丰爲「通微顯化眞人」一事，而此傳並沒有記載，原因是此傳之撰寫是在天順之前。

六、張三丰的籍貫、名字、別號及形跡

關於張三丰的籍貫，後來的記載頗爲紛紜，莫衷一是。除大多數認爲他是遼東懿州人外[130]，亦有認爲他是寶鷄人、遼東義州人、天目人、閩人、平陽人、猗氏人的[131]。如此記載的分歧，我想不外以下數個原因：一、根本不清楚三丰是什麼地方人，他到什麼地方寓居，別人便以爲他是那處人；二、傳聞錯誤；三、把一些形跡或姓名近似張三丰的人的籍貫誤殖到張三丰的身上，換言之，即張冠李戴。

張三丰的許許多多的名、字、號也可能有張冠李戴的情形。在《太嶽太和山志》，只記載他名全一，字玄玄，三丰是他的號。但在後來的記載裏，他又叫三峯、三丰遯老、通、玄一、君實、君寶、居寶、昆陽、保和容忍三丰子、保合容忍三丰子、刺闥、邋遢、喇闥、刺達、邋遢張仙人、儠傝、躐蹋、獵獦、躐蹋張、邋遢張、犂蹋仙[132]（我們姑且把他的名、字、號一起地說，因爲有些某個記載認爲是名，另一個記載却認爲是字或號的）。最令人困惑的是，「刺闥」到「犂蹋仙」那十餘個稱呼，有的是形似，有的是音近，有的是義同。大概記載的人先得其音，由音而生義，然後以正確或音近的文字記錄下來。意思不外是「不潔」而已。

但「邋遢」或「不潔」的人是很多的，不潔而姓張而且行爲怪異的人相信亦不少。他們被人稱爲「邋遢張」或「邋遢張仙人」是不足爲奇的。要是他們在生活行爲上某一點近似張

三丰的話，他們被誤認為張三丰也是絕不稀奇的。如在永樂時（一四〇三～一四二四）長安西郭土室中有一道人，神情朗異，鬢張如戟，身垢不堪，自曰姓張，西郭人因號之為「邋遢張」。他喜與郭民劉寡蕩遊。嘗以身垢為丸，治人疾病，後他往。胡濙奉命訪尋張三丰，遇劉寡蕩言狀，以為即張三丰[133]。《江南通志》記載有一個「邋遢仙」，休寧人，溽暑衣裘曝日中，冱寒時裸體跣足而蹈冰雪，不事浣濯，近之無纖穢氣，人稱「邋遢仙」[134]。這個「邋遢仙」雖未被誤認為是張三丰，但我們很難保證認為是張三丰的故事不是由這個「邋遢仙」一類的人傳誤得來的。《漢陽府志》有一個劉邋遢的，說他就試武昌不利，遂佯狂市中，忘飲食寒暑。忽遇異人，授以秘訣，漸能知未來事。自飲其溺，兼啖穢濁，江夏人奇之，爭就謁為弟子，獻遺財帛，悉却不受。於貢院側聚板為屋以居，坐臥惟一片石。與人談，常及忠孝經史[135]。這樣的一個怪人，因名字關係，他的怪異行為很容易被誤傳為張三丰的。

不獨「邋遢」這些名號給張三丰帶來不少本來不屬於他的故事，別的情況也會這樣。據明修《四川總志》張三丰於永樂中游內江，寓明玉道人家，詭云龐姓。居歲餘，時胡濙正物色之，遂因玉見胡，後不知所終[136]。假裝姓龐的張三丰未嘗說他自己是張三丰，已經被人認為是張三丰，而把他的故事記錄下來了。要是有人假扮張三丰而自吹自擂的話，好事之人不是更要大書特書嗎？萬曆《荊州府志》記載，明時有雷九功的，生有異相，手不過膝，少不慧。一日，有張道人呼其小字，功遂從之遊。引入一樓中，飲食歌舞，非人間所有。一日欲往長陽，令功閉目，耳中但聞風聲，頃刻即至。歸過石門洞，道人以土書「目峽張仙」數字。久之，道人辭去，遺功以詩。功歸，輒逆知來事。卒年僅弱冠。時大風拔木，道人所遺詩忽失所在，空中聞人語，身柔輭，色如生，人以爲尸解。卒之三十五日，室有火光，視之，乃功手書別家人詩。又謂功從道人學習秘術，世人莫得而言之。張道人，或曰張三丰[137]。只是一個姓張的道人，而有些人卻敏感地認爲是張三丰了。又《異林》記載，有一個名叫張刺達的，只因說在永樂時成祖曾遣胡濙訪尋他，故後來有些記載就認爲他是張三丰。但《異林》說的是否爲張三丰，我們難以確知。同時，它的作者是否誤把別人的故事加上張三丰的故事，而成爲此張刺達的故事呢？我們也不易清楚，但並不是沒有可能的。如說成祖遣胡濙訪尋他，便顯然是從張三丰的故事來的。說他出現於成祖之前，投足縮首入甕，頃刻不見，呼之則諾，視之無形，成祖命擊破之，使人各持破甕一片呼之，如月印水，在在俱足，隨呼而應，莫知所爲[138]，則可能是從冷謙的故事來的[139]。諸如此類的故事，卻被後人當爲是三丰的事蹟了。

七、張三丰故事的可靠性

張三丰的故事，除了上述幾項認爲是他而極有可能不是他的以外，還有不少，如，明初左柱國李景隆，門下多奇士，張三丰以李愛客之故，勉留數旬。臨別告李，謂李家不出千日當有橫禍絕粒，他感李相待之厚，故留簑笠二物與李，急難時可披簑頂笠遶園而呼他。二載後，大獄興，李全家遂幽於府，不給以糧，糧垂絕。李乃依所言呼之，俄前後圃中及隙地內皆生穀米，不逾月而熟，因食穀乃得不死。穀甫盡而朝廷始議給米，其後呼之竟不生[140]。又如，張三丰死而復生後，以小鼓一腔留寶雞縣士民楊軏山家，雖戛大鏞，不能混其聲。張又嘗至甘州張指揮家，遺一中軸及葫蘆。天順間（一四五七～一四六四），鎮守甘肅總兵官王敬患中滿疾，諸醫不能療，以中軸火煆服之愈。成化（一四六五～一四八七）初，定西侯蔣琬爲總兵官，宴守臣於幕下，集伶人搬演雜劇，時座客有談及三丰者，因出葫蘆傳玩之，忽自震碎[141]。又如，張三丰於永樂初寓居太平山（在德安府）時，托交於山近人家，與鄉民宗顯尤密，其童子嘗從之遊。三丰凡出遊，必携之，令閉目遊空。後童子告人，三丰聞之不樂，遂遣歸童子，辭山近父老。父老登山送別，三丰冷坐山巖，揖衆使坐，旋下山取火，往回四十里。又到一百四十里外之西關市豆腐一提來延父老，皆在當日頃刻間。後父老回覓三丰，不知所在[142]。又如，三丰於洪武中（一三六八～一三九八）常往來於長安土洞菴隴西楊任敏及岷州衞指揮楊某二家。初至，敏始生，三丰識其啼聲，預測敏他日必爲英物，後果貴顯[143]。又如，三丰與南陽張朝用高祖毅相識，往來其家，甚親密。元末兵亂，朝用父叔廉避地寶雞。洪武中三丰亦來寶雞，與西關李道士白雲先生交契相厚。朝用時方年十三，三丰見之，問其家事，且勸之勉力讀書。越月，朝用與李白雲送之北去，見其行足不履地云[144]。又如，永樂間三丰隱青州雲門洞修煉，嘗遊勞山下，居民蘇現每禮敬之。邑中原無耐凍，三丰自海島中携取一株，植現庭前，雖隆冬嚴雪葉色愈翠[145]。又如，三丰之戚女病危，戲言共卧可愈，女母詈之，女父不得已，姑依其說。與女抵足臥，父母環守之，三丰鼻息如雷，漏未半，女覺火入腹，疾病立除[146]。又如，永樂靖難時，三丰一日預言召書將至，人皆笑其狂。次日召果至[147]。又如，三丰嘗隱於日照縣張翔家傭工。一日種菜，縣中乏種，令往諸城市之，縣城相去甚遙，然三丰即日回，張氏始信其爲神仙[148]。又如，三丰同衆耘植，其所植苗無草且茂。一日，佈芝蔴數畝，主嫌其密，戲令芟去一半，即如其言復之[149]。又如，三丰於洪武中入蜀，僑寓環衞姜指揮家，朝夕居一磐石上。嘗取梅枝插土即生，花皆下垂[150]。又如，三丰嘗於高眞觀後隙地結茅亭，晝則閉戶靜坐，夜則禮斗。與指揮張信善，曾謂若葬於城南月山寺右地則必封侯。信從之，後果以戰功封隆平侯[151]。又如，三丰嘗修道桐柏金臺觀，白日昇天[152]。又如，三丰曾寓南華觀，求燈不得，因於壁上畫月照之[153]。又如，三丰途遇痲姑，教以服四味龍芽。後遊武當山，登祝融峰，嚼梅花滿口，朗誦《南華・秋水篇》[154]。又如，三丰嘗修道於巴岳山之頂崑崙洞。其洞懸巖萬丈，三丰騎驢出入於洞中，白日飛昇仙去。洞中存一雙竹、石桌、石牀、玉版泉，皆其遺跡[155]。又如，永樂間三丰遇生員張恪於周公廟朝陽洞，敝衣垢面，恪不爲禮。時大雪方炊飲，三丰須臾自外持菜至，如新擷於圃，云自成都取來。恪出視雪中無迹，知爲仙。將別去，吹恪耳，恪遂聰明，自是讀書過目輒不忘。後舉永樂解元[156]。又如，三丰嘗寓扶風城北景福宮，一夕自畫宮壁，筆灑處雲煙變滅，水波輸瀉，觀者捫之，疑有窪隆。歷世不宿一塵。嘗坐臥一磚榻，隆冬不寒，後人疑而啓之，磚下各有一「火」字[157]。又如，永樂時成祖勑修武當宮觀，三丰隱於工人之中，勤勞行功，人皆不識，惟孫碧雲深知。時孫爲武當山住持，與三丰來往，多受其益[158]。

這些故事，其中雖然有些牽涉到歷史人物，然荒奇怪誕，沒有多大可能是事實的。我們只能把它們作爲神話看好了。張三丰只是個道士，縱使他的道行高深，亦不可能做出如此神奇的事情來的。而且，以一個常人在不同的州、府、縣、市造出這麼多奇蹟，很使人懷疑記載的人是否把別人的故事誤編入三丰的範圍去。如上文已指出，形迹或姓名近似三丰的人是很容易使人誤以爲是三丰的，這樣，很自然地他們的故事便誤認爲是三丰的故事了。我們姑且再舉一個例子——更爲具體的例子看看。《潁州志・張三峯傳》說：

> 吾潁載：張古山，本州人，幼端重不流，父母嘗欲為聘，不從；誘以他，不動。出家居本州迎祥觀，以高道召武當提點。後入山採藥，遂失所在。并未及三峯。今玩古山遺像，戟髯、手尺、背笠，一符《列仙傳》，又與世所傳三峯像類，則古山即三峯無疑[159]。

又同書《創建張三峯祠堂記略》云：

> 雲軒老人記止張古山，無所謂張儠偈者。呂脩飭緝《潁志》，亦止古山，而不及三峯，攟摭未核故也。締觀遺像，如蒼松垂壑，野鶴凌空，即世所傳三峯像也。戟髯肩笠，若摹仙傳而繪之者，其為三峯又奚疑？……如古山者，乃其托號也[160]。

又同書另一段提到張三峯說：

> 明張三峯，人呼儠偈。父母嘗欲為聘，不從。住潁迎祥觀，別號古山。以高道召為

> 武當提點，能預言未形事。後入山採藥，不知所終。今觀存所遺渾元衣，二百餘年不蠹壞161。

隨着有按語，說：「舊志止載張古山，不知即三峯，未核故也。」162

可見這幾篇文字的作者直把張古山認爲是張三丰（他們雖作「三峯」，但從內容可知，所記卽爲我們討論的張三丰）。因此，張古山的故事便變成爲張三丰的故事了。在其他有關張三丰的記載裏，從未說過張三丰爲武當提點及入山採藥不知所終等事的，而這些故事却被以上幾段文字的作者編進三丰的範疇去。實際上，這些作者認爲張古山即張三丰的持論是頗爲牽強的。第一，他們不能以張古山遺像與世所傳張三丰像相似，就可以認爲張古山即是張三丰的。張三丰的相貌雖然古怪，但無獨有偶，別人也可以有如此相貌的。第二，雲軒老人及舊《潁州志》止記張古山而不及張三丰更不可作爲證據。他們不一定是要記張三丰的。不能以他們止記張古山而不及張三丰便可以認爲他們也以爲張古山就是張三丰的。至於說張三丰「別號古山」自然是張冠李戴了。

張古山實在是另一個人。有些記載說他與張三丰有關。《安徽通志》說：

> 相傳張三丰遊潁，（張）古山師事之，遂得其術163。

也許是這一類的傳說，就把張古山誤認爲是張三丰了。我很疑心張三丰、張古山是二而一的。

八、張三丰是否張良、張天師之後

張三丰的故事（包括小部份事實和大部份傳說）上文已談過不少了，在結束此部份之前，我們要談談兩個比較有趣的問題：一是相傳張三丰是張良之後裔的問題，一是張三丰曾入蜀見蜀獻王椿的問題。

張三丰是張良之後裔一說早見於《太嶽太和山志》（前文已引）。但《山志》只說「相傳」，態度是不肯定的，當然同時也不否定的。從西漢初到元末張三丰之時，相隔一千五百年，就算張三丰親口說他是張良之後也不一定可靠，何況也不一定是他親口說的，更何況記載人的時代比他更晚。

自明以來，張天師一系出自張良一說頗爲流行[164]，故有些明人就認爲張三丰是天師之後，如陸深的《玉堂漫筆》和何喬遠的《名山藏》就如此說[165]。但他們的記載極爲簡單，只略爲提及而已。然而，託名爲陸西星撰的《張三丰傳》則對此說有較詳細的記載：

> 三丰老仙，龍虎裔孫也。其祖裕賢公，學能兼占象，移家於金之懿州，與子昌隱於民間。及懿為元人所拔，始稍稍以名字聞。然昌公固優游世外者也。夫人林氏，先以二乳生四子，曰遨、曰遊、曰逍、曰遙，皆早歿。既更與二子，曰通、曰達。通即老仙也[166]。

這些材料，不知所本，可靠與否，很難確知。況且，正如前文已提過，這篇文字是否出於陸西星是很成問題的。

清初的汪錫齡亦認爲張三丰是天師之後。他在《三丰先生本傳》說：

三丰先生姓張，名通，字君實，先世為江西龍虎山人，故嘗自稱為天師後裔。祖父裕賢公，學精星算，南宋末知天下王氣將繼北起，遂攜本支眷屬徙遼陽懿州。有子名居仁，亦名昌，字子安（原注：一字仲安），號白山，卽先生父也[167]。

這段文字與託名爲陸西星撰的《張三丰傳》大體相同，倘若《張三丰傳》是出自明人之手的話，這段文字大概是根據它而寫成的。但，無論它的來源如何，它的內容頗值得懷疑。在許多眞實爲明人所撰的張三丰傳裏都不曾見有如此的記載，而生在清代的汪錫齡卻有如此的記載，實在是不合常理的，令人懷疑的。如果張三丰是天師之後，以張三丰這樣大名氣的人，《漢天師世家》一書是不會不提及的。但除了提及明成祖曾兩度遣四十三代天師張宇初訪尋三丰之外（前文已及），其他有關張三丰的《世家》一點也沒有提到。我認爲三丰是天師之後一說只是附會而已。說他是張良之後自也很難證實。

九、張三丰會否入蜀見獻王

張三丰曾入蜀見獻王事不少記載都提及到。《明史・張三丰傳》便是其中之一[168]。較早的則有明陸深的《玉堂漫筆》和明藍田的《張三丰眞人傳》。《玉堂漫筆》說：

洪武壬申（一三九二）〔張三丰〕常（按：應爲「嘗」字之誤）應蜀獻王之召，辭還山⑯⑨。

《張三丰眞人傳》說：

癸酉（一三九三）九月二十日，……三丰復生，後入蜀見蜀獻王⑰⓪。

兩者在時間的記載上雖略有差別，但記三丰在洪武時入蜀見獻王則一樣。可是在各種《蜀獻王傳⑰①》都沒有記載此事。雖然如此，我們亦不能一定以此爲藉口去否定其事，正如我們不能以《明史》之《太祖本紀》及《成祖本紀》並無提及他們遣人訪尋三丰便否定他們訪尋三丰之事一樣。獻王是個好客之士，《名山藏》說他「下闢西堂，延攬名士」⑰②，三丰雖是道流之輩，但德高望重，聲名頗大，獻王也許會樂見的。而且，根據明何宇度（約一五七三～一六〇〇年前後生存）《益部談資》記載，獻王也頗尊重釋道二敎。《益部談資》云：

仙宮佛院，成都頗盛，半創自獻王之國時，累代藩封中貴，從而增益之。殿宇廊廡，華麗高敞，……俱不減兩都規模，足供遊眺⑰③。

可能三丰知道獻王尊重釋道二教，認爲蜀是個大可傳教的地方，故到蜀去。三丰見蜀獻王的原因大概是希望得到他的支持吧！就算這不是三丰入蜀的原因，大抵三丰入蜀見獻王一事是沒有大問題的。

第一部份附註

❶ 同時持此二說的最有代表性的人物是清代的李西月（一八四四年前後生存）。他在《張三丰全集》（見賀龍驤、彭瀚然等編《道藏輯要》，成都二仙庵本，一九〇六，續畢集，七至十二冊。臺北，考正書局影印，一九七一。此影印本從始到終有統一的總頁碼，本書註出使用《全集》引文的地方，在卷、頁之後的括弧內即註出此總頁數，以便翻閱。）《敍》說：「〔張〕三丰先生在元明鼎革間，獨全性命於亂世，不求聞達於諸侯，……」，序頁，頁五上（七六四三）。又在同書內《雲水三集．序》說：「《雲水三集》，〔張〕三丰先生再游劍南之作也。……邇來圓陽老人、卓菴居士及遯園、蟠山諸埜客，志在山林，性躭泉石，隱士生而先生又至矣。」卷五，頁三七上（七七六九）。圓陽老人姓李，卓菴居士姓劉，遯園亦姓劉，蟠山姓楊，都是與李西月同時的道光年間（一八二一～一八五〇）的人物。他們的事蹟在本書「《張三丰先生全集》作者考」部份有較詳細的討論。實際上所謂與這些清人有交往只是乩降而已。《雲水三集》整個集子的所謂張三丰作的詩篇都是如此來的。

❷ 清張廷玉等撰《明史》（北京，中華書局，一九七四），卷二九九，《方伎》，頁七六四一。

❸ 如徐禎卿（一四七九～一五一一）《異林》（《廣百川學海》本，臺北，新興書局影印，一九七〇），頁七下－八上；曹秉仁纂《寧波府志》（清雍正十一年〔一七三三〕修，乾隆六年〔一七四一〕補刊本。臺北，成文出版社影印，一九七四），卷三一，頁一二上；楊春和（一七九九年前後生存）《三丰張眞人源流》，見劉悟元（一八〇二年前後生存）《無根樹解》（《道書十二種》本，上海，江東書局，一九一三），序頁，頁二上；又見《張三丰全集》之《無根樹詞註解》部份，「源流」節，頁一上（七八四四）。

❹ 如陸深（一四七七～一五四四）《玉堂漫筆》（《廣百川學海》本），頁七下；何喬遠（一五五八～一六三

二）《名山藏》（臺北，成文出版社據崇禎十三年〔一六四〇〕刊本影印，一九七一），卷七，頁三下。

❺ 祝允明（一四六〇～一五二六）《野記》說：「〔冷謙〕於至元六年（一三四〇）五月五日作《仙奕圖》以遺三丰遯老。」見李栻《歷代小史》（上海，涵芬樓影印明刊本。長沙，商務印書館，一九四〇），册二五，卷七九，頁五六下－五七上；楊儀（一五二六年進士）《高坡異纂》說：「〔張三丰〕元末居寶雞金臺觀。」（《古今說部叢書》，第五集，上海，國學扶輪社，一九一〇～一九一三），卷上，頁二上。他們既然記載張三丰於元時有活動自然認爲他是元人。

❻ 如明馬龠（十六世紀時人）纂修《德安府志》（一五一七年版），卷七，頁八上；明張鶴鳴（一五五一～一六三五）等纂《潁州志》（一六〇八年版）之張鶴騰撰《張三峯傳》，卷下，頁七九下。

❼ 《張三丰全集》，見成都二仙庵本《道藏輯要》，參註❶。

❽ 《任自垣傳》見明方升《太嶽誌略》，北平圖書館藏，明嘉靖間（一五二二～一五六六）刻本，美國國會圖書館顯微膠片，No四五五四－五，卷二，頁一一上。《傳》謂任氏卒於宣德五年（一四三〇）則不確，因任氏於宣德六年（一四三一）仍上表進《太嶽太和山志》一書，見《太嶽太和山志》（共十五卷，見今人杜潔祥主編《道教文獻》，第四、五册。此版本之卷三至卷十四係據明內府寫本，卷一、卷二、卷十五乃以明黑口本配補。臺灣，丹青圖書有限公司印行，一九八三）書首「進《太嶽太和山志》表」，頁一－四（此爲新編頁碼）。

❾ 《太嶽太和山志》，卷六，頁四三一。卷六有《張全弌傳》，「全弌」即「全一」，爲三丰之名。引文中之「三山高道」四字意思頗爲複雜，參下文「張三丰道派考」部份。

❿ 《名山藏》，卷七，頁四下。

⓫ 明太祖《御製周顛仙人傳》，見《紀錄彙編》（上海涵芬樓影印明萬曆刊本。長沙，商務印書館，一九三八），卷六，頁五上－五下。

⓬ 同上，卷六，頁六下。

13 《抱朴子》（《諸子集成》本，上海，國學整理社，一九三五），頁四四。

14 《太嶽太和山志》，卷六，頁四三〇。

15 王軒等撰《山西通志》（一八九二年刊本。臺北，華文書局影印，一九六九），卷一六〇，頁一〇下。

16 《明書》（《叢書集成初編》本。上海，商務印書館，一九三五～一九三七），卷一六〇，頁三一六二。

17 《明史稿》（臺北，文海出版社影印敬慎堂本，一九六二），卷一七六，頁八上。

18 《明史》，卷二九九，頁七六四一。

19 事情是這樣的：明太祖在位時，有見於宋、元孤立，宗室不競之弊，於是恢復封建制，分封諸子，屏藩王室。洪武三十一年（一三九八）太祖崩，孫惠帝嗣立，深感諸王皆擁重兵，漸寖驕橫，因此從尚書齊泰（一三八八年進士，一四〇二年卒）、太常卿黃子澄（一三八五年進士，一四〇二年卒）之議，謀減削諸國的勢力。其叔燕王棣（即後來之成祖）知將不保，與僧道衍（即姚廣孝，一三三五～一四一八）謀，起兵反，指齊、黃爲姦臣，上書於朝，請淸君側，號爲「靖難」。諸鎭守將相繼叛降，燕兵聲勢，日益浩大。是役前後四年，雙方互有勝負。及宦官密以京師空虛告燕王，燕王揮戈南下，渡江克金陵。曹國公李景隆（一四〇二年前後生存）叛降，納燕兵入都城。宮中火起，惠帝不知所終。或曰，由地道出亡。燕王自立爲帝，殺齊、黃諸人。是役稱爲「靖難之役」。事情始末可參看《明史》，卷四，《恭閔帝本紀》及卷五，《成祖本紀》，頁五九－七七。

20 李賢《胡濙神道碑銘》，見焦竑（一五四一～一六二〇）編《國朝獻徵錄》（明刊本，臺灣，學生書局影印，一九六五），卷三三，頁一七下。

21 王鏊《震澤紀聞》（明嘉靖三十年〔一五五一〕刻本），卷一，頁三下－四上。

22 陳建《皇明通紀法傳錄》（崇禎間〔一六二八～一六四四〕崇文堂刊本，國立中央圖書館顯微膠片），卷一四，頁三九上。

23 鄭曉《今言》，見《紀錄彙編》，卷一四六，頁一二上。

㉔《明史·胡濙傳》，卷一六九，頁四五三四—四五三五。

㉕頒御製諸書事亦見李賢《胡濙神道碑銘》。《銘》曰：「時御製《性理大全》，爲善陰騭孝順事實，書成，俾公（按：指胡濙）以此勸勵天下。」見《國朝獻徵錄》，卷三三，頁一七下—一八上。

㉖《明史·鄭和傳》，卷三〇四，頁七七六六—七七六七。

㉗《太嶽太和山志》，卷六，頁四三一—四三二。

㉘姚福《青溪暇筆》，見《紀錄彙編》，卷一二八，頁八上。

㉙《野記》，見《歷代小史》，册二五，卷七九，頁五七上。

㉚《玉堂漫筆》，頁八上。

㉛《高坡異纂》，卷上，頁二上。

㉜藍田《張三丰眞人傳》，見《國朝獻徵錄》，卷一一八，頁一一〇上。

㉝《明史·胡濙傳》，卷一六九，頁四五三五。

㉞見《玉堂漫筆》，頁八上。

㉟見《玉堂漫筆》，頁八下；《名山藏》，卷七，頁五上。

㊱明張正常（一三三五～一三七七）編，張宇初（一四一〇卒）校及張國祥（約一五七七～一六〇七年間生存）補《漢天師世家》，見《道藏》，册一〇六六，卷三，頁二九上。這裏所說的《道藏》包括明正統年間（一四三六～一四四九）刊行的《道藏》及萬曆年間（一五七三～一六二〇）刊行的《續道藏》。本書所用的《道藏》是民國十三年至十五年（一九二四～一九二六）上海涵芬樓據北京白雲觀所藏的明刊正續全藏的影印本。

㊲見《太嶽太和山志》，卷二，頁三〇。

㊳孫碧雲爲永樂年間（一四〇三～一四二四）的著名道士。永樂十年（一四一二）任道錄司右正一，又任太嶽太和山大聖南巖宮住持。《太嶽太和山志》有傳，見卷七，頁四五四—四五七。

㊴《太嶽太和山志》，卷二，頁三三。

㊵同上，卷二，頁三一。

㊶《大嶽志》（見《名山勝槩記》），明崇禎六年（一六三三）刻本，「玉虛宮六圖述」，頁一〇下。

㊷同註⑱。

㊸玄帝是玄武之尊稱，是北宮七宿之神，其形似龜蛇合體。玄武之名最早見於《楚辭・遠遊》。北宋眞宗祥符年間（一〇〇八～一〇一六）改稱爲眞武，因爲要避宋太祖趙匡胤（玄朗）之諱。在《道藏》裏至少有十七種著作是與玄帝有關的：册二七（兩種）、八三、三四五、五三〇—五三一、五五六（兩種）、五六七（三種）、六〇六—六〇八（三種）、六〇九（兩種）、九八一、一一〇八。也有人把玄帝的神話寫成小說的。明代福建書商余象斗（活動時期可能在一六〇二年之前）的《北方眞武祖師玄天上帝出身全傳》就是其一（共四卷，二十四回。見王繼權校勘《四游記》，哈爾濱，北方文藝出版社，一九八五）。研究玄帝的文章有：許道齡撰《玄武之起源及其蛻變考》，見《史學集刊》，第五期（一九四七・十二），頁二二三—二四〇；Willem A. Grootaers, "The Hagiography of the Chinese God Chen-wu", *Folklore Studies*, Vol XI, No. 2（東京，一九五二），頁一三九—一八一；拙著《玄帝考》，見《馮平山圖書館金禧紀念論文集》（香港大學，一九八二），頁二四一—二六四。

㊹見《太嶽太和山志》，卷二，頁三四—三五。

㊺《孝宗實錄》（見《明實錄》），册五一。國立北平圖書館紅格鈔本，臺北，中央研究院歷史語言研究所影印，一九六四），卷一三，頁九下。

㊻《名卿續紀》（見《紀錄彙編》），卷三，頁五下。

㊼《湧幢小品》（見《筆記小說大觀》，第二輯，上海，進步書局石印本，出版年不詳），卷三二，頁一一下。

㊽楊啓樵君曾提出此說，本人對他的見解頗爲贊同。見楊著《明代諸帝之崇尚方術及其影響》，《新亞書院學術年刊》（香港，一九六二），第四期，頁一四。

㊾ 見明人撰《大明玄天上帝瑞應圖錄》，《道藏》，册六〇八，頁二上。
㊿ 同上，頁一上下。此《碑》文撰於永樂十三年（一四一五）八月，附於《大明玄天上帝瑞應圖錄》之後，頁碼獨立，表面上似與《圖錄》無關，然實爲《圖錄》之一部份，因爲此册卷首目錄並無《御製眞武廟碑》一目。
51 前引，卷六，頁四三〇。
52 《遼東志》（一五三七年版；《中國邊疆史地叢書初編》，臺灣，臺聯國風出版社影印，一九六九），卷六，頁四七三。
53 《襄陽府志》（萬曆十二年〔一五八四〕版），卷四一，頁一二下。
54 《東里文集》（嘉靖〔一五二二～一五六六〕刻本），卷一七，頁六下—七上。
55 《三朝聖諭錄》，轉引王崇武《明成祖與方士》，《中國社會經濟史集刊》，卷八，第一期（南京，一九四九．一），頁一三。
56 靈濟宮的興建歷史見《太宗實錄》（《明實錄》，臺灣，中央研究院歷史語言研究所影印明鈔本，一九六二），「永樂十五年三月辛丑」條，卷一八六，頁三上下。靈濟宮內所奉祀之神爲徐知諤與徐知證（「證」有誤作「誨」者）兄弟，爲五代時名將徐溫（九二七年卒）之子，死於軍中，後被尊爲神。宋理宗時被封爲「靈濟眞君」。《道藏》裏有多種著作是與徐氏兄弟有關的，如册二六四（七種）、二六五（兩種）、一〇一一、一〇一二、一〇八三—一〇八五、一〇八六—一〇八八。
57 《明史》，卷二九九，頁七六四四。
58 見《洪恩靈濟眞君事實》（《道藏》，册二六五），頁一下。關於明成祖服食仙藥的詳情，可參王崇武《明成祖與方士》，前引，頁一二—一九。
59 前引，卷六，頁四三一—四三二。
60 前引，頁八上下。

61 明李廷龍纂修《南陽府志》(萬曆四年〔一五七六〕版),卷一八,頁二五上。

62 明王家賓等纂修《青州府志》(萬曆四十三年〔一六一五〕刻,康熙十二年〔一六七三〕覆印本),卷一七,頁一三下。

63 前引,卷下,頁八〇上。

64 《明史·張三丰傳》謂成祖遣胡濙等訪張三丰,「遍歷荒徼,積數年不遇」。卷二九九,頁七六四一。

65 前引,卷六,頁四三〇—四三一。

66 前引,卷七,頁四四五。

67 此事可證之以洪武二十六年(一三九三)太祖遣禮部右侍郎張智諭祭丘玄清之靈之舉。見《太嶽太和山志》,卷二,頁二四。

68 同上,卷七,頁四四九。

69 見明方升《太嶽誌略》之《任自垣傳》,卷二,頁一一上。

70 前引,卷上,頁二上。此事亦見明鄧球撰《皇明泳化類編》(隆慶〔一五六七~一五七二〕刊本,臺北,國風出版社影印,一九六五),卷一三一,頁九上下。

71 《玉堂漫筆》,頁七下;《名山藏》,卷七,頁三下—四上;《明史稿》,卷一七六,頁八下;《明史》,卷二九九,頁七六四一。

72 同上。

73 同註❷❹。

74 前引,卷七,頁四四七。

75 《無聲詩史》(見于安瀾編《畫史叢書》,上海,人民美術出版社,一九六三),卷一,頁二。

76 有關黃公望的研究專著已不少,近人所著有下列各種:溫肇桐《元季四大畫家》(上海,世界書局,一九四五;香港,幸福出版社翻印,一九六〇);徐邦達《黃公望和他的富春山居圖》,《文物參考資料》,第六期（一九五八），頁三二—三五；潘天壽、王伯敏《黃公望與王蒙》（上海，人民美術出版社，一九五八）；溫肇桐《黃公望史料》（上海，人民美術出版社，一九六三）；吳湖帆《元黃大癡富春山居圖卷燼餘本》，《古今》，第五七期（一九四四），頁二三—二五；饒宗頤《黃公望及富春山居圖臨本》（香港，中文大學，一九七五）。

77 黃公望開三教堂於蘇州之文德橋事見明朱謀垔《畫史會要》（《四庫全書珍本》，二集，臺灣，商務印書館影印，一九七〇），卷三，頁四〇下。

78 《紙舟先生金丹直指》見《道藏》，冊一一四；《抱一子三峯老人丹訣》見《道藏》，冊一三四；《抱一函三秘訣》見《道藏》，冊三二一。

79 前引，頁五六上下。

80 見郎瑛《七修類稿．續稿》（北京，中華書局，一九五九），卷四，頁八〇二。

81 見楊儀《高坡異纂》，卷上，頁三下。

82 此《跋》全文可見於《高坡異纂》，卷上，頁三下—四上。又見《張三丰全集》，卷二，頁一四下—一五下（七六六七六—七六六七七）。

83 前引，卷四，頁八〇一—八〇二。

84 前引，頁五七上。

85 前引，卷四，頁八〇一。

86 前引，卷上，頁四上。

87 前引，卷二，頁一五下（七六六七七）。

88 前引，頁七下。

89 《張三丰全集》內與劉秉忠有關的詩共四首，俱見《雲水前集》，卷五，頁一四上—一五下（七七五八）。

90 曹知白的傳略見夏文彥《圖繪寶鑑》（《津逮秘書》，上海，博古齋影印汲古閣本，一九二二），卷五，頁一一上。

91 元趙道一《歷世眞仙體道通鑑續編》，《道藏》，册一四九，卷五，頁一四下。

92 同上，頁一五上。

93 《庚子消夏記》（乾隆二十六年〔一七六一〕刊本，臺北，漢華文化事業股份有限公司影印，一九七一），卷二，頁一〇下。

94 前引，卷五，頁一五下－一六上。

95 同上，頁一六上。

96 元朝至元丙子有二：一爲一二七六年，一爲一三三六年。既然金蓬頭爲黃公望（一二六九～一三五四）之師友，故可推論此至元丙子當爲一三三六年。

97 見《畫品》，明朱存理（一四四四～一五一三）編《鐵網珊瑚》（臺北，國立中央圖書館影印舊鈔本，一九七〇），卷五，頁一二二〇。

98 近人溫肇桐先生即主此說。見《元季四大畫家》，頁五；又見《黃公望史料》，頁四。

99 見《歷世眞仙體道通鑑續編》，《道藏》，册一四九，卷五，頁一五上下；又見張宇初《峴泉集》，《道藏》，册一〇一九，卷四，頁九上。

100 前引，卷七，頁三下。

101 前引，卷一七六，頁八下。

102 同註18。

103 見《張三丰全集》，卷一，頁六下（七六四九）。

104 同上，卷一，頁八上下（七六五〇）。

105 同上，卷一，頁一一上下（七六五二）。

106 《玉堂漫筆》，頁七下。

(107) 《名山藏》，卷七，頁三下。

(108) 同上。

(109) 劉於義修、沈青崖纂《陝西通志》（雍正十三年〔一七三五〕版），卷六五，頁五二下；達靈阿修、周方炯纂《鳳翔府志》（乾隆三十一年〔一七六六〕版，臺北，學生書局影印，一九六七），卷七，頁八九下；曹驥觀纂修《寶雞縣志》（一九二二年版；臺北，成文出版社影印，一九七〇），卷九，頁三五下。

(110) 《明史稿》，卷一七六，頁八下；《明史》，卷二九九，頁七六四一。

(111) 《高坡異纂》，卷上，頁二上；《遼東志》，卷六，頁四七三；《皇明泳化類編》，卷一三一，頁九上；《武當山志》，轉引《古今圖書集成》（雍正四年〔一七二六〕版，上海，中華書局影印，一九三四），《神異典》，卷二五六，冊五〇九，頁六一下。

(112) 《歸潛志》（見《筆記小說大觀》，第五輯，上海，進步書局，出版年不詳），卷五，頁一下。

(113) 如明洪應明《消搖墟經》（《道藏》，冊一〇八一），卷二，頁三九下；沈德符（一五七八～一六四二）《〔萬曆〕野獲編》（道光七年〔一八二七〕扶荔山房版），卷二七，頁三六下；郎瑛《七修類稿·續稿》，卷四，頁八〇二；張鶴鳴《潁州志》，卷下，頁七九上；楊儀《高坡異纂》，卷上，頁二上；任洛《遼東志》，卷六，頁四七三；鄭曉《今言》，見《紀錄彙編》，卷一四六，頁一二上；何喬遠《名山藏》，卷七，頁三下；張鶴（一八八四年前後生存）《神仙列傳》（一八八四年刊本），卷六，頁四三上；李西月重編《張三丰全集》，卷八，頁八〇上（七八三四）；《明史》，卷二九九，頁七六四一；《明史稿》，卷一七六，頁七下。

(114) 同註❸。

(115) 見黃宗羲《南雷文定前集》，《梨洲遺箸彙刊》（上海，時中書局，一九一〇），卷八，頁二上。

(116) 曹秉仁纂《寧波府志》，卷三一，頁一二上。

(117) Anna Seidel 女士認爲編造此說之人即爲張松溪，她說："Rivaled by Buddhist boxers of the

Shao-lin branch who traced their tradition back to Bodhidharma,〔Chang〕Sung-chi chose a famous Taoist as the patron saint of his "esoteric School"."參看她的論文"A Taoist Inmortal of the Ming Dynasty: Chang San-feng"見Wm. Theodore de Bary編 *Self and Society in Ming Thought*，哥林比亞大學出版社，一九七〇，頁五〇五。

118 前引，頁七下—九上。

119 同上，頁七下。

120 前引，卷四，頁八〇二。

121 《張三丰全集》，卷八，頁七八上（七八三三）。

122 《高坡異纂》，卷上，頁二上；《遼東志》，卷六，頁四七四；《皇明泳化類編》，卷一三一，頁一〇上；《名山藏》，卷七，頁六上；《明書》，卷一六〇，頁三一六三。

123 記載此事的很多，較早的見《高坡異纂》，卷上，頁二上。

124 《潁州志》，「創建張三峯祠堂記略」，卷下，頁八二上。

125 前引，卷一一八，頁一一二下。

126 《武當山志》，見《古今圖書集成》，《神異典》，卷二五六，冊五〇九，頁六一下。

127 見《張三丰全集》，卷八，頁七八下—七九上（七八三三）。

128 同註❷。

129 《太嶽太和山志》，卷六，頁四二八—四三二。

130 參註113。

131 認爲他是寶鷄人的如《青溪暇筆》，見《紀錄彙編》，卷一二八，頁八上；《玉堂漫筆》，頁七下。認爲他是遼東義州人的如《皇明泳化類編》，卷一三一，頁九上；《明書》，卷一六〇，頁三一六二。認爲他是天目人的如明杜應芳、章應春纂修的《四川總志》（萬曆四十七年〔一六一九〕刻本），卷八，頁八五上。認爲他是閩人的如清田雯（一六三五～一七〇四）《黔書》（《粤雅堂叢書》，咸豐三年〔一八五三〕刊本），卷三，頁三二上。認爲他是平陽人和猗氏人的如《山西通志》，卷一六〇，頁一〇上。

132 叫「三峯」的如《德安府志》，卷七，頁八下；《潁州志》，卷下，頁七九上。叫「三丰遯老」的如《野記》，見《歷代小史》，册二五，卷七九，頁五七上。叫「通」的如《玉堂漫筆》，頁七上；託名陸西星撰的《張三丰傳》，見《張三丰全集》，卷一，頁六下（七六四九）；汪錫齡撰《三丰先生本傳》，見《張三丰全集》，卷一，頁八上（七六五〇）。叫「玄一」的如《皇明泳化類編》，卷一三一，頁九上；《四川總志》，卷八，頁八五上；《明書》，卷一六〇，頁三一六二。叫「君實」的如《遼東志》，卷六，頁四七三；《今言》，見《紀錄彙編》，卷一四六，頁一二上；《皇明泳化類編》，卷一三一，頁九上；《四川總志》，卷八，頁八五上；《明書》，卷一六〇，頁三一六二。叫「君寶」的如《襄陽府志》，卷四一，頁一二上；《潁州志》，卷下，頁七九上、八一下；《名山藏》，卷七，頁三下；《明史稿》，卷一七六，頁七下；《明史》，卷二九九，頁七六四一。叫「居寶」的如《消搖墟經》，卷二，頁三九下。叫「昆陽」的如清初徐道口述，張繼宗、黃掌綸同訂的《歷代神仙通鑑》（生生館刻，一七〇〇），卷二一，節六，頁三下；汪錫齡撰《三丰先生本傳》，見《張三丰全集》，卷一，頁九上（七六五一）。叫「保和容忍三丰子」的如《遼東志》，卷六，頁四七三；《今言》，見《紀錄彙編》，卷一四六，頁一二上；《名山藏》，卷七，頁三下。叫「保合容忍三丰子」的如《明書》，卷一六〇，頁三一六二。叫「剌闥」的如《青溪暇筆》，見《紀錄彙編》，卷一二八，頁八上。叫「邋遢」的如《德安府志》，卷七，頁八下；《皇明泳化類編》，卷一三一，頁九下；《襄陽府志》，卷四一，頁一二上；《明書》，卷一六〇，頁三一六二；《明史稿》，卷一七六，頁七下；《明史》，卷二九九，頁七六四一；清毛永柏、劉耀椿修《青州府志》（咸豐九年〔一八五九〕刊本，臺北，學生書局影印，一九六八），卷五二，頁四下。叫「喇闥」的如《野記》，見《歷代小史》，册二五，卷七九，頁五七上。叫「剌達」的如《異林》，頁七下。叫「邋遢張仙人」的如《玉堂漫筆》，頁七上。叫「儠㒒」的如《遼東志》，卷六，頁四七三；《陝西通志》，卷三六，頁一一上；《今言》，見《紀錄彙編》，卷一四六，頁一二上；《潁州志》，卷下，頁七九下、八一上。叫「躐蹋」的如明羅懋登（一五九七年前後生存）撰《三寶太監下西洋》小說（又名《西洋通俗演義》）（臺南，大東書局，一九六三）。此小說之第五十六回一部份、第五十七回全部及第五十八回一部份專寫張三丰。第五十六回有這麽的一小段：「佛爺道：『那仙家叫甚麽名字？』城隍道：『那仙家的名字叫做張守成，道號張三峯，混名叫做張躐蹋。』」（頁三二五）。張三丰叫做張守成一說並不見於別處，此自然是小說家之創作。叫「獵猲」的如《消搖墟經》，卷二，頁四〇上。叫「躐蹋張」的如王家賓等修《青州府志》（一六一五年刻，一六七三年覆印本），卷一七，頁一三下。叫「邋遢張」的如《名山藏》，卷七，頁三下；《陝西通志》，卷六五，頁五二下；《鳳翔府志》，卷七，頁八九下。叫「掣蹋仙」的如《黔書》，卷三，頁三二上。

133 見《陝西通志》，卷六五，頁五三上；《鳳翔府志》，卷七，頁八九下—九〇上；清張聰賢修、董曾臣纂《長安縣志》（嘉慶十七年〔一八一二〕版，一九三六年重印，臺北，學生書局影印，一九六七），卷三五，頁三下。

134 黃之雋等撰《江南通志》（乾隆二年〔一七三七〕重修本，臺北，京華書局影印，一九六七），卷一七五，頁七下。

135 《漢陽府志》，轉引《古今圖書集成》，《神異典》，卷二五八，册五一〇，頁九上。

136 《四川總志》，卷八，頁八五上。又見張世雍修《成都府志》（天啓元年〔一六二一〕本），卷二九，頁一六上；彭泰士修，朱襄虞纂《內江縣志》（光緒三十一年〔一九〇五〕修，一九二五年曾慶昌等重修，臺北，學生書局影印，一九六八），卷八，頁一下—二下。

137 見郭維賢纂修《荆州府志》（萬曆二十二年〔一五九四〕本），卷五，頁五九上下。

138 《異林》，頁八下—九上。

139 冷謙的故事可見《高坡異纂》，內云：「……他日內庫失金，守藏吏獲引以聞，執其人訊之，詞及謙，因併逮謙。謙將至城門，謂逮者曰：『吾死矣！安得少水以捄吾渴？』守門者以瓶汲水與之。謙遽以足插入瓶中，其身漸隱，守者懼罪，遂携瓶至御前。上問之，輒於瓶中奏對。上曰：『汝出見朕，朕不殺汝。』謙自言：『臣有罪，不敢出。』上怒，碎其瓶，片片皆應。終不知所在。」卷上，頁三下。此事亦見《國朝獻徵錄》，卷一一八，頁一一九下—一二〇上。《明書》有《冷謙傳》，卷一五一，頁三〇〇〇。

140 見《青溪暇筆》，《紀錄彙編》，卷一二八，頁九上下；《江寧府志》，轉引《古今圖書集成》，《神異典》，卷二五六，冊五〇九，頁六一下。

141 見《高坡異纂》，卷上，頁二上；《遼東志》，卷六，頁四七三—四七四。

142 見《德安府志》，卷七，頁八下；《襄陽府志》，卷四一，頁一三上；《名山藏》，卷七，頁四上。

143 見《遼東志》，卷六，頁四七三；《襄陽府志》，卷四一，頁一二下。

144 見《玉堂漫筆》，頁七下—八上；《名山藏》，卷七，頁四上；《明史稿》，卷一七六，頁八下。

145 見龍文明、趙燿纂修《萊州府志》（萬曆三十二年〔一六〇四〕本），卷六，頁九〇上下。

146 見《潁州志》，卷下，頁八〇上。

147 同上。

148 見《青州府志》（一六一五年刻本），卷一七，頁一三下。

149 同上。

150 見《四川總志》，卷八，頁八五上；《成都府志》，卷二九，頁一五下；《江內縣志》，卷八，頁二上。

151 見《黔書》，卷三，頁三二上；鄂爾泰修，靖道謨纂《貴州通志》（乾隆六年〔一七四一〕刊刻本，臺北，京華書局影印，一九六八），卷三二，頁一一下。

152 見清朱璘纂修《南陽府志》（康熙三十三年〔一六九四〕本；臺北，學生書局影印，一九六八），卷五，頁九七下。

153 見《汝州志》，轉引《古今圖書集成》，《神異典》，卷二五六，冊五〇九，頁六一下。

154 見《山西通志》，卷一六〇，頁一〇上。

155 見《重慶府志》，轉引《古今圖書集成》，《神異典》，卷二五六，冊五〇九，頁六二上。

156 見《陝西通志》，卷六五，頁五三上；《鳳翔府志》，卷七，頁八九下—九〇上。

157 見清宋世犖纂修《扶風縣志》（嘉慶二十三年〔一八一八〕本，臺北，成文出版社影印，一九七〇），卷一四，頁三上。

158 見楊春和《三丰張眞人源流》一文，收劉悟元《無根樹解》，序頁，頁二上；又見《張三丰全集》之《無根樹詞註解》部份，「源流」，頁一下（七八四四）。

159 《潁州志》，卷下，頁七九下。

160 同上，卷下，頁八二上下。

161 同上，卷下，頁一一八上下。

162 同上，卷下，頁一一八下。

163 清何紹基等纂修《安徽通志》（光緒三年〔一八七七〕重修本，臺北，京華書局影印，一九六七），卷三四八，頁一五下—一六上。

164 如宋濂（一三一〇～一三八一）、蘇伯衡（一三九〇年前後生存）、喻文偉（一五九七年前後生存）皆主此說。見他們在《漢天師世家》撰的序文，《道藏》，冊一〇六六，卷一，頁一上—一一下、一三上—一四上，尤其是頁一下、一〇上、一三上。

165 《玉堂漫筆》說：「張三丰，……天師之後。」頁七上；《名山藏》說：「張君寶，……漢天師之後也。」卷七，頁三下。

166 見《張三丰全集》，卷一，頁六上下（七六四九）。

167 同上，卷一，頁八上（七六五〇）。

168 同註❷。

169 《玉堂漫筆》，頁七上下。

⑰⓪ 同註㉜。

⑰① 如《名山藏》之《蜀王傳》，卷三七，頁一上—二下；《國朝獻徵錄》之《蜀王傳》及《蜀獻王椿傳》，卷一，頁四五上—四七下；《明史稿》之《蜀獻王椿傳》，《列傳》，卷三，頁二四下—二六上；《明史》之《蜀王傳》，卷一一七，頁三五七九—三五八一。

⑰② 前引，卷三七，頁一上。

⑰③ 《益部談資》（見曹秋岳輯《學海類編》，一八三一年版，臺北，文源書局影印，一九六四），卷中，頁一〇下—一一上。

貳、張三丰道派考

一、張三丰道派的開始——隱仙派（或猶龍派）

張三丰在明洪武及永樂兩朝（一三六八—一四二四）雖然是個名動朝廷的大道士，但他自己並沒有開宗立派，故明代的書籍並無關於他創立道教宗派的記載，也沒有關於他人——信仰他的人爲他立派的記載。在明代，張三丰爲祖師的宗派並不曾產生。就算到了清代初期，好事者亦未有替他立派。汪錫齡可算是這個時期信仰三丰的代表，但他亦沒有爲三丰立派。只是到了大約清代中葉的道光時期（一八二一—一八五〇）才有人爲他立派❶。他們是以李西月（十九世紀時人）爲首的一群樂山縣（四川）人。他們在樂山縣建設道壇，常常通過扶乩的方法與張三丰交往，互相唱和，《張三丰全集》裏的《雲水三集》便是這樣產生出來的❷。大概因爲他們信仰張三丰很深吧，故此不獨爲他立派，更爲他堆砌出一個道統來：把他以前的幾位有名的人物作爲他的前幾代祖師，又把他同時及以後的與他有關的人物作爲他的弟子與再傳弟子，一代一代的列出來。李西月輩爲張三丰所立的派不直接地名爲三丰派，而稱之爲「隱仙派」或「猶龍派」。

隱仙派的名稱大概是受了汪錫齡的影響或一些與李西月同時人的見議而得來的。汪錫齡雖未提到「隱仙派」一詞，但他已大談「隱」字和以「隱仙」稱張三丰了。他在《全集・序》說：

古來一隱一見而不失其正道者，其惟至人乎！能隱而不能見，則閒冷之意深，於世無益也。能見而不能隱，則消磨之日甚，於己無成也。……上真隱世復度世，見人不附人，是又隱見之神奇者耳。我三丰祖師具知幾之明，存正誼之理，其為儒道也，身可進，亦可退；其為仙道，身能飛，亦能潛。……〔錫齡〕復蒙祖師面示，謂其道始於太上（按：即老子）而祖於希夷（按：即陳摶），隱則隱，見則見，有隱中之見，有見中之隱，……❸

又在同書《三丰先生本傳》說：

吾師乎！吾師乎！其隱中之仙乎！❹

又在同書《隱鏡編年》說：

天順三年春（一四五九）隱仙張三丰來朝。❺

可見汪氏最敬佩張三丰的是三丰之「隱」，認爲這一點值得大力表彰，所以直稱他爲「隱仙」。李西月輩是繼承汪錫齡對張三丰的信仰的，他們爲三丰立派而名之爲「隱仙派」極有可能是受了汪錫齡的影響。

李西月在《全集》「道派」一節說：

> 大道淵源，始於老子，一傳尹文始（按：即尹喜），……文始傳麻衣，麻衣傳希夷，希夷傳火龍，火龍傳三丰。或以為隱仙派者：文始隱關令，隱太白；麻衣隱石堂，隱黃山；希夷隱太華；火龍隱終南；先生（按：指張三丰）隱武當，此隱（仙）派之說也。夫神仙無不能隱，而此派更為高隱。❻

李氏謂「或以爲隱仙派者」，似乎表示「隱仙派」這個名稱是他人所立的，並不是李西月一輩人自己所立的。但亦可以解釋爲：他們一輩人之中有些人認爲這一派可稱爲「隱仙派」，因爲他們的歷代祖師都以隱著名。不過，無論這個派名是他人給與的或他們一部份人提議的，從李西月的說話中可知他們已很樂意地接受，否則，他不會說「夫神仙無不能隱，而此派更爲高隱」一句話了。在《全集》裏有題爲《鐘偈》的一個短經，題目下有小注說：「隱仙派寺觀所用」❼。這一個短經大抵是李西月輩所僞造的（此點在「《張三丰全集》作者考」部份將會詳論），故此，不論這個小注是《鐘偈》原有的或是李西月重編《全集》時❽爲了明白故而加上去的，都清楚的顯示李輩已接受或同意採用「隱仙派」一名。

或許，隱仙派的「隱」的觀念是從他們所尊爲第一祖的老子（公元前六世紀時人）那裏得來的。《史記・老莊申韓列傳》說：「老子，隱君子也。❾」老子既以隱著，而他們所尊爲祖師的幾個人物也以隱著，（至少他們以為如此。）加上汪錫齡已大談張三丰的隱和以「隱仙」尊稱三丰，其他的人或他們派中的一部份人士又以爲「隱仙」一名適合作爲他們一派的名稱，所以「隱仙派」一名便成立了。

李西月對此派又稱爲「猶龍派」有所解釋，說：

> 孔子曰：「老子，其猶龍乎！」言其深隱莫測也。故又稱猶龍派。❿

李氏所引的孔子（前五五一—四七九）的一句話大概是從《史記・老莊申韓列傳》來的。在《列傳》裏孔子對老子極爲讚歎，他說：

> 鳥，吾知其能飛；魚，吾知其能游；獸，吾知其能走。走者可以為罔，游者可以為綸，飛者可以為矰。至於龍，吾不能知其乘風雲而上天。吾今日見老子，其猶龍耶！⓫

李西月輩既然尊老子爲此派的第一祖，他們自然可以強調老子的「猶龍」的一面，而以「猶龍」一名爲派名了。

被他們尊爲第二祖的人物尹喜（公元前六世紀時人）也被他們形容得如龍一般。在他們僞造而託名張三丰的《中三教大聖靈應眞經》說：「文始先生如游龍，領袖群眞參化功。⑫」大概在中國人的傳統觀念裏，龍是一個神物，可以爲人間帶來風雨，使百姓得而耕作，故龍是一個很受人崇奉的東西⑬。李西月輩把尹喜形容「如游龍」可能與這個傳統觀念有點關係。似乎他們要把尹喜說成是個偉大而普濟萬民的人物吧。

張三丰是他們目的要標榜的人物，是他們那一派的教主，自然被他們說成好像龍一樣的神化了。在《全集》「顯蹟」部份的「秦安溷跡」一節（大概爲李西月編，參考本書「《張三丰先生全集》作者考」部份）裏這樣的描寫他：「（張）蓬頭（按：指張三丰）面奇古，而神極清，去來倏忽，如游龍然。⑭」《全集》裏《雲水三集》（此集全出於李輩之手，詳「《張三丰全集》作者考」部份。）有《詠史》一詩，說：「明帝訪三丰，十年不可得，聞在南山南，已往北山北……飛龍又潛龍，隱顯誰能測。⑮」他們把張三丰說成如此神奇，看來比老子毫無遜色。

與李西月同時的樂山縣人楊鍾濤寫過《胡給事訪張三丰》一詩，說：「……十載風塵涉，三山石洞封，歸來遺響在，派衍果猶龍。⑯」本來猶龍派是他們一班樂山縣人爲張三丰而立的，可是從這首詩看，他們似乎要說成猶龍派是張三丰自己創立的了。

李西月雖然清楚地指出猶龍派之所以稱爲猶龍派是因爲孔子曾經說過「老子，其猶龍耶！」一句話，但我疑心這個派名是受了汪錫齡及其同時人的影響而成立的，因爲他們早在李西月輩之前已用「龍」字去稱頌張三丰了。汪錫齡有爲張三丰題詩一首，其小序說：「西湖舟中感飛龍師降示引神之訣，卽事書懷，命兒子思敏記之。⑰」所謂「飛龍師」卽指張三丰。汪氏又在其《隱鏡編年》永樂十四年五月說：「……（張三丰）卽藏其身於洞中，引出陽神，化爲隱士，戴竹冠，披鹿裘，飛入金殿，稽首階前。……（張）言訖，隱去。帝封爲『飛龍先生』⑱」張三丰於永樂時入朝一事未見如《明史》一類較爲可靠的史書記載，（如眞有其事，《明史》應有記載），當爲汪僞託，自不必信。永樂帝封張三丰爲「飛龍先生」事亦屬無稽，不消說，也是汪造出來的。我們可以說「飛龍先生」一號是汪「封」給張三丰的。在汪的眼中張三丰就是一條龍！他曾這樣的稱讚張三丰：「……其爲仙道也，身能飛，亦能潛。進退飛潛之間，卽猶龍之大道也。⑲」孔子以「猶龍」稱讚老子，此處言「猶龍之大道」，無形中卽是說「老子之大道」。似乎汪已認爲張三丰是第二個「猶龍」，（第一個當然是老子），只是他沒有說出「吾今日見三丰祖師，其猶龍耶！」一句極其讚歎的說話而已。

汪錫齡的友人金式訓便直接的稱讚張三丰爲「猶龍」。他說：「……（張三丰）又曰：『今見陛下（按：指明成祖）乃臣陽神。』由是知白日飛騰出陽神者能之也。先生眞猶龍乎！」⑳

如果說汪錫齡與金式訓對張三丰的讚歎與稱呼絲毫沒有影響到李西月輩名其派爲「猶龍派」的話，實是很難令人相信的。

宋人賈善翔（一〇八六—一一〇〇活動）寫了一本名叫《猶龍傳》的書㉑，共六卷，詳細記述老子的傳說、神話及其他有關的事情，實際上應該叫作「老子傳」。他用「猶龍」一詞去替代「老子」，無疑是因爲孔子曾用「猶龍」一詞去形容老子，而成爲老子的專有形容詞，再由形容詞而轉變爲一個特別名詞。「猶龍」卽代表了老子。說不定《猶龍傳》的一名對李西月輩名其派爲「猶龍派」也產生過影響呢。

二、隱仙派（或猶龍派）的道統

李西月輩爲隱仙派或猶龍派所堆砌的一個道統，我們在談論「隱仙派」一名引用李西月的「道派」的一段話時已有點認識了。不過，在同一來源（即《全集》）我們也可以找到更多方地提到這個道統的，例如李西月輩所編造而託名張三丰的《洞玄度人寶懺諸天無上眞經》就是。在《經》中「志心朝禮」一段裏有「祖師派演一切眞人」一小節，它列出從尹喜到汪錫齡的一個道統來：

上清首相隱仙寓化猶龍二祖文始先生（即尹喜）
上清真宰隱仙寓化猶龍三祖麻衣先生
太清靜宰隱仙寓化猶龍四祖希夷先生（指陳摶）
上清右相隱仙寓化猶龍五祖火龍先生
玉虛右相參法天師猶龍六祖崑陽先生（即張三丰）
宏願沈真君（即沈萬三）
普願汪真人（即汪錫齡）[22]

在差不多每一位祖師的封號上，都同時兼有「隱仙」和「猶龍」二詞，這正是說明此派同時用「隱仙派」和「猶龍派」作爲派名的一個最好證據。

比這一點更值得注意的是，我認爲此處的道統的提出可能較李西月在「道派」一節爲早，因爲李輩所編造的幾個經（《洞玄度人寶懺諸天無上眞經》是其中之一）是他們一派人日常所用的，當成於李氏重編《全集》之前，而「道派」一節極有可能是李西月爲了充實重編本的《全集》，同時也爲了說明他們這一派的來龍去脈（當然是他編造出來的）而編撰的。故此，我以爲《洞玄度人寶懺諸天無上眞經》的提出上述的道統更有價值。

李西月等人不獨標擧出從老子到張三丰的一個道統，他們更往下推，標擧出張三丰同時及以後的派中的表表者，如剛才說的《洞玄度人寶懺諸天無上眞經》所列出的沈萬三和汪錫齡就是。此外還有其他的，都見於《全集》。據與李西月同時在樂山縣活動的藏厓居士「考究」，張三丰有十一個弟子：卽沈萬三、邱元靖、盧秋雲、周眞得、劉古泉、楊善登（盧、周、劉、楊四人他稱之為「太和四仙」）、明玉、王宗道、李性之、汪錫齡和白白先生。沈萬三則有兩個弟子：余十舍（同時是沈之女婿）、陸德原。白白子（大概卽為白白先生）則有一個弟子：劉光燭[23]。我們暫且不去考究這些弟子與再傳弟子的歷史，容後文再討論。

無論如何，李西月、藏厓居士等人堆砌出來的一個道統是頗爲有系統的（與事實是否相符是另外一回事）。爲了清楚起見，現在把這個道統製成一表列出如下：

隱仙派（猶龍派）道統表

老子→尹喜→麻衣→陳摶→火龍→張三丰→

- 白白先生→劉光燭
- 汪錫齡
- 李性之
- 王宗道
- 明玉
- 楊善登
- 劉古泉
- 周眞得
- 盧秋雲
- 邱元靖
- 沈萬三→
  - 陸德原
  - 余十舍

雖然說隱仙派或猶龍派的道統是李西月輩堆砌出來的，但這個堆砌未嘗沒有一點根據，說得明白一點，在他們以前已有人部份的談及這個道統了。譬如，被他們置諸道統之中而尊稱爲「汪眞人」的汪錫齡便曾經說過：「其（按：指張三丰）道始於太上，而祖於希夷。」（前引）這樣，從老子到陳摶，再從陳摶到張三丰的一個道統便指出來了。當然汪氏並沒有指出他們的授受是直接的。看其語氣，他只不過要指出張三丰之道是從陳摶而來，而陳摶之道是繼承老子之道而已。這與我們通常說，孟子之道是繼承孔子之道，而孔子之道是繼承周公之道相似。

汪錫齡在其所撰《三丰先生本傳》說：「延佑（按：「佑」為「祐」之誤）元年（一三一四）（張三丰）年六十七，始入終南，得遇火龍眞人，傳以大道。[24]」又在大有可能爲汪氏僞造的《雲水前集》中《陳希夷摶》一詩說：「華山高臥，吾師之師。[25]」這都充份表示汪氏承認火龍是張三丰之師，陳摶之弟子。所以，實際上汪氏已點出了老子、陳摶、火龍、張三丰四人的授受關係，卽是：

老子……→陳摶→火龍→張三丰

但，倘若我們再往前追溯，則更可發現就算汪氏所指出的一個道統亦有所本的。成書於一七〇〇年的《歷代神仙通鑑》（清徐道口述）有如下的記載：

（張）三丰謂曰：「子（按：指沈萬山）欲聞予之出處乎？」萬山啓請。三丰掀髯曰：「……延祐間（一三一四—一三二〇），年已六十七，心命惶惶，幸天憐憫，初入終南，卽遇火龍先生，乃圖南（按：圖南爲陳摶之字）老祖高弟。……予跪而問道。蒙師鑒我精誠，初指煉己功夫，次言……」[26]

故此，陳摶→火龍→張三丰的道統傳授的一節早在《歷代神仙通鑑》已指出來，只不過它沒有如汪氏那樣把這個道統一直上推到老子去罷了。

可是，火龍傳張三丰的一節似有更早的出處。如果《全集》所收錄的注明爲明陸西星撰的《張三丰列傳》（題目下注出於《淮海雜記》）眞果是陸西星撰的話，則火龍傳張三丰的一節陸西星已提到了。他在《張三丰列傳》說：

〔張三丰〕乃決志求道，訪師終南，得聞火龍妙諦。……㉗

但他並沒有上及陳摶，還不如《歷代神仙通鑑》那麼「完備」。這大概是因爲傳說傳得愈久便愈複雜的必然現象了。

然而，陸西星、《歷代神仙通鑑》、汪錫齡都沒有如李西月輩標擧出老子→尹喜→麻衣→陳摶的一大段來。

老子傳尹喜的一環是不難找到根據的。據傳統的說法，老子曾爲尹喜著《道德經》㉘，故從某一個角度來說，尹喜便是老子的弟子。這一點容後詳述。

尹喜傳麻衣一環未見前人述及，似是出自李輩所堆砌，待後文加以討論。

暫時只談有根據的麻衣傳陳摶的一環。元人馬端臨（約一二四七—約一三二六）《文獻通考》「麻衣道者《正易心法》一卷」條引張南軒之言說：「希夷隱君（按：指陳摶）實傳其（按：指麻衣道者）學。㉙」又引陳氏（陳振孫？）之言說：「舊傳麻衣道者授希夷先生。㉚」可見早在宋元之時麻衣傳陳摶一說已經流行，李西月輩徒拾前人之說而已。

根據以上的探求，除尹喜傳麻衣一環外，隱仙派或猶龍派的道統授受都是有根據的，並不是李輩憑空堆砌出來的。不過把整個道統從老子到張三丰有系統地實串起來却是他們的創作。

一個道統裏，一代傳一代的自然是道——修養身心的道，李西月輩爲隱仙派或猶龍派堆砌一個道統時當然不會忽略這一點，而且他們所以作爲根據的前人的說法亦曾強調這一點，看張南軒、陸西星、《歷代神仙通鑑》及汪錫齡之言可知。但李輩却似乎特別強調道中之隱道。在《全集》卷一「道派」一節裏，李西月首先強調此派六個祖師的「隱」的一面，前文談論「隱仙派」一名時已提到。隨着在老子、尹喜、麻衣、陳摶、火龍五個祖師的傳略裏，李西月亦特意地強調這一點。現節錄有關部份如下：

> 太上老君（按：即老子），……周初觀風西岐，自號支邑先生。西伯欲拜為大夫，不受；命為守藏史，遂借隱焉。其後或隱柱下，或隱河上，……秦時稱「古隱君子」，而不知太上老祖實隱中聖人也。㉛

> 文始先生（按：即尹喜），……不求聞達，嘗為函關令，故稱關尹喜。……隱居終南之陰，人稱為「終南隱聖」。㉜

> 麻衣先生，……隱石堂山。……稍長，厭世濁腐，入終南靜養。……〔尹喜〕命往南

陽湍水旁靈堂山修煉，洞居十九年。……別隱歙之黃山。人稱為「黃山隱者」。[33]

希夷先生（按：即陳摶），……唐長興中（九三〇—九三三）嘗舉進士，不第，遂淡世情，以山水為樂。居武當二十餘年，復隱華山雲臺觀。得蟄龍法，每臥嘗百餘日不起。……高隱不出。宋太祖時賜號「白雲先生」，又賜號「希夷先生」。史稱曰「華山隱士」。[34]

火龍先生，……隱其身，並隱其姓名，其里居不可考，……其事蹟不多著，卽以潛德為事蹟也。……隱居終南，故稱「終南隱仙」。[35]

至於張三丰的隱則更甚。明太祖於「洪武二十四年（一三九一）遣使覓之，不得」[36]；「永樂中（一四〇三—一四二四）成祖遣給事中胡濙，偕內侍朱祥，齎璽書香幣往訪，遍歷荒徼，積數年不遇」[37]；嘗隱居武當山[38]。《全集》中的關於他的六篇傳記[39]，除郎瑛撰的一篇外，無不提到他的隱的一面，故李西月也不用特地爲他撰寫一個傳略去標榜他這一面了。

我相信「隱」這個觀念，在李西月輩堆砌隱仙派或猶龍派的道統時，是起着一個頗大的作用的。不用說，張三丰的隱是他們要表彰的，而恰巧前人所說的張三丰的幾個祖師——老子、麻衣、陳摶、火龍也是以隱著名的，所以他們便特意的強調這些人的隱的一面，把老子稱爲「隱中聖人」，麻衣稱爲「黃山隱者」，陳摶稱爲「華山隱士」，火龍稱爲「終南隱仙」。又因爲尹喜傳統地被認爲是老子的弟子，也被一部份人士認爲是隱者（後文詳論），故此李輩便因利成便地把他稱爲「終南隱仙」，同時把他放進隱仙派或猶龍派的道統去。

除「隱」的觀念外，「相法」的觀念似乎在堆砌道統時亦起着一些作用。李西月撰的尹喜傳說：

……〔尹喜〕知有聖人將至。老君（按：卽老子）到關，〔尹喜〕望其神采，大驚，拜為弟子，得聞大道。㊵

李撰的麻衣傳說：

……〔麻衣〕入終南靜養。遇尹文始（按：卽尹喜），傳以道要，並相法。㊶

李撰的陳摶傳說：

〔陳摶〕逢麻衣子，擁爐對坐，以鐵筋畫灰成字，默授玄機，並以尹文始先生相法傳之。㊷

從以上的幾段引文，可知李西月是有意用「相法」去聯繫尹喜、麻衣、陳摶三個人的。至於他們是否眞的善於相法，和是否有授受的關係，且留到後文討論。

隱仙派或猶龍派的道統，從老子到張三丰的一大段，是李西月輩根據前人的說法和他們自己的意思堆砌出來的，這一點前文已經談論過，但是，何以證明它是個「堆砌」，則未有清楚地和詳細地指出來。現在就去談談這一點。

在這部份開始的時候，我們已經指出過這一派的創立和它的道統的出現大約是始於清代的道光年間，在此以前則未聞有此道統存在，（就算存在，也只是部份的）這大概可以作爲此道統是個堆砌的一個例證。但，我們可以更進一步的從這個堆砌裏面所存在的與歷史眞相不相符的地方及矛盾去證實它只不過是一個不合理的堆砌。

三、隱仙派的五位祖師

讓我們從這個道統的第一祖——老子說起。

根據傳統的說法，老子是孔子的同時代而稍前輩的人，即是公元前六世紀的人物。在一些認爲是先秦時期的書籍中，如《莊子》、《呂氏春秋》，孔子被記載爲曾經問道於老子，或學於老子[43]，成書於公元前一世紀的《禮記》更把老子寫成是個孔子常常提到的儒家人物[44]。稍後的便是司馬遷（約前一四五—前八六）在《史記》裏關於他的記載。《史記》裏有兩處記載老子：一處是《老莊申韓列傳》，一處是《孔子世家》[45]。它們都記載他與孔子會見的一段關係，尤其是《老莊申韓列傳》的記載更爲精彩。因爲上述的幾本書都對老子和孔子的關係有過記載，而且《史記》又被尊爲正史，這無形中使到它的老子傳成爲老子的正傳，所以一般傳統的學者都很少不承認老子是與孔子同時的公元前六世紀的人物。不過，亦有人認爲老子不一定是個歷史人物，更不必說他與孔子同時了。[46]

老子是否爲一個歷史人物和是否與孔子同時的問題，不是我們要研究的對象，故不打算進一步討論。卽使老子不是個歷史人物，他的傳說，說得正確一點，他與孔子的關係的傳說，至遲在《呂氏春秋》成書的時候——公元前二四〇年已經頗爲流行[47]，而《史記》裏的老子傳亦早已成爲老子的傳說的正傳，爲千百年來的學者當作歷史材料去使用。

不管老子是否是個歷史人物，從東漢張道陵創立五斗米道（後稱為天師道）起，他已成爲道教的始祖，受著所有道教人士的崇奉[48]。東漢以後，道教雖然慢慢演出不少教派[49]，但無論那一個教派都是以老子爲第一祖或遠祖的。隱仙派或猶龍派只是芸芸衆多的其中一派而已。所以李西月輩把隱仙派或猶龍派遠託於老子實在是個傳統的做法，雖然是個堆砌，亦由來已久。這一點，站在道教的立場看，是可以理解的。

在司馬遷的筆下，老子已是個很神奇和神秘的人物。司馬遷說：「……於是老子廼著書上下篇，言道德之意五千餘言而去，莫知所終。……蓋老子百有六十餘歲，或言二百餘歲，以其脩道而養壽也。……或曰（周太史）儋卽老子，或曰非也，世莫知其然否。[50]」其後又經劉向（約公元前七七—前六年）在《列仙傳》，王浮（西晉時人）在《老子化胡經》、葛洪（二八四—三六四）在《神仙傳》、魏收（五〇六—五七二）在《魏書・釋老志》繼續把他神化[51]，到了唐、宋兩代，由於統治者空前地熱烈崇奉老子，影響到老子的神話大量增加，於是好事者更爲他作詳細的傳記和年譜。如唐代的尹文操（六八八年卒）奉敕修《玄元皇帝聖紀》，凡十卷，總百十篇[52]，宋代的謝守灝（一一三四—一二一二）則編有《太上老君年譜要略》、《太上混元老子史略》及《混元聖紀》[53]，後者爲九卷。賈善翔的《猶龍傳》也達六卷。由《史記》的短短的一篇不到五百字的老子傳及在《孔子世家》裏的一小段的記載，經過歷代的演化，到了唐、宋兩代竟可達九卷、十卷之長篇的傳記，其間所增加的神話實在不可謂不多了。

李西月在其所撰的老子傳裏說：「太上老君，……累世化身，未有誕生之跡。嘗與文始（尹喜）言：『吾姓字渺渺，從刧至刧，不可具述。』非虛語也。逮商陽（「陽」似為「湯」之誤）甲時，分神化炁，始寄胎於玄妙玉女，八十一年，至武丁庚辰歲二月十五日卯時，降生在苦縣之賴鄉曲人里李樹下，指李爲姓，名耳，字伯陽。生時白首，人號爲老子；又長耳，復稱老聃。……其後或隱柱下，或隱河上，或號爲古先生，或自爲古皇，或爲伯陽父，或爲廣成子，或結廬於河濱，或開化於西域……[54]」這自然是神話，但只不過是老子的神話的小小一斑而已。

次說這道統的第二祖尹喜。

《史記・老莊申韓列傳》說：「（老子）居周久之，見周之衰，廼遂去。至關，關令尹喜曰：『子將隱矣，彊爲我著書。』於是老子廼著書上下篇，言道德之意五千餘言而去。……[55]」根據這段記載，尹喜應與老子同時，在某個程度上，亦可說他曾受道於老子，也可以說是老子的弟子。見於正史的，尹喜的事蹟只有如此一點點而已。李西月輩把他安排到道統裏，尊爲第二祖，大概是根據這一點記載。

然而，漢代以前並不是沒有尹喜的記載的，如《莊子》、《呂氏春秋》、《列子》等書對他都有若干記載[56]，但它們稱他爲「關尹」，不稱「尹喜」。這是「關令尹喜」的簡稱[57]。可是他與老子的一段特殊關係則最早見於《史記》。

《史記》之後，這段關係漸漸變得詳細，也同時漸漸神化。劉向的《列仙傳》已開其端。它說：

> ……老子西遊，（尹）喜先見其炁，知有真人當過，物色而迹之，果得老子。老子亦知其奇，為著書授之。後與老子俱遊流沙化明，（「明」字似爲「胡」字之誤。）服苣勝實，莫知其所終。……[58]

後來的神仙傳記一類的書籍，也都愛記載他們這一段關係[59]，雖然詳略不一。這大概是因爲一則此事見於正史，二則是老子乃道家和道教的始祖，地位崇高，而尹喜曾受經於他，爲他的弟子，這密切的關係自然提高了尹喜的地位。然而這些記載則更趨神化了。舉元朱象先撰的《終南山說經臺歷代眞仙碑記・文始傳》爲例，它說：

> ……（周）昭王二十五年（公元前一〇二八）癸丑（尹喜）瞻見東方紫氣西邁，知有聖人當過京邑，乃求出為函谷關令，以物色之。至期乃盥沐念真，戒嚴門吏掃路焚香，以俟天真入境。其年七月甲子老君到關，即具朝服出迎，就舍設座，北面而事之。遂辭疾退官。以其年十二月邀迎老君至終南本第，齋戒問道，復請著書，以惠

> 後世。老君乃述《道德》五千言以授之，並授三一內修之道，及《西昇》之訣。老君傳道既畢，明年甲寅四月二十八日將辭決升天，真人悲戀請留，老君戒曰：「子但千日清齋，研誦二篇，鍊形入妙，而後可尋吾於蜀郡青羊之肆矣。」真人唯唯而謝。言訖於宅南小阜上乘雲駕景，升入太微。真人遂於草樓清齋，屏絕人事，三年之內，心凝形釋，體入自如。……即往蜀郡青羊之肆而會老君。老君錫號「文始先生」，位為無上真人，統領諸天仙士。……[60]

這樣的記載一看而知是有意將事情神化，我們只能作爲神話看。至於說尹喜往蜀郡靑羊之肆會老君，老君賜號「文始先生」一事更是荒誕之談。尹喜被賜號爲「文始先生」及其書《關尹子》稱爲《文始眞經》大抵是唐初之事[61]，如何會與老子有關？

尹喜既然被李西月輩尊爲隱仙派或猶龍派的第二祖，我們大可注意其「隱」的一面。朱象先的《碑記·文始傳》說：「……其後（君喜）涉覽山水，於雍州終南山盩厔縣神就鄉聞仙里中結草爲樓，精思至道，不求聞達，而逸響遐宣。[62]」前文引的一大段亦提及他在老子去後隱居於終南草樓達三年之久之事。大概尹喜曾隱於終南的傳說由來已久，唐歐陽詢（五五七—六四一）撰的《大唐宗聖觀記》便有如此的記載：

> 宗聖觀者，本名樓觀，周康王大夫文始先生尹君之故宅也。以結草為樓，因即為號。……茲觀中分秦甸，西距終南，東眺驪峰。……昔周穆西巡，秦文東獵，並枉駕回

轅，親承教道。始皇建廟於樓南，漢武立宮於觀北。……秦漢廟戸，相繼不絕；晉宋謁版，于今尚存。……63

據此，則尹喜隱居終南草樓的傳說在周康王時（公元前一〇七七—一〇五二）已開始了。這當然是不足爲信的。按照傳統的說法，尹喜與老子是同時人，而老子是公元前六世紀的人，故充其量尹喜是公元前六世紀的人，不會更早的。故此，他隱居終南的傳說亦不會早於公元前六世紀。

李西月稱尹喜爲「終南隱聖」自然是根據諸如此類的傳說而來的。

有些書籍又認爲尹喜隱居的地方——樓觀是宮觀之始。如成書於晉永興二年（三〇五）的《樓觀本起傳》卽主此說。它說：「樓觀者，昔周康王大夫關令尹之故宅也。以結草爲樓，觀星望氣，因此名樓觀。此宮觀所自始也。64」但這些書籍或爲僞書，或是降筆，或是依託，皆不可據。陳國符先生在《道藏源流考》一書已很明白的指出來了。65

另外有些書籍又認爲尹喜有一段時期曾隱居於武當山。如《武當福地總眞集》說：「（尹喜）後入蜀。歸，棲于武當三天門石壁之下。石門、石室、喜之所居。古有銅牀、玉案，今無之矣。以其所居曰尹喜巖，澗曰牛漕澗、青羊澗，皆太上（按：卽老子）神化訪喜之地。66」這大概又是傳說了。不過，對李西月等人堆砌隱仙派或猶龍派的道統却給與某個程度的方便：被尊爲此派的祖師張三丰是以隱居武當山著名的，而尹喜又傳曾隱居武當山，故更有「資格」作爲此派的遠祖了。

至於說尹喜「精相法[67]」一事除見於《全集》裏李撰尹喜傳、麻衣傳及陳摶傳外，未見其他書籍記載，這大概可能是李根據尹喜能物色到老子的傳說推想出來的。世人以爲麻衣是精於相法的（此點下文會論及），李既然把麻衣安排到道統裏，又說成是尹喜的傳人，他的相法一定要有師傳，所以把尹喜寫成是個「精相法」的人。尹喜在關遇到老子事《史記》雖有記載，但《史記》並沒有任何暗示尹喜是懂相法的，後來的書籍亦只有尹喜「知有眞人當過，物色而迹之，果得老子」（劉向〔前七七—前六〕《列仙傳》）一類的記載，並無提到尹喜懂相法，至少沒有直接的指出過，故此不能不說尹喜「精相法」一說是始於李西月的編造。當然，他是有目的而爲的。

道統中的三祖是麻衣先生。據李西月撰的傳，麻衣叫李和。在別的地方他通常被稱作麻衣子。麻衣先生大概是隱仙派或猶龍派的人對他的尊稱而已。

麻衣子李和的傳說，在編纂於明正統二年（一四三七）的《南陽府志》裏有頗詳細的記載，茲節錄其要如下：

> 麻衣子，姓李氏，名和，字順甫，世居秦中。……晉穆帝杲（按：應爲「升」字之誤。）平元年（三五七）三月十五日生，而紺髮美姿，膂力絕等，然性明慧，好經史，契悟言要，而綽有才譽。孝武太元九年（三八四）時，年二十有八，……以學道之志，告親請去。……陰入浙口，坐一岩間，彌月，人不知，……嘗獨行終南，逢一道者，……（道者）謂真人曰：「吾久候汝。」揖與語，皆道秘也。由是神悟劃然。道者

> 授以秘訣，戒曰：「終南非汝宅也。南陽之間，湍水之陽，有山靈堂，岩洞其旁，神開汝鄉，汝則往之，當有異人率衆拜汝。揖之，可以翕神功於蒼茫間。」問其姓，道者曰：「吾左玄太極也。」言訖，不見。真人神其言，往求靈堂於湍陽者，久之，莫曉所在。道遇樵者，相與問答所自來及所欲往，樵者欣然導至洞門。……自是坐洞中十有九年。時義熙十年（四一四），其夏大旱，居民張奭謂衆曰：「麻衣子，有道者也，盍往叩之。」衆諾。率詣洞，焚香禱之。真人瞑目，頃之，顧曰：「何為者？」衆以旱請，真人却之。衆請不輟，真人苦拒者。亦累曰，將夕，有少年十許輩前顧真人曰：「人曰紛紛，何也？」真人語以故。少年請但許之。真人以為妄昧，不敢許。諸少年復堅請，真人怗，諾之。翌日如諾，雨果大至。躋行山間，見十有二人睡山陰。熟睇之，皆負龍狀。心異之。還洞，而十二人至，稽顙曰：「吾屬龍也。……上帝以師道業有成，勑令輔師行化耳。」……自後真人道術大行，鄉人益神之。遊鄖鄉。歷宋孝武大明元年（四五七），行年一百有一矣。秋八月有八日，……真人儼坐而逝。鄖人卽其地築觀，名以白鶴，而仙墳存焉。[68]

此外，成書於萬曆四年（一五七六）的《南陽府志》亦有麻衣子李和的傳[69]，惟記載較略。成書於明代的洪應明的《消搖墟經》所載的傳與萬曆四年的《南陽府志》相同[70]，自然是鈔錄《南陽府志》的了。

李西月撰的麻衣先生傳大體上與《南陽府志》相差不遠，雖遠較簡略，但是它却編進了一些《南陽府志》所沒有的東西。傳文不長，爲了清楚起見，我們還是把它鈔錄於下以資比較：

> 麻衣先生，姓李名和，道號初陽，內鄉人，隱石堂山。生而神奇，紺髮美姿。稍長，厭世濁腐，入終南靜養。遇尹文始，傳以道要，並相法，命往南陽湍水旁靈堂山修煉，洞居十九年。冬夏恒著麻衣，故號為麻衣子。靈（堂）山有水，四時常溫，名暘谷，時往沐浴。一夕，有少年十二人來拜曰：「吾屬龍也。上帝以師道成，命吾等輔行大化。」自是有求雨者皆驗。鄉民謁懇甚繁，別隱歙之黃山，人稱為「黃山隱者」。[71]

本撰傳謂麻衣「道號初陽」，不見於《南陽府志》及《消搖墟經》，亦未知所本。《南陽府志》說麻衣是秦中人（按：秦中卽今陝西省），而李撰傳說是內鄉人（按：內鄉在河南），兩處所說不同。李撰傳說麻衣「隱石堂山」事亦不見《南陽府志》及《消搖墟經》，然可能本於清初編成之《古今圖書集成》，其《神異典》「普濟宮條」說：

> 宮在南陽府內鄉縣西南石堂山，卽麻衣子修真之所。相傳舊名石堂觀，唐貞觀中（六二七—六四九）改今名，元大德間（一二九七—一三〇七）重修。[72]

同時，亦可能是李西月看了這條資料使他聯想到麻衣是內鄉人。《南陽府志》及《消搖墟經》雖說麻衣曾在「南陽之間，湍水之陽」之靈堂山隱居十有九年，與內鄉縣扯上關係，但這並不等於說他是內鄉人。《南陽府志》說麻衣「嘗獨行終南，逢一道者」，而這個道者自稱爲左玄太極；《消搖墟經》則更沒有記載這個道者的名稱。可是在李撰傳中這個道者却變成尹喜。《南陽府志》及《消搖墟經》只是說道者授麻衣以「道秘」，不曾像李撰傳說「傳以道要，並相法」，亦沒有說麻衣懂相法。傳相法一事大概是李編造出來的。在尹喜傳裏，李既然已有目的把尹喜寫成一個「精相法」的人，此處說以相法傳給麻衣是順理成章的。但是這個麻衣是否即是以相法著名的麻衣却是另一個問題，稍後再談。李撰傳說麻衣遇十二名龍化的少年的情形雖與《南陽府志》及《消搖墟經》所記因旱而十二名龍化的少年出現略有不同，但是皆爲神話，不涉及歷史人物，我們無須作進一步的討論。至於李撰傳說麻衣「隱斂之黃山，人稱爲『黃山隱者』」則不見於《南陽府志》及《消搖墟經》，所本不詳，大有可能是李的編製。

麻衣與尹喜的關係是李西月編製出來的。不過他也掌握到一點可以作爲編製的條件：相傳尹喜是在終南隱居過的（上文已經談過），而麻衣又在終南逢一道者，授以道秘，大概他就根據這一點把這一道者說成是尹喜吧，於是尹喜便變成麻衣的老師了。

實際上，尹喜與麻衣那有可能有什麼師徒關係呢？據一般傳統的說法，尹喜是公元前六世紀的周代人，而麻衣，根據《南陽府志》，是生於晉穆帝升平元年（三五七），卒於劉宋孝武帝大明元年（四五七）的。周代和晉代相差數百年，尹喜斷不會於晉代時仍在世，麻衣又如何會在終南遇見他呢?若說麻衣仰慕尹喜的爲人,愛讀認爲是他著的《關尹子》,因而私淑他,自稱爲他之弟子,則可以說得通。但李西月並不曾這樣說。

這個麻衣又被李輩尊爲陳摶(八七二—九八九)的老師。但陳摶從以受道的麻衣不可能是這個晉代的麻衣。根據可靠的記載,陳摶卒於宋太宗端拱二年(九八九),活了一百一十八歲[73],故他的生年應爲唐懿宗咸通十三年(八七二)。試問卒於五世紀的麻衣如何能授道給生於九世紀的陳摶呢?李西月說這個麻衣曾「默授玄機」及傳「尹文始先生相法」於陳摶只是一派胡言而已。

見於記載的,稱爲「麻衣」的不只晉代的李和。如元張輅編的《太華希夷志》裏便有一個麻衣道友(又稱麻衣道者)及一個僧人叫麻衣道者的。他們與陳摶頗有密切的關係,特別值得注意。現把有關的文字引錄如下,以資研究:

……先生(按:指陳摶)賦詩畢,與使者同行,留別山中麻衣道友詩一絕:「華嶽峰前兩路分,數間茅屋一溪雲,師言耳聵持和久,人是人非聞未聞?」麻衣道者答詩曰:「獨坐茅庵迥出塵,亦無衣鉢日隨身,逢人不話人間事,便是人間無事人。」先生得詩,默喻其旨,相別。……[74]

錢文禧公若水少謁希夷(按:爲陳摶之號),求相邀入山。齋地爐畔見老僧擁壞衲瞑目附火,錢揖之,僧微開目而已。良久,希夷問曰:「如何?」僧擺頭,曰:「無此等骨。」後見希夷，曰：「吾始見子神貌清粹，謂子可學神仙，而此僧言子無仙骨，但可作貴公卿耳。」錢曰：「其僧何人耶？」希夷曰：「麻衣道者。」[75]

與陳摶互相唱和的麻衣，既稱「道友」，自應爲陳摶的同輩，不會是陳摶的老師。然而，那個老僧麻衣道者則頗有可能是陳摶的老師，因爲一則他的年紀頗大（文中稱「老僧」），二則他善看相——這一點尤值得注意。世人認爲麻衣精於相法，而陳摶則傳其學，故基於這些因素，老僧麻衣道者爲陳摶的老師是很可能的。

黃宗炎（清初人）「《太極圖》辨」說：「陳（按：指陳摶）又得《先天圖》於麻衣道者。[76]」這個授陳摶《先天圖》的麻衣道者及著《正易心法》的麻衣道者可能就是《太華希夷志》裏的善看相的老僧麻衣道者。他是與陳摶同時而前輩的人，當然不是李西月說的晉代的麻衣子李和了。

與陳摶大約同時的又有另外一個麻衣——趙麻衣。元趙道一撰的《歷世眞仙體道通鑑續編》有他的傳，現節錄其大要如下：

> 趙麻衣，不知何許人也。唐僖宗時（八七四—八八八）黃巢盜起，麻衣避於終南山。……宋高宗建炎（一一二七—一一三〇）初始來遊青城山。……常服麻縷百結之衣，人因號為「麻衣」。……麻衣時時言及五代及本朝事，亹亹有條理。……或云，五代嘗為兵，已而免去，帖尚存。平生黧黑，一旦趺坐而化，尺宅肢體，潔白如玉然。[77]

如果李西月一定要找一個曾隱居過終南山的麻衣（因為這樣可以方便他把麻衣寫成遇到亦曾隱居過終南山的尹喜）作爲陳摶的老師，這個趙麻衣自然比李和適當，因爲至少他的時代與陳摶大致相同。

除了上述的幾個麻衣外，在一些記載中，更有其他亦稱作「麻衣」的怪人。如：晉代有史宗者，亦號麻衣道者[78]；唐僖宗中和間（八八一—八八四）有麻衣禪師[79]；元代有李堅者，亦稱麻衣先生[80]；明代又有一個趙麻衣[81]。此外，女性亦有稱「麻衣」者，如東漢與明代都有一個麻衣仙姑。[82]

道統中的四祖是陳摶（八七二—九八九）。他不可能與晉代的麻衣子李和有過直接關係和可能與他同時的老僧麻衣道者有師徒關係這兩點上文已談過了。他既被尊稱爲隱仙派或猶龍派的四祖，他的「隱」的一面自有應該談談之處，這一節便談談他的「隱」，也同時談談他傳自麻衣——可能是上述的老僧麻衣道者的相法。

首先我們概括地敘述他的生平。根據《宋史》，他字圖南，號扶搖子，亳州眞源人。四五歲時，戲渦水岸側，有青衣媼乳之，自是聰悟日益，及長，讀經史百家之言，一見成誦，悉無遺忘。頗以詩名。後唐長興中（九三〇—九三三）舉進士不第，遂不求祿仕，以山水爲樂。後隱居武當山二十餘年。其後又移居華山達四十餘年。周世宗顯德三年（九五六）一度來朝，宋太宗太平興國中（九七六—九八三）兩度來朝。世宗、太宗皆待之甚厚，然始終不出仕。宋太宗端拱二年（九八九）預言死期，果如期而卒。[83]

關於陳摶的「隱」的一面，記述頗多。據說後唐（九二三—九三六）士大夫挹其清風，欲識其面，如景星彩雲之出爭，先睹之為快，然陳摶皆不與之友[84]。又據說後唐明宗聞其名，親為手詔召之，陳摶至，長揖不拜；明宗以宮女三人賜之，亦不受。明宗賜之號清虛處士[85]。周世宗於顯德三年（九五六）命為諫議大夫，固辭不受，賜號白雲先生[86]。宋太祖召之，竟不至[87]。宋太宗太平興國中（九七六—九八三）雖兩度來朝，但與仕祿無關，對太宗及其大臣如宰相宋琪等亦不談神仙黃白之事及吐納養生之理，認為假令白日沖天亦無益於世。他，正如太宗所說，是個獨善其身不干勢利之方外之士[88]。他之所以朝見太宗，是由於太宗頻頻宣召所致，並不是他自己自動去朝見的[89]。太宗賜號希夷先生。屢與之屬和詩賦，數月後放還山[90]。陳摶之外名利、外女色的出世思想與行動正表現出他的「隱」的一面。

他的隱居的生活是怎樣的呢？據說只服氣辟穀，日飲酒數杯和作長時間的睡眠而已[91]。服氣辟穀是鍊仙的方法。《莊子》說：

> 藐姑射之山，有神人居焉，肌膚若冰雪，淖約若處子，不食五穀，吸風飲露，乘雲氣，御飛龍，而遊乎四海之外。[92]

陳摶服氣辟穀大抵是倣效「不食五穀，吸風飲露」之藐姑射之山的神人吧。

陳摶每作長時間的睡眠（《宋史》本傳說他「每寢處，多百餘日不起」[93]）有什麼特別原因呢？

原來這是鍊仙修眞的一種方法，與一般的睡眠絕不相同。《歷世眞仙體道通鑑》記載他對問道者解釋睡之道說：

……若至人之睡，留藏金息，飲納玉液，金門牢而不可開，土戶閉而不可啓，蒼龍守乎青宮，素虎伏於西室，真氣運轉於丹池，神水循環乎五內，呼甲丁以直其時，召百靈以衛其室，然後吾神出於九宮，恣遊青碧，履虛如履實，昇上若就下，冉冉與祥風遨遊，飄飄共閑雲出沒，坐至崑崙紫府，徧履福地洞天，咀日月之精華，翫煙霞之絕景，訪真人論方外之理，期仙子為異域之遊，看滄海以成塵，指陰陽而舒嘯，與欲返則足躡清風，身浮落景，故其睡也，不知歲月之遷移，安愁陵谷之改變。……[94]

跟着又記載他賦詩以詠其事，說：

至人本無夢，其夢乃遊仙。
真人亦無睡，睡則浮雲煙。
爐裏長存藥，壺中別有天。
欲知睡夢裏，人間第一玄。[95]

據上引的兩段文字，可見陳摶之睡是一種高度的內鍊法，及其至也可達到神遊的程度，正是《莊子》所說的「乘雲氣，御飛龍，而游乎四海之外」的境界。這個境界已是物我相忘的境界。這時自然「不知歲月之遷移，……陵谷之改變」了。據說周世宗曾令陳摶於禁中，扃戶以試之，月餘始開，陳摶熟寢如故[96]；又據說陳摶在山麓酣睡頗久，以致形似遺骸，塵生滿面[97]。這是因爲他的修鍊已達到了忘我的境界的原故。至若說他的睡法是龍所教[98]，當然是故弄玄虛了。更有一個有趣的傳說：一日，有一客訪陳摶，適值其睡，旁有一仙人諦聽其息聲，則以墨筆烏塗於紙，如是數次，滿紙烏塗莫辨，客怪而請問之，仙人則曰此是陳摶之華胥調混沌譜[99]。從這個傳說，我們可以窺見人們是多麼重視，至少是關注，陳摶之睡了。

陳摶善睡太爲人所熟知了，元代的大劇曲家馬致遠（約至元泰定（一二七一——一三二八）間人）便以之爲題材，寫了一本名爲《陳摶高臥》的雜劇[100]。此劇演陳摶賣卜，遇宋太祖，及太祖登極後禮遇陳摶事。裏面大力強調陳摶不爲物質女色所誘，且答之以齁齁入睡的獨特性格。

《陳摶高臥》是個劇本，是篇文學作品，內裏所演的自然不須拘于歷史的記載，所以它不符合歷史的地方不少。如最顯著的是，陳摶於宋太祖時入朝封之爲「希夷先生」便與《宋史》不合[101]。此點及其他不合之處羅錦堂教授在其《現存元人雜劇本事考》已明確的指出來了。[102]

陳摶之睡是一種修鍊，這是積極性的一面。但也有其消極性的一面。所謂消極性的一面是說陳摶以睡去隔絕世務，不管是非。舉個例子來說：宋太宗方欲征河東，陳摶諫止之，會軍已興，命摶寢於御園。兵還，果無功。摶睡百餘日方起[103]。既忠諫而無效，陳摶除了一睡置之還有什麼方法呢？據元張輅《太華希夷志》說宋太宗曾向陳摶問睡之道，陳摶則進《睡歌》一首答之，云：

臣愛睡，臣愛睡。不臥氈，不蓋被。片石枕頭，簑衣覆地。南北任眠，東西隨睡。轟雷掣電泰山摧，萬丈海水空裏墜。驪龍叫喊鬼神驚，臣當恁時正鼾睡。閑想張良，悶思范蠡。說甚曹操，休言劉備。兩三箇君子，只爭些小閑氣。爭似臣向清風嶺頭白雲堆裏，展放眉頭，解開肚皮，打一覺睡。更管甚紅輪西墜。[104]

對陳摶來說，世間的一切事情都比不上睡眠！

然而，這消極的一面實帶有蒼涼的成份。陳摶生於五代亂世，目睹興亡，感慨多端，他好睡也許出於不得已。他曾作詩云：

十年蹤跡走紅塵，回首青山入夢頻。
紫陌縱榮爭及睡，朱門雖貴不如貧。
愁聞劒戟扶危主，悶聽笙歌聒醉人。
攜取舊書歸舊隱，野花啼鳥一般春。[105]

元趙道一說：「……然〔陳摶〕託迹於睡，其意必有在也。《道德經》曰：『衆人昭昭，我獨若昏；衆人察察，我獨悶悶。』豈非陳搏睡之義乎！⑯」說得亦頗爲有理。

陳搏的睡法，根據《張三丰全集》，後來爲張三丰所繼承，所以《全集》裏的《玄要篇》有詠此睡法的歌詞兩首：《漁父詞・詠蟄龍法》及《蟄龍吟》。後一首的結尾頗值得注意，它說：

……此蟄法，是誰傳？曲肱而枕自尼山。樂在其中無人諳，五龍飛躍出深潭。天將此法傳圖南，圖南一派傳能繼？邋遢道人張丰仙。⑰

此歌詞的作者認爲此睡法是傳自孔子的（所謂「尼山」就是指孔子），這大概是因爲孔子曾說過「曲肱而枕之，樂亦在其中矣。⑭」的話吧。這不消說是附會了。提到「五龍」的原因是，傳說陳搏的睡法是龍所敎的（上文已說及了）；而把陳搏從武當山帶到華山去的據傳說正是五龍。《太華希夷志》對此點有記載：

……後唐長興中（九三〇—九三三）（陳搏）試進士不第，隱居武當山九室巖，辟穀鍊氣二十餘年。或傳：夜靜焚香讀《易》，有五老人至，厖眉皓髮，容貌古怪，常來聽誦。居日久，搏問之，老人對曰：「吾儕卽茲山日月池龍也。此間玄武據臨之地，華山是先生棲隱之所也。」異日希夷默坐，五龍忽詣，令先生閉目，凌空馭風，終宵至華山，置坐於盤石之上。開目視之，不見五老去向。⑲

這些記載我們只能作神話看好了。況且詠睡法的兩首歌詞也很難說是張三丰作的，我們在考證《張三丰全集》作者的時候，將會討論這兩首歌詞所屬的《玄要篇》極有可能是後人僞造的。故此張三丰繼承陳摶的睡法不能看作是張三丰說的，只是後人的附會而已。

以上所談的是陳摶的「隱」的一面，可見他實在有資格被尊爲隱仙派或猶龍派的祖師的。關於他精於相法的記載又如何呢？他與善看相的老僧麻衣道者的關係在談論麻衣時已引《太華希夷志》一段指出過。但在《太華希夷志》裏另有一段亦記載他與麻衣道者的關係的，現在不妨引錄如下：

> 《聞見錄》一說：〔錢〕若水為舉子時，見〔陳〕希夷於華山。希夷曰：「明日當再來。」若水如期往。見有一老僧與希夷擁地爐坐。僧熟視若水，久之，不語，以火箸畫灰，作「做不得」三字，徐曰：「急流中湧退人也。」若水辭去。希夷不復留。後若水登科為樞密副使，年纔四十致仕。希夷初謂若水有仙風道骨，意未決，命僧觀之，做不得，故不復留，然急流中湧退，去神仙不遠矣。僧，麻衣道者也。[110]

這一段與前引的大同小異，我們之所以不厭其繁的引錄它目的是爲了要與李西月撰的陳摶傳的有關部份作一比較。李撰傳的有關部份已見前引。它說的「〔陳摶〕逢麻衣子，擁爐對坐，以鐵筯畫灰成字」與《太華希夷志》引的《聞見錄》所用的字眼差相不遠，可見李西月寫此傳時可能參用過《聞見錄》或《太華希夷志》，只是他特意的加入「並以尹文始先生相法傳之」一些《聞見錄》和《太華希夷志》原來沒有的文字而已。更有一點值得注意的是，從李撰傳有關部份的可能來源，可以推知李西月亦可能認爲授陳摶以相法者是這個老僧麻衣道者。或者他認爲這個麻衣道者就是麻衣子李和（大概他認為李和是神仙吧，所以長生不死或時隱時現），故此把李和寫成爲陳摶的老師，授陳摶以相法。又或者他實在知道這個麻衣道者不是李和，而以爲這個麻衣道者沒有多少「事蹟」可說，所以故意的把他說成是李和，因爲李和的「事蹟」記載頗多。總之，這是個自欺欺人的勾當。

陳摶，據說是頗精於相法的，記載亦頗多。最爲人樂道的自然是看出宋太祖、太宗將來成爲天子的事了。傳說五季兵紛時，宋太祖之母用擔子挑負太祖和太宗於籃中遠行避亂，陳摶遇之，卽吟曰：「莫道當今無天子，却將天子上擔挑。[111]」又傳說，宋太祖、宋太宗龍潛時與趙普遊長安市，陳摶與之同入酒肆，普因坐右席，摶曰：「汝紫微帝垣一小星爾，敢據上次乎！[112]」這些善於「鑒人察物，辨別聖凡[113]」的例子實爲精於相法的最好證據。

陳摶也有不少神話式的故事，就算《宋史》也不能避免有所記載，其他不及《宋史》嚴肅的書籍如《三洞群仙錄》[114]、《歷世眞仙體道通鑑》、《太華希夷志》、《消搖墟經》記載就更多了。不過，這些故事與本文主旨無大關係，故此不談了。

清人往往愛把陳摶與張三丰扯在一起地說，或將張三丰比作陳摶，這大概與他們兩人的高隱有關。陳摶在五代、宋代始終不肯出仕，而張三丰在明代始終不肯見皇帝。他們的不爲名利所誘的高尚品格和以隱遯爲務的決心是頗爲相同的。堆砌隱仙派或猶龍派的主要人物李西月便很清楚的指出了這一點。他說：

……特其（按：指張三丰）清風高節，終與麻衣、希夷、火龍相近云。[115]

董承熙（一八一七年進士）在其《全集・序》也說：

昔宋太宗謂諸臣曰：「華山陳摶獨善其身，不干勢利，可謂方外士矣。」三丰其能紹希夷之風者歟！[116]

圓嶠外史（十九世紀中葉人）更巧妙地把陳摶、張三丰連在一起。他在《三丰先生傳》說：

……所可異者，先生（按：指張三丰）未降世而武當一席早為安排。昔希夷先生游太華遇異人孫君訪曰：「武當九室巖，深靜可居，君後有徒孫更能發跡此山，君光大張。」蓋已知名山有主人，大道有法嗣也。豈不異乎！[117]

陳摶遇孫君訪事《宋史》和《太華希夷志》都有記載[118]，但並未言及陳摶將有徒孫發跡武當山事。此點大概爲圓嶠外史有意僞造，使到別人以爲他們所堆砌的道統實有根據，不是他們隨便製造出來的。

在《全集》卷一「顯蹟」部份有「秦安溷跡」一節，描寫張三丰在秦安縣的怪異行爲，其中一段說：

秦安縣有張蓬頭（按：指張三丰）……晚宿寺觀平地上，恒經旬不起，群以為死，足蹴之，乃欠伸張目曰：「寐未熟？何溷而公為也。」119

這段記載與《歷世眞仙體道通鑑》、《太華希夷志》、《消搖墟經》所記陳摶睡的故事甚爲相似，玆錄《歷世眞仙體道通鑑》有關部份如下：

有樵於山麓者，見有遺骸塵堅，迫而視之，乃先生也。（按：即陳摶）捫其心獨暖，良久氣還而起，曰：「睡酣，奚為擾我！」120

「秦安溷跡」是清人編寫的，極有可能是《全集》的重編者李西月。（參看「《全集》作者考」部份。）此文作者大概看了關於陳摶的記載，故特意如此寫張三丰使他跡近陳摶也說不定。又，有可能是出自李西月手筆的《胡廣〈奏狀〉》說：

真仙張三丰，……高隱武當，有希夷之風。……121

李西月這班人總要把張三丰比作陳摶。

在僞託爲張三丰的作品裏，也有若干篇與陳摶有關。除上文提及的《漁父詞•詠蟄龍法》及《蟄龍吟》兩詞外，還有《八遯序》及《陳希夷摶》一詩[122]。更有談及陳摶詩的文字[123]。此外，在談鍊丹的文章中，又不止一次的提到「五龍大蟄法」[124]。雖未指明此法是陳摶之獨特睡法，但證之以《蟄龍吟》詞，所言的無疑是陳摶之睡法。不論這些文字是出於清初汪錫齡或清中李西月，它們給我們的印象是：清人很喜歡把陳摶、張三丰兩人拉在一起，大概他們認爲張三丰實在能承繼陳摶之遺風吧。

在結束此節之前，也許應該談談陳摶與劉海蟾（名操，海蟾其號，以號行，約一〇二三—一〇六三年間生存[125]）的關係。李西月說：「文始一派至麻衣而傳希夷。少陽（卽王玄甫[126]）一派，劉海蟾亦以丹法傳希夷，兩派於斯一滙。[127]」據此，則劉海蟾可能與陳摶同時，《歷世眞仙體道通鑑》說：

> 一云：（劉海蟾）為燕丞相。一旦遽悟，棄官學道。後遇呂洞賓，得金丹之秘旨。自此往來終南、泰、華間。復結張無夢、种放訪陳希夷先生為方外友。[128]

《歷世眞仙體道通鑑》又說劉海蟾於宋仁宗天聖九年（一〇三一）遊歷名山，所至多有遺迹[129]，可見此時他仍健在。陳摶卒於九八九年，而劉海蟾在一〇三一年仍有活動，可知劉海蟾是與陳摶同時而稍後的人。兩人互相往來，談論道術，並不是沒有可能的。但，是否如李西月說劉海蟾以丹法傳給陳摶就值得懷疑了。可能是李西月根據《歷世眞仙體道通鑑》一類的記載編造出來的。

被尊爲隱仙派或猶龍派的五祖是火龍先生。火龍這個人物很難觸摸，我不敢相信他是個歷史人物，說他只是個傳說人物似乎可能性較高。

《全集》裏託名爲張三丰的作品有若干篇是提到火龍的。茲把這些作品有關火龍部份錄之如下：

> 延佑（按：「佑」應爲「祐」之誤）間（一三一四－一三二〇）幸天憐我，初入終南，得遇火龍先生，詢是圖南（按：爲陳摶之字）高弟。綠鬢朱顏，儼乎物外神仙，春秋不知其幾許矣。……（《玄要篇・自序》）[130]

> ……翹首終南山，對天三嘆息，天降火龍師，玄音參一一。……（《上天梯》）[131]

> ……愁則愁六七十年光陰短，入終南感得火龍親口傳。……（《一枝花》第四）[132]

> 曾記得，火龍直指得還丹，逍遙自在，自在神仙。（《五更道情》）[133]

> ……實與先生（按：指火龍）相見晚，慈悲乞早度寒儒。（《終南呈火龍先生》）[134]

吾師火龍先生不甚喜作詩，以其淡於名譽也。今記其《偶吟》一絕云……（詩談）[135]

可是這些作品我們無法證實是張三丰作的，相反地，我們却有理由說它們是依託的，大有可能是汪錫齡或李西月所僞造。（論證見「《全集》作者考」部份）所以我們不能以它們爲證據，說張三丰自己已說火龍是他的老師。就算這些作品意外地有張三丰之作，亦不一定可以證明火龍是三丰之師，或甚至有火龍——作爲三丰之師的火龍這個人物存在。張三丰也可以編製故事的。

最早提到火龍與張三丰兩人的師徒關係的是託名爲明代陸西星撰的《張三丰列傳》；而最早提到陳摶、火龍與張三丰三人的祖、師、徒的關係的是清初的《歷代神仙通鑑》。這兩點前文已談過了。但是《張三丰列傳》一文是陸西星作的可能性極低，就算是陸西星作，其中所說的也不一定可靠。陸西星自言曾經得呂祖親授於草堂[136]，就是陸所說的不可靠的一個很好的例證。他的張三丰從火龍學道的資料是從那裏來的呢？很可能是從他所說的張三丰的六世孫又是他的朋友花谷道人來的[137]。花谷道人是否眞有其人已是問題，至於說張三丰「嘗至其家」[138]，則更值得懷疑了。張三丰大概不會及見他的六世孫吧！《歷代神仙通鑑》不是一本嚴肅的著作，它所記的差不多盡是神話和傳說，是不能作爲一本可靠的史書看的。基於這些原因，我們沒有理由相信它的記載是可靠的。故此，火龍爲三丰之師陳摶之徒或甚至火龍的存在問題是十分值得懷疑的。

在以陳搏爲中心的材料裏，如《宋史・陳摶傳》、《歷世眞仙體道通鑑・陳摶傳》、《太華希夷志》、《消搖墟經・陳摶傳》等又沒有提到陳摶有一個名叫火龍的弟子[139]，而它們却屢屢提到陳摶別的弟子。

李西月爲火龍編了一個小傳，說：

> 火龍先生，希夷高弟子也。隱其身，並隱其姓名，其里居不可考。卽以天地為里居也。其事蹟不多著，卽以潛德為事蹟也。《神仙鑑》亦只記其號，狀其為「物外風儀」，此蓋如赤松、黃石，世只知為古仙耳。隱居終南，故稱「終南隱仙」。或曰賈得昇先生也。俟博識者考之。[140]

這個小傳的材料實在很少，除了一部份是從《歷代神仙通鑑》得來的外，其他大概是李西月自己編製出來的。給火龍一個「終南隱仙」的雅號目的自然是爲了配合隱仙派一名的原故。所謂「或曰賈得昇先生」，不知所本，大抵只是李西月自己的猜想而已。賈得昇是誰呢？就是陳摶命令爲他鑿石爲室以作化形之處的那個弟子。《宋史・陳摶傳》對此事有記載，說：

> 端拱初（九八八），忽謂弟子賈德昇曰：「汝可於張超谷鑿石為室，吾將憩焉。」二年（九八九）秋七月，石室成，摶手書數百言為表，其略曰：「臣摶大數有終，聖朝難戀，已於今月二十二日化形於蓮花峰下張超谷中。」如期而卒，經七日支體猶溫。

有五色雲蔽塞洞口，彌月不散。141

但，在沒有確實證據之前，我們只能認爲賈得昇是賈得昇，火龍是火龍好了。

有記載張三丰曾從一個名鄭火龍的學道。《三丰張眞人源流》（此文最初見清人劉悟元撰的《無根樹解》，後收錄於《全集・無根樹詞注解》部份）說：

延祐間（一三一四——一三二〇）（張三丰）年六十七，入嵩南遇呂純陽（按：卽呂岩）、鄭火龍，得金丹之旨，修煉成道。142

又有記載張三丰曾從鄭思遠學道的。《張三丰太極煉丹秘訣》一書（大抵編於清代）載有《張三丰外傳》一文，說：

（張三丰）早失怙恃，後學道。遇鄭思遠祖師，授以至道。……143

說張三丰隨呂岩、鄭思遠學道都是依託。呂岩是唐代人，鄭思遠更是晉代人，是著名的煉丹家葛洪之師144，活動於明初的張三丰如何能夠隨晉唐人學道呢？

但鄭火龍這個人物却値得研究。他與我們所說的火龍有沒有關係呢？可惜沒有材料證明他們有關。有些材料却說鄭火龍卽是鄭思遠。託名陸西星的《道緣滙錄》說：

呂先生（按：指呂岩）會昌中（八四一——八四六）功名失意，遂遊江州。至盧山，遇葛仙

> 公（按：即葛玄）弟子火龍真人，姓鄭名思遠，號小祝融。……[145]

據此，則鄭火龍自然不是我們要說的火龍了。呂岩遇鄭火龍事亦只是依託。一是唐人，一是晉人，絕不會在世上相遇的。傳爲呂岩撰的《純陽先生詩集》也有關於鄭火龍的詩[146]，都不過是依託之言。大概是從「扶乩」得來的。[147]

我很懷疑張三丰與火龍的關係是後人有意倣效呂岩遇鄭火龍一事而編出來的。呂岩是個道教的大宗師，開南北二宗[148]，他們爲了提高張三丰的地位，連這些神話也有樣學樣了。李西月輩更爲火龍編造了一首詩，首句說：

> 道號偶同鄭火龍，……[149]

大概他們恐怕別人說他們的火龍是有意映射鄭火龍的，所以獨運心匠的寫了這首詩，一開首便說明此火龍不同彼火龍了。可惜欲蓋彌彰呢！

被尊爲隱仙派或猶龍派的六祖的張三丰的歷史與傳說，在本書第一部份已詳談過了，於此不再贅述。

從以上的討論可以明白的看出從老子到張三丰的一個道統只是一個有目的的特意堆砌，根本不是事實的。

四、張三丰的十一位弟子

李西月輩又認爲張三丰有十一個弟子和三個再傳弟子。這又是否是事實呢？亦需要談論。

先談沈萬三。根據《明史》，沈萬三是明初洪武時代（一三六八－一三九八）人，是吳興（浙江吳興縣人）富民，因欲犒軍得罪明太祖而被徙雲南[150]。大概沈萬三是個歷史人物是沒有問題的。明代的筆記對他的記載亦多[151]，雖然很少一致，而且其中也往往雜有一點神話式的記載。現代學者如柳詒徵、范烟橋、黃芝岡等都對他作過一些研究[152]。我們於此特別感興趣的是他與張三丰的一段關係的傳說。這段關係的傳說最先見於文字的大概是《歷代神仙通鑑》。現節錄如下：

（沈）萬山（按，卽沈萬三）秦淮大漁戶，心慈將施。其初僅温飽。遇真師張君實（原注：字玄玄，號三丰子，道號昆陽，遼東懿州人。）……萬山心知其異，常烹鮮煖酒，邀飲於蘆洲。苟有所需，卽極力供奉。偶於月下對酌，三丰謂曰：「子欲聞予之出處乎？」萬山啓請。三丰掀髯曰：……言訖，呵呵大笑。萬山聞言，五體投地，曰：「塵愚願以救濟，非有望於富壽也。」三丰曰：「雖不敢妄洩輕傳，亦不敢緘默閉道。予已稔知子之肺腸，當為作之。」於是置辦藥材，擇日起鍊。……（張三丰）令備朱俚之汞，招其夫婦至前，出少許藥，皆（按：疑「指」字之誤）甲挑微芒，乘汞熱投下，立凝如土。復以死汞點銅鐵，悉成黃白，相接長生。三丰略收丹頭。臨行曰：「東南王氣大盛，將晤子於西南也。」遂入巴中。萬山以之起立家業，安爐大鍊，不一載，富甲天下。……斯時世亂兵荒，萬山惟（按：疑是「懼」字之誤）有禍患，乃毀棄丹爐器皿。（原註：自號三山道士，亦稱萬三。……）……三委其家貲。未幾，再徙兩家（按：另一家為其壻余十舍）於雲南。……是秋，三丰踐約來會，同萬三鍊人元服食大藥。明年始成。⑬

後來《全集》裏的《渡沈萬三》、《滇南踐約》和《蘆汀夜話》諸節都是改動這一大段而來的⑭。前二節據說是汪錫齡所撰，後一節亦可能出自汪手，（這一點在第三部份會有交代），皆為成於李西月輩之前的文字，可以作為他們取材的根據。此外，如汪錫齡撰的《三丰先生本傳》，可能為汪撰的《沈線陽小傳》、《余氏父女傳》都提到沈萬三⑮，託名張三丰的《雲水前集》（此《集》為汪偽撰的可能性極大，本書第三部份會談論）也有關於沈萬三的幾首詩⑯，這些都可以作為李輩的參考。大概他們就是根據這些材料認為沈萬三是張三丰的弟子吧。與李西月同氣相投的藏厓居士為沈萬三編寫了一個小傳，說：

三山先生，姓沈名萬三，一名萬山，自號三山道士，金陵人，秦淮大漁戶。心慈好施。遇三丰先生，得授丹法。繼煉天元大藥，服之，拔宅而去。或隱天目，或隱武當，皆無定所。與三丰先生隱顯度世。勅封宏願真人。元天歷戊辰元年（一三二八）秋九月十八日未時誕生。⑰

前半段無論眞實與否，還算有所根據，至少《歷代神仙通鑑》和汪錫齡已有相若的說法。但後半段說沈萬三「或隱天目，……元天歷戊辰元年（一三二八）秋九月十八日未時誕生」則似沒有根據，可能是藏厓居士僞造出來的。荒誕如《歷代神仙通鑑》亦只是說沈萬三與其女兒沈玉霞「散遊於世，隨時救度」而已[150]，並無說他與張三丰「隱顯度世」的！

根本上，沈萬三與張三丰是毫不相干的。倘若他們眞是有關係的話，一個是名動朝廷的大道士，一個是富可敵國的大商家，就算《明史》不記載這段關係，明代的筆記亦會提到，可是實際上一點也沒有。遲至清初的《歷代神仙通鑑》始有記載。但，《歷代神仙通鑑》的記載，我們已經說過，是不可靠的，它這一段記載大有可能是出於編者的製造。

把沈萬三與張三丰拉在一起並不是不可以理解的。第一，他們都是洪武年間（一三六八—一三九八）的人，又都是有名氣的人；第二，他們皆與明太祖有關，沈萬三欲犒明太祖軍而被徙，張三丰則曾被明太祖遣使尋訪；第三，沈萬三致富之由被認爲是「點化之術」[159]，這一點很容易使人聯想到鍊丹術去。張三丰是個有名的道士，很自然被人認爲是個精於鍊丹術的人（因為鍊丹術是與道士分不開的），又加上他的神異行動，人們便神經過敏的想到沈萬三的「點化之術」必爲張三丰所敎了。在這樣的空氣之下，張、沈便被拉在一起，成爲一對師徒了。

在上引的《歷代神仙通鑑》及藏厓居士撰的沈萬三小傳中，都提到沈萬三號三山道士，但我疑心沈萬三本無此號，而是後人爲他製造的。「三山道士」這四個字也可能不是一個名詞。「三山道士」在傅維鱗（一六四六年進士，一六六七年卒）撰的《明書》張三丰傳已有提及，內文說：

洪武庚午（一三九〇）（張三丰）拂袖長往，竟不知所之。明年（一三九一），太祖遣三山道士請玄玄（按：爲張三丰之號）造朝，了不可見。⑯⓪

於此，並無一點跡象顯示「三山道士」是指沈萬三，而根本上在《歷代神仙通鑑》以前的記載中，未見沈萬三有號曰三山道士的。「三山道士」的「三山」可能是指「海中三神山」，即蓬萊、方丈、瀛洲⑯①，意指道教中的名山。在其他一些記載中，不作「三山道士」，而作「三山高道」。現舉收錄於焦竑（一五四一—一六二〇）編的《國朝獻徵錄》裏藍田撰的《張三丰眞人傳》爲例：

洪武庚午（一三九〇）（張三丰）拂袖而去，形迹杳然。辛未（一三九一）朝廷遣「三山高道」使於四方，清理道教。高皇帝曰：「有張玄玄者，可請來。」竟不之遇。⑯②

在這裏，「三山高道」解作「道教中各名山的法道高超的道士」亦不可謂不通。

總之，無論《明書》的「三山道士」或《張三丰眞人傳》的「三山高道」都不能證實是沈萬三的號，說得徹底一點，都不能證實是指沈萬三。大概《歷代神仙通鑑》的編者及後來的人注意到沈萬三又名萬山，又注意到在前人撰的張三丰的傳記中有「三山道士」四字，所以便以爲「三山道士」是沈萬三的號了。至於藏厓居士說「三山先生」，自然是對他認爲其號是「三山道士」的沈萬三的尊稱了。

似乎最先正式說明太祖遣沈萬三請張三丰的是《歷代神仙通鑑》。它說：

> 帝（按：指明太祖）於乙丑（一三八五）春遣沈萬三敦請（張三丰），了不可得。[163]

《歷代神仙通鑑》的編者既然認爲「三山道士」卽是沈萬三，他編寫時自然可以不隨着前人說「三山道士」而直說沈萬三了。汪錫齡亦承襲了這個方法。[164]

邱元靖、盧秋雲、周眞得、劉古泉、楊善登五人大抵是張三丰的弟子。早在任自垣撰的成書於明宣德年間（一四二六—一四三五）的《太嶽太和山志》已有記載。《山志・張全弌傳》（按：全弌卽全一，爲張三丰之名）說：

> 洪武初（一三六八）（張三丰）來入武當，拜玄帝於天柱峰，遍歷諸山，搜奇覽勝。嘗與者舊語云：「吾山異日與今日大有不同矣。我且將五龍，南巖、紫霄去荊榛，拾瓦礫，但粗創焉。」命丘玄清住五龍，盧秋雲住南巖，劉古泉、楊善澄住紫霄。又尋展旗峰北陲，卜地結草廬，奉高真香火，曰遇真宮；黃土城卜地立草庵曰會仙館。語及弟子周真德：「爾可善守香火，成立自有時來，非在子也。至囑，至囑。」[165]

引文中的丘玄清卽李西月輩說的邱元靖，楊善澄卽楊善登，周眞德卽周眞得。他們名雖稍異而實在是一個人。「丘」、「邱」兩字當作姓用大概是相通的，如「丘處機」又可作「邱處機」[166]。「玄」改作「元」可能是因爲避清聖祖的諱（名玄曄）而沿用下來。「清」作「靖」，「澄」作「登」、「德」作「得」大概是誤作，因形似與音似之故。

丘玄清的事蹟記載比較多。《明太祖實錄》已有一段提到他，可作爲他的小傳[167]，但却沒有提及他與張三丰的關係。《太嶽太和山志》有他的一個傳，記載亦較爲詳細，同時也提到他與張三丰的關係。此書流傳不廣，故此把這一節全部引錄如下：

> 丘玄清（一三二七—一三九三），西安之富平人。自幼從黃冠師黃德禎出家，讀書造理。洪武初年（一三六八）來遊武當，見張三丰真仙，舉為五龍宮住持。寬襟大度，撑拓教門，固有年矣。一日，有司以賢才薦于朝，除授監察御史。上賜室，力辭弗受。轉太常卿，誥封二代，宗祖蒙休。每遇大祀天地，上宿齋宮，諮以雨暘之事，玄清奏對，立有應驗，上愈重深敬焉。平昔公餘，《黃庭》、《道德》不輟于口。閑則凝神坐忘。一日，謂門徒曰：「我當謝天恩棄塵世去也。」翌日，沐浴更衣，端坐瞑目，翛然長逝。壽年六十七歲。朝廷遣禮部侍郎張智行御祭禮，葬還五龍宮黑虎澗之上。[168]

同書又收錄明太祖任命他爲「嘉議大夫太常司卿」的誥命和爲他而撰的祭文及若干當時人爲他而寫的贊、詩、序、記等。[169]

盧秋雲的事蹟亦見於《太嶽太和山志》：

> 盧秋雲（一四一〇年卒），光化人，從終南山大重陽萬壽宮高士遊，悟全真之理。後歷江右諸名山，入龍虎，謁天師於上清宮，佩領敎符，復歸武當五龍宮住持，有年矣。一日，退隱於南巖紫霄之巔，從此杜門不出，以道自任，若將終身焉。永樂八年（一四一〇）冬，無疾而化。[170]

當時人亦有爲他而題咏的。[171]

周眞德，《太嶽太和山志》無傳。其他晚出的書籍雖多提及他[172]，但都不出《山志、張全一傳》的範圍。

劉古泉，《太嶽太和山志》有傳，云：

> 劉古泉，河南人，早脫樊籠，有躡景淩虛之志，九還七返之妙，調鉛鍊汞之功，並無虛日。石火電光，知其自警。旣後精神全就，與道惟一，乃入寶珠岩下蒲團。春風之樂，自謂足矣。一旦告道友楊公（按：即楊善澄）曰：「吾今解帶，正在此時。」語畢，撒手而去。[173]

楊善澄，《太嶽太和山志》亦有傳，云：

楊善澄，太行西山人，夙有道契，清源中來，默守珠輝，深根固蒂，志在太和紫霄之上。後果如其意。同劉古泉結歲寒之盟，偕入寶珠岩下，閑談太極，至乎無極之妙。一點頭來，與〔劉〕古泉各自珍重。翌日，翛然而去。⑰

《太嶽太和山志》的編者任自垣於永樂十一年（一四一三）曾任玄天玉盧宮提點⑰，大約與丘玄清、盧秋雲、周眞德、劉古泉、楊善澄等五人同時，也可能相識，故此他的記載是頗爲可信的。至少在他的記載中，並沒有太多的神話。

明玉也被李西月輩認爲是張三丰的弟子。明玉與張三丰的關係早見於明修的《四川總志》裏面記載說：

永樂中（一四〇三—一四二四）〔張三丰〕遊內江（四川省），寓明玉道人家，詭云龐姓，微示以異。……玉善符呪，多奇驗，欲以授龐，龐笑曰：「我以道奉公，公乃以法授我耶？」乃作《道法會同疏》一通畀之。居歲餘。胡濙物色之，遂同玉見胡，後不知所終。⑰

但這段文字並沒有明言明玉是張三丰的弟子。在《全集》裏，有關明玉的資料，除了藏厓居士撰的小傳外，還有極可能爲汪錫齡撰的《道示明玉》（見卷一「顯蹟」部份），和或可能爲汪錫齡撰的《與明冰壺道法會同疏》、《跋道法會同疏後》(俱見卷二「古文」部份)。後三篇雖提及明玉與張三丰的關係，但亦沒有指出明玉是張三丰的弟子。這說明就算至清初明玉還未被認爲是張三丰的弟子。大概明玉被認爲是張三丰弟子一事是到清中葉如藏厓居士一輩人始製造出來的。藏厓居士撰的明玉小傳說：

> ……(張三丰)乃作《道法會同疏》一通予之。玉大驚，請為弟子。居歲餘。胡濙訪先生，遂攜玉同去，不知所之。[177]

很顯明，藏厓居士撰的小傳是改編《四川總志》或《道示明玉》一文而來的，但「請爲弟子」一語則爲其所加。

似乎張三丰與明玉的關係實只是朋友性質而已，不是師徒性質的。把明玉當爲張三丰的徒弟，看來只是一種依託。《明史》和《新元史》有明玉珍[178]，是否從此名化出來呢？這是個有趣的問題。

王宗道被認爲是張三丰的弟子一事並非遲至藏厓居士撰的王宗道小傳始提出來，至遲在明何喬遠的《名山藏》已有記載了。《名山藏·張君寶傳》(按：君寶為三丰之名)原注說：

> ……一日，(王宗道)獨坐菴前，忽一道士負笠露髻麻衣策杖自東南來，長揖就坐。

「子非景雲（按：爲宗道之字）與語，略露半旨，曰：「得非三丰先生乎？」道士曰：「子非景雲乎？」驚且喜，拜執弟子禮。道士曰：「無以為也。」既授以導引、噏漱秘術，教以步虛、洞微之辭。⑰⑨

但王宗道與張三丰的關係在陸深撰的《玉堂漫筆》已有記載，說：

……淮安王宗道，字景雲，學仙，嘗與（張）三丰往來遊從。永樂三年（一四〇五）國子助教王達善以宗道識三丰薦。文皇帝召見文華殿，賜金冠、鶴氅，奉書香徧訪於天下，竟無所遇而還復命。⑱⓪

可見《玉堂漫筆》並無明確指出王宗道曾拜張三丰爲師。《名山藏》的記載又不知根據什麼而來的了。然而至少從這些記載可知「（王宗道）嘗從三丰先生學道⑱①」一事不是藏厓居士虛構出來的，而是有所本的。至於所本的材料是否可靠是另一個問題。

被李西月輩視爲張三丰的弟子的李性之是個怎樣的人呢？藏厓居士爲他撰的一個小傳說：

李夫子者，名性之，楚人也。正德間（一五〇六—一五二一）入太和山，遇三丰先生，傳以丹法，遂得道。平時好端坐，澄靜齋莊，人號為「李夫子」。喜辟穀，日啜麥麵湯，人又號為「麩子李」。荆藩永定王聞而慕之，遣校禮聘以至寓蘄武當宮。衣

破衲，不食。王屢迎入宮，祈長生訣，皆不對。但云，儒者修身齊家卽道訣也。……[182]

小傳的後半段敍述李性之的神異事，於此略而不錄。

查明王圻（嘉靖進士）《續文獻通考》有麩子李者，其事蹟與李性之的大同小異，茲錄出相當於前引一段如下：

> 麩子李，正德間（一五〇六－一五二一）太和山得道者，以其辟穀，但噉麥麩，故名。荊藩永定王慕之，遣十校移文系藩董是山者禮聘以至寓蘄武當宮。衣破衲，不食。王屢迎入宮，祈長生訣，皆不對。但云，儒者修身齊家，此長生訣也。……[183]

後半截所記的神異事亦與李性之小傳所記的無多大差別，實際上只有少許文字上的差別。無論從什麼角度來看，兩段文字所記的都同是一個人。所差的是：李性之小傳多了一個名——「性之」，多了一個號——「李夫子」，知道他是楚人，更重要的是他曾遇張三丰，因而得道；而《續文獻通考》的麩子李的傳則無這些記載而已。但可注意的是，《續文獻通考》是早於李性之小傳成書的[184]，故極有可能李性之小傳是本《續文獻通考》而編成的，而編傳的時候，藏厓居士便加上一些虛構出來的文字，把傳中的人物寫成是張三丰的弟子，而置之於道統之中。我相信藏厓居士把麩子李寫成張三丰的弟子是從《續文獻通考》的一句「太和山得道者」聯想出來的，因太和山是張三丰隱居之處的緣故。

李性之，或說得正確一點，麩子李根本與張三丰無關。他們兩人的時代也不同。張三丰是活動於洪武、永樂年間（一三六八—一四二四）的人，怎會在正德年間遇見麩子李呢？他們的關係自然是藏厓居士編造出來的。

剩下的兩個被認爲是張三丰的弟子的是汪錫齡和白白先生。汪錫齡是清康熙三年（一六六四）至雍正二年（一七二四）的人，而白白先生則是道光年間（一八二一—一八五〇）的人，與重編《全集》的李西月同時，（兩人的事蹟將在第三部份談論），他們斷不會可以及見張三丰而從之學道的。藏厓居士撰的汪錫齡小傳說汪錫齡「遇三丰先生於峩眉，得其道妙[185]」及白白先生小傳說白白先生「道光初（一八二一）遇張三丰先生於綏山，傳以交媾玄牝金鼎大符」[186]，若不是指他們通過扶乩的方法與張三丰溝通，則必定是指他們白晝作夢了。若兩者都不是，那自然是欺人之言了。當然，倘若說他們因崇奉張三丰而自認爲是他的弟子那是另外一回事，於此無須討論。

五、張三丰的三位再傳弟子

余十舍，在一般的記載中，只說是沈萬三之壻[187]，就算在極有可能爲汪錫齡撰的《余氏父女傳》中（見《全集》卷二「古文」部份）亦只是說「余十舍者，萬山之壻也。……（萬山）傳以丹砂妙道，豐饒與婦翁相頡頏」[188]，不曾正面指出他是沈萬三的弟子。只是到了藏厓居士撰余十舍小傳時才首次說「余十舍者，沈萬山弟子也」[189]。這自然是依託。但，就算余十舍眞是沈萬三的弟子，亦不是張三丰的再傳，因爲在討論沈萬三時我們已指出過沈萬三與張三丰是沒有師徒關係的。

陸德原亦被認爲是沈萬三的弟子，謂「沈萬山先生見之，知爲道器，遂傳以玄微妙旨」[190]。在藏厓居士撰的小傳裏，有一段文字是頗爲有趣的，茲抄錄如下：

> 洪武初（一三六八）（陸德原）嘗助軍糧二萬斛，旣聞太祖有「不及江南富足翁」之句，因慨然曰：「禍端至矣。」及時攜琴披衲，改裝黃冠而遯。[191]

此事與沈萬三欲犒太祖軍而卒被徙雲南類似。陸德原是否從沈萬三學道不可詳知，若眞有此事亦與張三丰無關的。把他放進隱仙派或猶龍派的道統裏只是牽強的做法而已。

劉光燭，據藏厓居士撰的小傳，是李西月的朋友遯園之兄[192]。藏厓居士說他「嘗從白白子游。[193]」白白子極可能卽白白先生（本書第三部份將會討論）。白白先生爲張三丰之弟子已不可能（上文已論及），劉光燭爲張三丰之再傳弟子當然不可能成爲事實。當然，我們不是說劉光燭不可能爲白白子的弟子。

經過以上詳細的討論，可以淸楚的看出李西月輩所詳列出來的隱仙派或猶龍派的道統大部份只是附會或特意堆砌，與眞相是相差頗遠的。大概我們只可以相信張三丰曾經有過幾個弟子，其他的什麼他的師、祖、遠祖或再傳弟子等都是不足信的。

六、道教西派的誕生及以張三丰為祖師的其他教派

隱仙派或猶龍派是道光年間（一八二一——一八五〇）產生出來的一個崇奉張三丰的道教教派，流行於四川樂山縣，這都是我們已知道的，但以後發展的情形如何，我們有探討的必要。

「隱仙派」或「猶龍派」的名稱雖爲李西月輩所立，但當時爲一般人所熟悉的却是它的普通的名稱——「西派」194，因爲這一派的流行地區是西部——四川樂山縣。雖然說這一派是李西月輩爲張三丰所立的，但實際上是爲他們自己創立，他們附會穿鑿地堆砌了一個從老子到張三丰的道統完全是爲了抬舉西派在道教中的地位。他們要捧出來的是張三丰，張三丰以前的幾位祖師只是陪襯而已；同時，他們認爲自己是張三丰的直系弟子，直接承受張三丰的大道，其實他們大概只不過是通過扶乩一類的方法去彼此交通而已，這一點從《全集》裏所收錄的《雲水三集》可知195。（在「《張三丰全集》作者考」部份會詳論）。至於張三丰以後的明代及淸初的弟子與再傳弟子，或說爲這段時期的張三丰道統的繼承人，他們都一概抹煞。大概只有這樣，他們纔可以顯出他們這班創派人的崇高地位。

西派，實在是針對東派而言的。東派爲明陸西星（字長庚，號潛虛，一五二〇—約一六〇一）所創。陸氏是個學兼儒、釋的道士，晚年又參佛教，且爲著名小說《封神演義》的作者[196]。陸氏名西星，李氏却稱西月；陸氏號潛虛，李氏則號涵虛[197]，兩者的名號都有相似之處，這大概是李西月有意倣效，以表示其西派在道教的地位可與前代的東派分庭抗禮。東、西兩派的說法，自然是因地理環境不同所致。西派以四川爲活動中心，故稱西派；東派自明代嘉靖萬曆（一五二二—一六二〇）以來則流行於江、浙，後人遂有東派之名。且兩派的內容亦迥然不同，西派主張性命雙修，屬單修派；東派雖也說性命雙修，似有奉行男女合氣的傾向，屬雙修派。[198]。東、西兩派是南宋以來最流行的五大宗派的兩派，其餘是產生於東漢的天師道[199]，南宋時流行於北方的全眞教和南方的道教南宗[200]。這幾大宗派雄據了清代中葉以後的道教領域，彼此爭鳴，宏揚教義，度化世人。

在清末民初流行着以張三丰爲開祖的十幾個教派，這可能與隱仙派或猶龍派——即西派有血緣上的關係。據北京白雲觀的《諸眞宗派總簿》，它們共有十一派[201]，其中名稱完全相同的有三派——三個三丰派。但據日人吉岡義豐的《道教の研究》一書，我們又知道它們共有十派[202]。可是這十派與前面所說的十一派名稱不盡相同，去其重複者可得邋遢派、新宗派、檀塔派、自然派、三丰祖師自然派、三丰派、三丰祖師日新派、日新派、三丰祖師蓬萊派、蓬萊派、王屋山自然派、三丰自然派、三丰又派、三丰日新派、三丰清微派十五派[203]。不過我們可以斷定這十五派中有些是名異而實同的，就算只從名稱去看，也可以看出這一點。但是我們仍記得《諸眞宗派總簿》有三個不同的三丰派，故總計應爲十七派。我們沒有足夠資料去全部考究它們的異同，但是《諸眞宗派總簿》所提及的十一派中有八派是有派詩的[204]，這自然是派別不同的最有力的證據。

派詩是什麼呢？是一派之祖師所參悟到之眞理之內容而簡約地以詩的形式寫出來的文字，是一派的根本義理所在。所以不同的派詩就表示不同的派別。有些時候，可能派名相同，但不同的派詩則表示它們有分別。派詩又叫「宗派字譜」。一派的道統的繼承人的法名必須順次的採用派詩裏所用的字。這樣，某繼承人爲何代則一目了然。一個道士必須記着他所屬的派的派名及派詩，否則他不被認爲是個眞正道士。派名和派詩合稱「派目」。[205]

以上所說的十幾個派別是什麼時候產生的呢？我們並無足夠材料可以詳說。根據吉岡書中「《諸眞宗派總簿》及《道統源流登錄宗派》一覽表」知道王屋山自然派是立於元末的[206]。因爲《諸眞宗派總簿》並無登錄這一派，所以這條材料大概是吉岡從《道統源流登錄宗派》得來的。但是張三丰的活動時期是明初，(雖然元末已在世)，若說元末已有人奉他爲開祖而立派，似乎於理不合。可能這個說法只是個依託。不過，這些派別流行於清末民初大抵是可信的。[207]

七、三丰派與全眞教的關係

在這裏附帶一談以張三丰爲祖師的派別(姑且籠統的稱它們為三丰派吧)與全眞敎的關係。三丰派與全眞敎的關係似乎是異常深切的。首先我們要指出的是，張三丰的弟子丘玄清、盧秋雲和王宗道都或多或少與全眞教有關。《明太祖實錄》謂丘玄清「於均州武當山宗全眞之學」[208]，明沈德符（一五七八—一六四二）《萬曆野獲編》稱丘玄清爲「全眞邱元清」[209]。《太嶽太和山志》說盧秋雲「悟全眞之理」[210]，明何喬遠《名山藏》說明成祖於永樂三年（一四〇五）遣王宗道訪求三丰，「給全眞牒」[211]。從這幾條材料，或可證明岳玄清、盧秋雲、王宗道是全眞教道士，若然，則他們的老師張三丰也應該是全眞教道士，否則於理是說不通的。如果張三丰眞是全眞教道士的話，則三丰派自然是全眞教的流派了。現代人陳教友撰的《長春道教源流》把張三丰歸入丘處機後全眞法嗣裏不是沒有道理的。[212]

《全集》有《三丰先生傳》（缺名選），提及張三丰與全眞教有關事，頗值得玩味。它說：

（張三丰）幼時，因染目疾，百藥罔效，於是舍送碧樂宮師事張雲菴為徒，從學全真正教。[213]

此《傳》之時代與作者雖不能確定，（當然至遲當在李西月重編《全集》那一年—一八四四寫成），但也許可以增強我們認爲張三丰是全眞教道士的信念。《太嶽太和山志》說他「議論三教經書，則絡繹不絕。但凡吐詞發語，專以道德仁義忠孝爲本」[214]，這與全眞教道士的作風甚爲相似[215]。

此外，更有其他與全眞教道士相似的地方。如張三丰和他的信徒都是崇奉玄帝眞武的[216]，而全眞教也是崇奉玄帝眞武的。在北方全眞教的重鎭——北京白雲觀裏就有眞武殿。殿內中央爲眞武像，右爲文昌帝君像，左爲漢天師張道陵像[217]。白雲觀亦奉張三丰，觀內也設有丰眞殿。相傳張三丰曾遊白雲觀，於是該觀的道士便爲他置殿[218]，這樣，張三丰便成爲全眞教所崇奉的神仙之一了。

張三丰爲全眞教道士似乎是頗有可能的事倘若我們知道他的修道的地方——武當山根本從元代起便流行着全眞教。據說元時有魯大宥（一二八五年卒）者，號洞雲子，隨州應山人，家世宦族。初入武當山學道，草衣非食，四十餘年。元兵破襄漢，大宥去，渡河訪道全眞，西絕汧隴，北逾陰山。至元十二年（一二七五）歸，與汪眞常（一二七五年前後生存）等修復五龍、紫霄壇宇，以道著遠近，度徒衆百餘人。後獨結茅南巖。二十一年（一二八四）收張守淸（一三一二年前後生存）爲徒。二十二年（一二八五）仙去[219]。又據說，汪眞常名思眞，號寂然子。家世徽人，宋丞相汪伯彥之後。生於安慶，嗣全眞教法。入武當山。至元十二年（一二七五）領徒衆六人，開復五龍，興建殿宇，改觀爲宮，四方師禮之，度徒衆百餘人。任本宮提點。後無疾而蛻[220]。由此可知把全眞教傳入武當山的是魯大宥與汪眞常。可是把全眞教在武當山發揚起來的却是魯大宥的弟子張守淸。據說他頗有道術，名動皇室，在皇慶年間（一三一二—一三一三）曾數度禱雨應驗，賜號爲「體玄妙應太和眞人」，其觀虛夷宮則賜額曰「大天一眞慶萬壽宮」，置提點甲乙主持。延祐元年（一三一四）奉旨乘騎奉香還山致祭，管領教門公事[221]。自此之後，全眞教在武當山大行其道。又因爲這一派吸收了淸微派的「先天之道」[222]，故成爲全眞教的別派，或可稱爲武當全眞派。張三丰於明初選擇武當山修道，大有可能是因爲武當山是南方的全眞教的大本營。當時他可能已是個上了年紀的人，且已傳教授徒，自然不是到武當山尋師，故歸根地說，他本身可能早已是個全眞教道士。以一個全眞教道士的身份到全眞敎的大本營去修道傳敎是很自然而又很合理的事。後來可能因爲他的徒弟、徒孫多起來了，更因爲他曾一度名震朝廷，聲名大噪，所以他的信徒便奉他爲祖，爲他設立敎派——籠統地我們稱之爲三丰派，正如全眞七子於王喆（一一一三—一一七〇）死後，分散到各地傳敎，各自的徒衆龐大起來，終於自成一派一般。丘處機（一一四八—一二二七）的一派稱爲龍門派，劉處玄（一一四七—一二〇三）的稱爲隨山派，譚處端（一一二三—一一八五）的稱爲南無派，馬鈺（一一二三—一一八三）的稱爲遇山派，郝太古（一一四〇—一二一二）的稱爲華山派，王處一（一一四二—一二一七）的稱爲崳山派，孫不二（一一一九—一一八二）的稱爲清淨派[223]，而不再籠統地稱爲全眞敎。這全眞七派後來繼續有所發展，又分出了不少支派[224]。可惜我們還沒有足夠材料尋求出張三丰實際上來自七眞派中那一派。

第二部份附註

❶ 有關張三丰一派的材料最先見於李西月重編的《張三丰全集》，而此《全集》是重編於道光甲辰年（一八四四）的，內裏有關張三丰一派的文字又都是出於此一時期的人，故此作出如此推論。

❷ 《雲水三集》見《張三丰全集》卷五，頁三八上——六一下（七七七〇——七七八一）。它是通過「扶乩」或甚至僞造得來的文字。這一點會在第三部份——「《張三丰全集》作者考」有較詳細的討論。

❸ 《張三丰全集》，序頁，頁一上下（七六四一）。

❹ 同上，卷一，頁一〇下（七六五一）。

❺ 同上，卷八，頁七八上（七八三三）。

❻ 同上，卷一，頁一三上（七六五三）。

❼ 同上，卷七，頁四二上（七八一五）。

❽ 李西月重編《全集》爲道光甲辰，即公元一八四四年，見李氏「敍」，序頁，頁五下（七六四三）。

❾ 《史記》（香港，中華書局，一九六九）卷六三，頁二一四二。

❿ 同註❻。

⓫ 《史記》，卷六三，頁二一四〇。

⓬ 《張三丰全集》，卷七，頁一七下（七八〇三）。

⓭ 《道藏》裏特別爲龍而撰的經便有下列數種：《太上洞玄靈寶八威召龍妙經》、《太上洞淵說請雨龍王經》、《太上召諸神龍安鎮墳墓經》，見第一八〇冊。有關龍的傳說十分豐富，可參顧希佳編《龍的傳說》一書，（北京，中國民間文學出版社，一九八六）。

⓮ 《張三丰全集》，卷一，頁四五上（七六六九）。

15. 同上，卷五，頁六一上下（七七八一）。

16. 同上，卷八，頁七一下（七八二九）。

17. 同上，卷八，頁六六下（七八二七）。

18. 同上，卷八，頁七七下（七八三二）。

19. 《三丰祖師全集序》，《張三丰全集》，序頁，頁一上（七六四一）。

20. 《張三丰全集》，卷八，頁七八上（七八三三）。

21. 賈善翔撰《猶龍傳》，六卷，見《道藏》，冊五五五；又見《道藏輯要》，冊四九。賈善翔事略見元趙道一《歷世眞仙體道通鑑》，冊一四八，卷五一，頁一五下——一六上。

22. 《張三丰全集》，卷七，頁三一下——三二上（七八一〇）。

23. 藏厓居士撰的十四人的小傳見《張三丰全集》，卷一，頁一五下——一八下（七六五四——七六五五）。

24. 同上，卷一，頁九上（七六五一）。

25. 同上，卷五，頁三〇下（七七六六）。

26. 《歷代神仙通鑑》，卷二一，節六，頁四上。

27. 《張三丰全集》，卷一，頁六下（七六四九）。

28. 《史記・老莊申韓列傳》說：「老子脩道德，其學以自隱無名爲務。居周久之，見周之衰，廼遂去。至關，關令尹喜曰：『子將隱矣，彊爲我著書。』於是老子廼著書上下篇，言道德之意五千餘言而去，莫知其所終。」卷六三，頁二一四一。引文內之「言道德之意五千餘言」之「上下篇」即《道德經》。

29. 《文獻通考》（《十通》第七種，《萬有文庫》，第二集，商務印書館，一九三六），卷一七六，頁一五二四。

30. 同上。

31. 《張三丰全集》，卷一，頁一三下——一四上（七六五三）。

32. 同上，卷一，頁一四上（七六五三）。

㉝ 同上，卷一，頁一四下（七六五三）。

㉞ 同上，卷一，頁一四下——一五上（七六五三——七六五四）。

㉟ 同上，卷一，頁一五上（七六五四）。

㊱ 《明史》，卷二九九，《方伎》，頁七六四一。

㊲ 同上。

㊳ 張三丰隱居武當山事很多書都有記載，其中較早的如明任自垣撰的《太嶽太和山志》。《山志》說：「洪武初〔張三丰〕來入武當，拜玄帝於天柱峯，……」卷六，頁四三〇。《明史·方伎傳》說：「〔張三丰〕嘗游武當諸巖壑，……與其徒去荆榛，辟瓦礫，創草廬居之，……」同註㊱。

㊴ 《張三丰全集》中的有關張三丰的六篇傳記爲：鈔錄《明史·方伎傳》的一篇，祇園居士撰的一篇（註明見《微異錄》）、郎瑛撰的一篇（見《七修類稿》）、託名陸西星撰的一篇（據說錄自《淮海雜記》）、汪錫齡撰的《三丰先生本傳》及圓嶠外史撰的《三丰先生傳》。卷一，頁四上——一二上（七六四八——七六五二）。

㊵ 同註㉜。

㊶ 同註㉝。

㊷ 同註㉞。

㊸ 在《莊子》一書裏，記載孔子問道於老子的有多處，如第十二《天地篇》、第十四《天運篇》、第二十一《田子方》、第二十二《知北遊》都有此類記載。《呂氏春秋》卷二《仲春紀·當染篇》則謂孔子學於老子。

㊹ 見《禮記·曾子問》第七。文中屢次記述孔子引用老子之言。

㊺ 《孔子世家》記載：「魯南宮敬叔言魯君：『請與孔子適周。』魯君與之一乘車，兩馬，一豎子俱，適周問禮，蓋見老子云。辭去，而老子送之曰：『吾聞富貴者送人以財，仁人者送人以言。吾不能富貴，竊仁人之號，送子以言，曰：……』孔子自周反于魯，弟子稍益進焉。」《史記》，卷四七，頁一九〇九。

㊻ 如劉殿爵教授便持此論調。見 D. C. Lau, "The Problem of Authorship", *Tao Te Ching*《道德經》

英譯本）附錄，（Penguin, 1963）, pp. 147-162，尤其是P.162。

㊼ 同上，頁一五七——一五八。

㊽ 《三國志》《魏書．張魯傳》裴松之《註》引《典略》說：「〔漢靈帝〕光和中（一七八——一八三）東方有張角，漢中有張脩。……角爲太平道，脩爲五斗米道。……脩法略與角同，加施靜室，使病者處其中思過；又使人爲姦令、祭酒。祭酒主以《老子》五千文，使都習。」（北京，中華書局，一九六二），卷八，頁二六四。文中「張脩」，裴松之謂應爲「張衡」，即張道陵（約歿於一五七——一七八）之子。據上說，可知教人習《老子》一書者實始於張衡，換言之，即張衡已把《老子》列爲衆人必習的道經之一。據唐玄宗御製《道德眞經疏外傳》所列古今箋注《道德經》各家，其中有《想爾》二卷，云：「三天法師張道陵所注」，見《道藏》，册三五八，頁一下。另，五代杜光庭《道德眞經廣聖義》敍歷代詮疏箋注六十餘家，其中亦有《想爾》二卷，云：「三天法師張道陵所注」，見《道藏》，册四四〇，序頁，頁二下。饒宗頤教授論《老子想爾注》說：「〔《想爾注》〕當是陵之說而魯述之；或魯所作而託始于陵，要爲天師道一家之學。……是天師道以五千文設教，不自張魯始。陵初作注，傳衡至魯，而魯更加釐定，故有『係師定本』之目。」見《老子想爾注校箋》（香港，一九五六），頁四—五。張道陵既是五斗米道的始祖，又嘗注《老子》，其子張衡又教人習《老子》，故而推論說張道陵已教人習《老子》不是沒有可能的。若然，則尊崇老子爲道教之祖大抵始自張道陵，無論如何也不會晚於其子張衡的。

㊾ 據北京白雲觀所藏《諸眞宗派總簿》，直至一九二七年止，道教教派共有八十六派。參看日人小柳司氣太編《白雲觀志》（東京，東方文化學院東京研究所，一九三四），頁九一——一二一。傅勤家《中國道教史》（上海，商務印書館，一九三七）亦收錄《諸眞宗派總簿》，頁二一一——二二九。又，日人吉岡義豐《道教の研究》（京都法藏館，一九五二）有「《諸眞宗派總簿》及《道統源流登錄宗派》一覽表」，列出道教教派共九十六派，頁二三三——二三六。日人窪德忠教授更認爲道教教派總數達一百四十以上。參看《東洋思想》（東京大學出版社，一九六七），No. 3，Ⅱ，「中國思想」，第五章，「道教」，頁二三六。

㊿《史記‧老莊申韓列傳》，卷六三，頁二一四一—四二。

51 劉向《列仙傳》，《道藏》，冊一三八，卷上，頁四上。王浮《老子化胡經》只存殘卷二卷——第一及第十卷。此殘卷原爲法人伯希和於一九〇八年在敦煌石室所得，現存法國巴黎國立圖書館。羅振玉《敦煌石室遺書》有收錄，見羅振玉《羅雪堂先生全集》，三編，（台北，文華出版公司影印宣統已酉年〔一九〇九〕刊本，一九七〇），冊六，總頁二二二五—二二五二。唐寫影印本收入羅氏《鳴沙石室佚書續編》，亦見羅氏《羅雪堂先生全集》，四編，（台灣，大通書局影印羅氏本，一九七二），冊五，總頁二二八一—二三一一。葛洪《神仙傳》（守一子〔即丁福保〕編《道藏精華錄》本，上海，醫學書局，一九二二），卷一，頁一上—三下。魏收《魏書》（北京，中華書局，一九七四），卷一一四，頁三〇四八。

52 尹文操之生平事蹟及撰《玄元皇帝聖紀》事見元朱象先集《古樓觀紫雲衍慶集》之唐員半千撰《大唐宗聖觀主銀青光祿大夫天水尹尊師碑》，《道藏》，冊六〇五，卷上，頁四下——九下。又見朱象先撰《終南山說經臺歷代眞仙碑記》之《銀青光祿大夫尹尊師》節，《道藏》，冊六〇五，頁一六下——一七上。兩者比較，前篇較爲詳細。

53 謝守灝傳見元趙道一撰《歷世眞仙體道通鑑續編》，《道藏》，冊一四九，卷五，頁六下。《太上老君年譜要略》，一卷，見《道藏》，冊五五四，及《道藏輯要》，冊四九；《太上混元老子史略》，三卷，見《道藏》，冊五五四；《混元聖紀》，九卷，見《道藏》，冊五五一—五五三，及《道藏輯要》，冊五〇—五一。後書係由前二書擴充而成，故較前二者爲詳細。

54 同注㉛。

55 前引，頁二一四一。

56 見《莊子》第十九篇《達生》，第三十三篇《天下》；《呂氏春秋》，卷十七，《審分覽‧不二篇》；《列子》，卷七《楊朱》。

57 參唐陸德明（五五六—六二七）《經典釋文》《莊子音義》下《天下篇》「關尹」注，（《叢書集成初編》，上海，商務印書館，一九三五—三七），卷二八，頁一五九三。

58 劉向《列仙傳》，《道藏》，冊一三八，卷上，頁五上。

59 如：唐王松年《仙苑編珠》，《道藏》，冊三二九，卷上，頁四下；宋陳葆光《三洞群仙錄》，《道藏》，冊九九二，卷三，頁七下，冊九九三，卷七，頁九下；元趙孟頫（一二五四—一三二二）《玄元十子圖》，《道藏》，冊七二，頁一上；元黃舜申傳授陳采刊行《清微仙譜》，《道藏》，冊七五，頁一〇上；元趙道一《歷世眞仙體道通鑑》，《道藏》，冊一四〇，卷八，頁一上；元張天雨（一二七七—一三四八）《玄品錄》，《道藏》，冊五五八，卷一，頁一上；元朱象先《終南山說經臺歷代眞仙碑記》，《道藏》，冊六〇五，頁一上——三上；明洪應明《消搖墟經》，《道藏》，冊一〇八一，卷一，頁八上。

60 《文始傳》之全名爲《九天仙伯文始先生無上眞人傳》。引文見《道藏》，冊六〇五，頁一上——二上。《終南山總經臺歷代眞仙碑記》爲朱象先節錄《樓觀先師傳》（尹軌、韋節、尹文操撰）而成的，而《文始傳》則爲其所編纂，以弁書首。見朱氏《……碑記》末題記，《道藏》，冊六〇五，頁一八下——一九上。今人陳國符先生考究此二書之關係頗詳，見陳氏《道藏源流考》（北京，中華書局，一九六三），附錄一，《引用傳記提要》「《樓觀先生本行內傳》」條，頁二三五—二三九。

61 唐歐陽詢（五五七—六四一）有《大唐宗聖觀記》一文，撰於武德八年（六二五），提到「周康王大夫文始先生尹君」，故尹喜稱爲「文始先生」大概始於唐初，至遲亦不會遲過歐陽詢之時。《關尹子》一書稱爲《文始眞經》亦大概與尹喜稱爲「文始先生」同時。歐陽詢文見《古樓觀紫雲衍慶集》，《道藏》，冊六〇五，卷上頁一上——四下。關於《關尹子》一書，《漢書》卷三〇《藝文志》有著錄。然今人所見之《關尹子》大概爲宋人——大有可能爲南宋人孫定所僞造。參余嘉錫《四庫提要辨證》（北京，科學出版社，一九五八），卷一九，「《關尹子》」條，頁一一八四—一一八九。

62 《道藏》，冊六〇五，卷上，頁一上——二上。

63 參註61。

64 見朱象先《終南山說經臺歷代眞仙碑記》引。《道藏》，冊六〇五，頁二上下。

65 前引，頁二三七—二三八。

66 元劉道明（一二九一年前後生存）《武當福地總眞集》，《道藏》，冊六〇九，卷下，頁二〇上。劉書註明出自《輿地紀勝》（王象之編），惟《輿地紀勝》只謂石門、石室爲尹喜所棲之地，未有提及尹喜巖、牛漕澗、青羊澗等處。參《輿地紀勝》（懼盈齋本，道光二十九年〔一八四九〕版），「均州」之「石門、石室」注及「武當山」注，卷八五，頁四上、五上。

67 「精相法」三字見李西月撰《文始先生傳》原注。《傳》云：「一日，遇融風三至（原注：精占風），紫氣東來（原注：精望氣），夜觀天理，星西行過昴（原注：精天文），知有聖人將至。老君到關，望其神采，大喜（原注：精相法），拜爲弟子。」《張三丰全集》，卷一，頁一四上（七六五三）。

68 康孔高修、金福纂《南陽府志》（正統二年〔一四三七〕），卷九，頁一下—二下。

69 李廷龍纂修《南陽府志》（萬曆四年〔一五七六〕），卷一八，頁二五下—二六上。

70 《道藏》，冊一〇八一，卷一，頁二八下—二九上。《四庫全書總目提要》「《仙佛奇蹤》」條說：「明洪應明撰。……是編成於萬曆壬寅（一六〇二），前二卷記仙事，後二卷記佛事。首載老子至張三丰六十三人，名曰《消搖墟》。」（《萬有文庫》本），卷一四四，頁一〇。按：《喜咏軒叢書》所收錄之《仙佛奇蹤》未載張三丰傳。

71 《張三丰全集》，卷一，頁一四下（七六五三）。

72 《古今圖書集成》（上海，中華書局影印本，一九三四），《神異典》，卷二七九，冊五一一，頁五三下。

73 陳摶卒於宋太宗端拱二年（九八九）事見《宋史・陳摶傳》（北京，中華書局，一九七七），卷四五七，頁一三四二一，惟未記其年歲。年歲見《歷世眞仙體道通鑑》，《道藏》，冊一四七，卷四七，頁一三上；元張輅《太華希夷志》，《道藏》，冊一六〇，卷下，頁六上；《消搖墟經》，《道藏》，冊一〇八一，卷二，頁三〇下。

74 《太華希夷志》，卷上，頁七上下。

75 同上，卷下，頁一下——二上。

76 見黃宗羲（一六一〇——一六九五）《宋元學案》（《萬有文庫》本，上海，商務印書館，一九三四），卷一二，「濂溪學案」下，頁一二五。

77 《歷世眞仙體道通鑑續編》，《道藏》，冊一四九，卷四，頁三上下。

78 見宋釋惠洪《冷齋夜話》（《筆記小說大觀》，上海，進步書局），卷八，頁三上。宋陳葆光《三洞群仙錄》亦引此段，見《道藏》，冊九九三，卷六，頁二一上——二二下。

79 見沈葆楨修、何紹基纂《安徽通志》（光緒四年〔一八七八〕），卷三四八，頁六下。

80 見《濟南府志》，轉引《古今圖書集成》，《神異典》，卷二五五，冊五〇九，頁五七下。明王圻《續文獻通考》亦記有麻衣先生者，元時長清人，與《濟南府志》所記同，惟未記其姓名。見《古今圖書集成》引錄，《神異典》，卷二五五，冊五〇九，頁五七下。

81 見明龍文明、趙耀纂修《萊州府志》（萬曆三十二年〔一六〇四〕），卷六，頁七一上。

82 東漢之麻衣仙姑見《續文獻通考》，《古今圖書集成》引錄，《神異典》，卷二三三，冊五〇八，頁一二下。明代之麻衣仙姑見曾國荃等修、王軒等纂《山西通志》（光緒十八年〔一八九二〕），卷一六一，頁二六上。

83 參註73。

84 見《歷世眞仙體道通鑑》，《道藏》，冊一四七，卷四七，頁一下；又見《消搖墟經》，《道藏》，冊一〇八一，卷二，頁二九下。《歷世眞仙體道通鑑》作「唐士大夫」，唐當是指後唐（九二三——九三六）。《消搖墟經》作「梁唐士大夫」，梁自然是指後梁（九〇七——九二三）。

85 見《歷世眞仙體道通鑑》，《道藏》，冊一四七，卷四七，頁一下——二上；又見《消搖墟經》，《道藏》，冊一〇八一，卷二，頁二九下。

86 周世宗命陳摶爲諫議大夫而陳摶固辭事見《宋史・陳摶傳》，卷四五七，頁一三四二〇。周世宗賜號白雲先生事見《太華希夷志》，卷上，頁一下；又見《消搖墟經》，卷二，頁三〇上。惟二事同見《歷世眞仙體道通鑑》，卷四七，頁三上。

87 見《歷世眞仙體道通鑑》，卷四七，頁三下；《太華希夷志》，卷上，頁二下；《消搖墟經》，卷二，頁三〇上。

88 《宋史・陳摶傳》云：「〔陳〕摶太平興國（九七六——九八三）來朝，太宗待之甚厚。九年（按：太平興國只有八年，所謂「九年」可能指雍熙元年〔九八四〕）復來朝，上益加禮重。……」卷四五七，頁一三四二〇。陳摶朝見宋太宗事，《歷世眞仙體道通鑑》本傳、《太華希夷志》、《消搖墟經》本傳俱有記載，然時間、次數並不完全相同。《歷世眞仙體道通鑑》作太平興國初（約九七六）及太平興國四年（九七九），卷四七，頁三下——四上。《太華希夷志》作至道元年（九九五），卷上，頁二下——七下。惟陳摶卒於端拱二年（九八九），至道元年（九九五）如何可以來朝呢？《消搖墟經》作「太宗初年」，大概是指太平興國初年（約九七六）吧。見卷二，頁三〇上。

89 《太華希夷志》謂陳摶被宋太宗三度宣召始赴朝。時間上雖誤作至道元年（九九五），但至少顯示陳摶赴朝並不是自動的。參卷上，頁二下——七下。

90 見《宋史》本傳，卷四五七，頁一三四二一。亦見《歷世眞仙體道通鑑》，卷四七，頁四下——六上；《消搖墟經》，卷二，頁三〇上。《太華希夷志》亦記和詩賜號事，然記當時陳摶並未赴朝，只是與太宗書信往來而已。卷上，頁一三下——一四上。

91 陳摶這生活上的幾件事，《宋史》本傳（卷四五七，頁一三四二〇——一三四二二）、《歷世眞仙體道通鑑》本傳（卷四七，頁一——一四）、《太華希夷志》、《消搖墟經》本傳（卷二，頁二九——三一）俱有談及，然詳略不一。

92 《莊子・逍遙遊》第一。見王先謙著《莊子集解》（《諸子集成》本，第三冊，上海，國學整理社，一九三五），頁四。

93 《宋史》，卷四五七，頁一三四二〇。

94 前引，卷四七，頁九下——一〇上。

95 同上，卷四七，頁一〇下。

96 《太華希夷志》，卷上，頁一下。

97 《歷世眞仙體道通鑑》，卷四七，頁三上；《太華希夷志》，卷上，頁一二上；《消搖墟經》，卷二，頁三〇上。

98 《太華希夷志》，卷上，頁一下。

99 《歷世眞仙體道通鑑》，卷四七，頁一一上；《消搖墟經》，卷二，頁三一上下。

100 雜劇的全名爲《西華山陳摶高臥》。見明臧晉叔（？——一六二一）編《元曲選》（北京，中華書局，一九六一），頁七二〇——七三二。

101 《宋史》並無記載陳摶於宋太祖朝入朝事，更不用說賜號了。它只記載陳摶於宋太宗太平興國年間（九七六—九八三）兩度來朝，宋太宗下詔賜號「希夷先生」，見卷四五七，頁一三四二〇——一三四二一。

102 羅錦堂《現存元人雜劇本事考》（台北，中國文化事業股份有限公司，一九六〇），頁一五五。

103 見《太華希夷志》，卷上，頁八下。《歷世眞仙體道通鑑》亦記載此事，然稍有不同。文曰：「時上（按：指宋太宗）方欲征河東，先生（按：指陳摶）諫止之，會軍已興，上不樂其言，詔復令寐於御苑。及兵還不利，經百餘日乞歸山。」卷四七，頁四上。

104 《太華希夷志》，卷上，頁一一下。

105 《歷世眞仙體道通鑑》，卷四七，頁三下。

106 同上，卷四七，頁一四上下。

107 《張三丰全集》，卷四，頁三七上（七七三三）。

108 《論語・述而》第七・朱熹《論語集注》（《四部備要》本），卷四，頁四上。

109 《太華希夷志》，卷上，頁一上下。

110 同上，卷下，頁二上下。

111 《消搖墟經》，卷二，頁三〇下。

112 《歷世眞仙體道通鑑》，卷四七，頁六上；《太華希夷志》，卷上，頁二上；《消搖墟經》，卷二，頁三〇下。

113 《歷世眞仙體道通鑑》，卷四七，頁六上。

114 《三洞群仙錄》記載陳摶的故事有三處：《道藏》，冊九九三，卷七，頁一五上；冊九九四，卷一三，頁一〇下；冊九九五，卷二〇，頁一下。第二處謂陳摶夜遇一金甲神人事，純是神話。

115 《張三丰全集》，卷一，頁一三下（七六五三）。

116 同上，序頁，頁三上下（七六四二）。

117 同上，卷一，頁一一下——一二上（七六五二）。

118 《宋史。陳摶傳》，卷四五七，頁一三四二〇；《太華希夷志》，卷下，頁三上。惟「孫君訪」作「孫君仿」。圓嶠外史《三丰先生傳》作「訪」，疑誤。

119 《張三丰全集》，卷一，頁四三下——四四上（七六六八）。

120 《歷世眞仙體道通鑑》，卷四七，頁三上。

121 《張三丰全集》，卷一，頁二二上（七六五七）。

122 《漁父詞。詠蟄龍法》見《張三丰全集》，卷四，頁三六下（七七三二）；《蟄龍吟》見同上書，卷四，頁三七上（七七三三）；《八遯序》見同上書，卷二，頁一〇下——一二上（七六七四——七六七五）；《陳希夷摶》見同上書，卷五，頁三〇下（七七六六）。

123 見《張三丰全集》，卷八，頁五八下（七八二三）。

124 見《張三丰全集》裏《玄機直講》部份之《返還證驗說》，卷三，頁一六上下（七七〇二）；又見同部份之《登天指迷說》，卷三，頁二三下——二四上（七七〇六）。

125 劉海蟾被尊為金丹教（又稱為南宗，或全眞教南宗）之遠祖。據說張伯端（約一〇七六——一一五五）繼承其道而開金丹教，成為金丹教之始祖。劉海蟾之傳說見元樗櫟道人（秦志安）《金蓮正宗記》，《道藏》，冊七五，卷一，頁九上——一一下；元劉天素、謝西蟾《金蓮正宗仙源像傳》，冊七六，頁一六下——一八上；《歷世眞仙體道通鑑》，冊一四八，卷四九，頁五上——七上；《消搖墟經》，冊一〇八一，卷一，頁一七下——一八上。

126 王玄甫通常被稱為東華子、東華帝君、紫府少陽君或東華紫府少陽帝君等等，被尊為全眞教的第一代遠祖。據說是漢代東海人，曾以道授鍾離權。以他為始祖的道統一般地說如下：

王玄甫→鍾離權
　／ 劉海蟾→張伯端（南宗）
　＼ 呂岩→王喆→丘處機（北宗）
（劉海蟾 - - → 王喆）

王玄甫之傳說見《金蓮正宗記》，《道藏》，冊七五，卷一，頁一上——二下；《金蓮正宗仙源像傳》，冊七六，頁一三上——一四上；《歷世眞仙體道通鑑》，冊一四二，卷二〇，頁五上。

127 同註115。

128 《歷世眞仙體道通鑑》，《道藏》，冊一四八，卷四九，頁六上。

129 同上，卷四九，頁六上下。

130 《張三丰全集》，卷二，頁一八下（七六七八）。

131 同上，卷四，頁二上（七七一五）。

132 同上，卷四，頁三六上（七七三二）。

133 同上，卷四，頁四九下（七七三九）。

134 同上，卷五，頁二二上（七七六二）。

135 同上，卷八，頁五八下—五九上（七八二三）。

136 陸西星所言曾得呂祖親授於草堂事自然不是事實，只不過是「降授」而已。陸著《方壺外史》部份顯示了一些此類消息。《方壺外史》有台灣影印本，台北，一九五七。

137 因爲在可能爲陸西星撰的《張三丰列傳》說：「〔張三丰〕六世孫花谷道人與余爲方外友。」故作如此推想。見《張三丰全集》，卷一，頁六下（七六四九）。

138 同上。

139 「火龍」一名出現於《消搖墟經・呂純陽傳》：「呂巖……後遊廬山，遇火龍眞人，傳天遁劍法。……洞賓既得雲房之道，兼火龍眞人天遁劍法，始遊江淮，試靈劍，遂除蛟害，隱顯變化，四百餘年。」《道藏》，冊一〇八一，卷二，頁一上——四上。

140 《張三丰全集》，卷一，頁一五上（七六五四）。

141 前引，卷四五七，頁一三四二一。

142 見劉悟元（約一八〇二年前後生存）《無根樹解》（《道書十二種》，上海，江東書局，一九一三），序頁，頁二上；又見《張三丰全集》，《無根樹詞註解》部份，「源流」，頁一上。惟劉書作「鄭六龍」，而《張三丰全集》作「鄭火龍」。此處從《張三丰全集》。

143 《張三丰太極煉丹秘訣》（蕭天石編《道藏精華》本，台北，自由出版社影印晚清本，一九六六），卷一，頁八。

144 葛洪《抱朴子・遐覽篇》說：「抱朴子曰：『……昔者，幸遇名師鄭君。……余晚充鄭君門人。』」（《諸子集成》本，上海，國學整理社，一九三五），頁九四——九五。鄭君卽鄭思遠也。思遠，又名隱。《晉書・葛洪傳》說：「〔葛洪〕從祖玄，吳時（二一九——二八〇）學道得仙，號曰葛仙公，以其鍊丹秘術授弟子鄭隱。洪就隱學，悉得其法焉。」（北京，中華書局，一九七四），卷七二，頁一九一一。鄭思遠事蹟又見唐王松年《仙苑編珠》，《道藏》，冊三二九，卷上，頁七下——八上；宋張君房（一〇〇四——一〇〇七年間進士）《雲笈七籤》，《道藏》，冊六九九，卷一一〇，頁九下——一〇上；《歷世眞仙體道通鑑》，《道藏》，冊一四三，卷二四，頁一上下；元黃應炎傳授、陳采刊行《清微仙譜》，《道藏》，冊七五，頁九下。

145 轉引清中葉人火西月編《海山奇遇》(又名《呂祖年譜》)（《道藏精華》本，影印道光丙午〔一八四六〕空青洞天版，台北，自由出版社，一九六七。《道藏精華》本《海山奇遇》與《純陽先生詩集》合編，稱《呂祖全書》），卷一，頁五下——六上。據火西月《序》說，《道緣滙錄》爲「淮海陸仙」所編。所謂「陸仙」即陸西星。

146 共兩篇：《獻施胡浮鄭火龍兩先生》、《懷火龍眞人及雲房先生》。見《純陽先生詩集》（《呂祖全書》，《道藏精華》本），卷一，頁二上。「雲房」即鍾離權。

147 火西月《呂祖編年詩集・原序》說：「……考尋既久，乃得陸潛虛先生（按：即陸西星）所傳《終南山人集》二卷，係呂祖手自編訂者。外並有賓翁《草堂自記》及潛虛《道緣滙錄》，敍次呂祖入世出世之因，成己成人之事，前後朗然。惜潛虛天符事迫，書未成而卽去。愚不敏，似於星月交輝之讖，宿有因緣，因爲旁搜博採，稍集其成，名曰《年譜仙蹟》。復卽宋以後詩序次之，名曰《編年詩集》。」見《純陽先生詩集》，序頁，頁八下。呂祖爲唐末時人，何來「宋以後詩」？必爲依託可知。陸氏所傳之《終南山人集》又從何而來呢？陸氏《終南山人集・原序》說：「甚哉！祖師（按：指呂祖）之於星最多情矣。凡有所懇，無不從心。……適吾師垂憐愚魯，枉駕北海草堂，星卽以私衷啓請，師大許可。……師以口授其巓末，星以手記其源流，由唐大中十年（八五六）起，至南唐中興（九六一）止，凡一百八十餘首；由宋太平興國（九七六）起，至南宋祥興（一二七九）止，凡五十有餘首，編次井然，名曰《終南山人集》。」見《純陽先生詩集》，序頁，頁三下——四上。陸西星爲明代人，呂祖如何可以「口授」之？亦必爲依託。這些依託的詩篇最有可能是來自「降授」，因爲道教中人大多喜愛這些玩意。關於呂祖的歷史，可參看羅香林《唐元二代之景教》（香港，中國學社，一九六六），頁一三五——一五三；日人佐佰好郎《〈呂祖全書〉考》，《東方學報》，第五期（京都，一九三四・一二），頁八七——一六〇；C. E. Couling, "The Patriarch Lü, Reputed Founder of the Chin Tan Chiao", *Journal of the North China Branch of the Asiatic Society*, 58, *Shanghai*, 1927,

pp. 157-71；向達《唐代長安與西域文明》（北京，中華書局，一九五七），頁一一六；浦江清《八仙考》，《清華學報》，第十一卷第一期（北京，一九三六），頁八九——一三六。（關於呂祖，見文內第四節）。較早期的材料，可參看明胡應麟（一五五一——一六〇二）《少室山房筆叢》（北京，中華書局，一九六四），頁六〇七——八。

(148) 胡應麟《少室山房筆叢》說：「……南北二宗之分，實自宋南渡後，而皆始於呂嵒。」卷四二，頁五七九。另外一說可參看註(126)。

(149) 《張三丰全集》，卷八，頁五九上（七八二三）。

(150) 見《明史・太祖孝慈高皇后傳》，卷一一三，頁三五〇六。沈萬三歷史又可參看《明史・王行傳》，卷二八五，頁七三二九——七三三〇；《明史・紀綱傳》，卷三〇七，頁七八七六——七八七七。

(151) 如：楊循吉《蘇談》（《紀錄彙編》，上海，涵芬樓影印明萬曆間刻本），卷二〇〇，頁一二下——一三上；郎瑛《七修類稿》（北京，中華書局，一九五九），卷八，頁一二七；董漢陽《碧里雜存》（《叢書集成》本），卷上，頁一〇——一二；孔邇《雲蕉館紀談》（《叢書集成》本），頁七——一四；王肯堂《鬱岡齋筆麈》（明萬曆間刻本），卷三，頁五〇上——五一上；黃省曾《吳風錄》（《學海類編》，上海，涵芬樓據六安晁氏聚於版影印，一九二〇），頁四下；王世貞《錦衣志》（《紀錄彙編》），卷一九五，頁三下——四上；王同軌《耳談》（明萬曆間刻本），卷三，頁一三上下。以上書籍都有若干關於沈萬三的故事的記載。

(152) 柳詒徵《沈萬三》，《史學雜誌》（一九二九），卷一，第二期，頁一——三；范烟橋《沈萬三考》，《珊瑚半月刊》（一九三四），第四期，頁一——四；黃芝岡《沈萬三傳說考》，《東方雜志》（一九三五），卷三二，第一期，頁九一——九七。

(153) 《歷代神仙通鑑》，卷二一，節六，頁三下——五下；卷二二，節九，頁六下。

(154) 《渡沈萬三》見《張三丰全集》，卷一，頁二三上——二四下（七六五八）；《滇南踐約》見同書，卷一，頁二七下——二八上（七六六〇）；《蘆汀夜話》見同書，卷二，頁九上——一〇上（七六七四）。

155 《沈線陽小傳》見《張三丰全集》，卷二，頁八上下（七六七三）；《余氏父女傳》見同書，卷二，頁八下—九上（七六七四）。

156 幾首詩如下：《遊金陵贈沈萬三》，《張三丰全集》，卷五，頁二五下——二六上（七七六三——七七六四）；《別萬三》，同書，卷五，頁二六上（七七六四）；《將之雲南先寄故人》、《滇南會沈子三山兼贈令倩余十舍》、《贈沈線陽余飛霞兩女仙》，同書，卷五，頁三一上下（七七六六）。

157 《張三丰全集》，卷一，頁一五下（七六五四）。

158 前引，卷二一，節九，頁七上。

159 明郎瑛《七修類稿》，卷八，頁一二七。

160 《明書》（《叢書集成初編》本，上海，商務印書館，一九三五——一九三七），卷一六〇，頁三一六二。

161 見《史記‧秦始皇本紀》（香港，中華書局，一九六九），卷六，頁二四七。「三山」亦可能指龍虎山、茅山、閣皂山三個道教名山。

162 《國朝獻微錄》，卷一一八，頁一〇九下——一一〇上。

163 《歷代神仙通鑑》，卷二一，節九，頁三上。

164 汪錫齡《三丰先生本傳》說：「洪武十七年甲子（一三八四）太子以華夷賓服，詔求先生（按：張三丰），不赴。十八年（一三八五）又強沈萬三敦請，亦不赴。」《張三丰全集》，卷一，頁一〇上（七六五一）。

165 《太嶽太和山志》，卷六，頁四三〇——四三一。

166 如《元史》，卷二〇二，《釋老傳》作「丘處機」，《新元史》，卷二四三，《釋老傳》「邱處機」。

167 《明太祖實錄》（台灣，中央研究院歷史語言研究所影印《明實錄》本，一九六二），卷二三五，頁二下（三二九八）。

168 《太嶽太和山志》，卷七，頁四四五——四四七）。

169 同上，卷二，頁二三——二四；卷一五，頁七六一——七六八，七九一——七九二；書末《雜著》，頁八〇三

——八〇八。

170 同上，卷七，頁四四八——四四九。

171 同上，卷一五，頁七六六。

172 如任洛《遼東志》，卷六，頁四七三；吳集、吳道邇修《襄陽府志》（一五八四年修本），卷四一，頁一二下；焦竑《國朝獻徵錄》，卷一一八，頁一〇九下，一一二下；《明書》，卷一六〇，頁三一六二；《武當山志》，轉引《古今圖書集成》，《神異典》，卷二五六，冊五〇九，頁六一下。

173 前引，卷七，頁四四〇。

174 同上，卷七，頁四四〇——四四一。

175 同上，卷二，頁四〇。

176 明杜應芳、章應春纂修《四川總志》（明萬曆間〔一五七三——一六二〇〕刻本），卷八，頁八五上。

177 《張三丰全集》，卷一，頁一六上（七六五四）。

178 明玉珍傳見《明史》，卷一二三，頁三七〇一——三七〇七；亦見《新元史》（台北，藝文印書館據清乾隆武英殿刊本影印，一九五八），卷二二六，頁九下——一二下。

179 何喬遠《名山藏》，卷七，頁五下。

180 陸深《玉堂漫筆》，頁八下（六四六）。

181 同註177。

182 《張三丰全集》，卷一，頁一六上下（七六五四）。

183 王圻《續文獻通考》一書不易找到，故轉引近人陳教友《長春道教源流》（《聚德堂叢書》，一九二九），卷七，頁二四下——二五上。

184 王圻《續文獻通考》是撰於明萬曆年間的，即公元一五七三至一六二〇年之一段時間；而藏厓居士的李性之小傳是撰於清代中葉的，正確一點地說，是撰於道光年間的，即公元一八二一至一八五〇年，與《續文獻通考》比較，晚二百多年。

185 《張三丰全集》，卷一，頁一七上（七六五五）。

186 同上，卷一，頁一七上下（七六五五）。

187 如郎玦《七修類稿》，卷八，頁一二七；《歷代神仙通鑑》，卷二一，節九，頁六下。

188 《張三丰全集》，卷二，頁八下——九上（七六七三——七六七四）。

189 同上，卷一，頁一七下（七六五五）。

190 同上，卷一，頁一七下——一八上（七六五五）。

191 同上，卷一，頁一八上（七六五五）。

192 劉光燭小傳說：「所著有金丹詩若干篇，尚存於其弟遯園處。」（《張三丰全集》，卷一，頁一八下（七六五五））可知劉光燭爲遯園之兄。遯園爲有功於重編《張三丰全集》之人其中之一，本書第三部份會稍詳論。

193 《張三丰全集》，卷一，頁一八上（七六五五）。

194 最近逝世之文山遯叟蕭天石先生談及西派說：「西派傳代有大江西派九字，曰：『西道通，大江東，海天空。』並有呂祖題詞云：『大江初祖是純陽，九轉丹成道氣昌。今日傳心無別語，願君個個駕慈航。』……」見蕭氏著《道家養生學概要》（台北，自由出版社，一九七九），卷二，《西派修眞要旨》，頁一二五。查《純陽先生詩集》（見《呂祖全書》，《道藏精華》本），內裏有關大江派的材料頗不少，如上引的「大江西派九字」和呂祖題詞則見於卷八，頁二下（七〇〇）。然「大江派」是否爲「大江西派」的簡稱，或「西派」是否爲「大江西派」的別名，或西派是否卽爲大江派，或是否與大江派有關，却需要進一步研究。《純陽先生詩集》是署名「火涵虛」或「涵虛弟子火西月」重編的，刊刻時期爲道光丙午，卽公元一八四六年。此火西月或火涵虛是否卽爲於一八四四年重編《張三丰全集》之李西月或李涵虛，亦是值得研究的問題。他日有機會自當爲之討論之。

195 《雲水三集》見《張三丰全集》，卷五，頁三七——六一（七七六九——七七八一）。

196 有關陸西星的研究，可參看 Professor Liu Ts'un-yan（柳存仁）*Buddhist and Taoist influences*

on Chinese Novels, Otto Harrassowitz, Wiesbaden, 1962, Vol. I, pp. 254-89；"Lu Hsi-hsing, A Confucian Scholar, Taoist Priest and Buddhist Devotee of the Sixteenth Century", *Asiatische Studien*, XVIII-XIX, Bern, 1965, pp. 115-42；"Lu Hsi-hsing and His Commentaries on the *Ts'an-t'ung-Ch'i*", *The Tsing Hua Journal of Chinese Studies*（《清華學報》）, Vol. 7, No. I, Taipei, 1968, pp. 71-98.

197 《張三丰全集》重編者署「長乙山人李西月重編」，見卷一，頁一上（七六四七）；集內《無根樹詞註解》署「長乙山〔人〕李涵虛增解」，見《續畢集》，冊十一，頁一上（七八四五）；《張三丰全集》其中有一序署「長乙山人涵虛生敍」，序頁，頁五下（七六四三）；「涵虛子」一名見「水石閒談」部份，卷八，頁五一上（七八一九）。根據以上文字，可知李西月別稱長乙山人、涵虛、涵虛生或涵虛子。

198 西派的主張見李西月對《無根樹詞》的註解。見《無根樹詞註解》（劉悟元註和李西月增解），收入《張三丰全集》，第五冊，卽《道藏輯要》《續畢集》十一（影印本總頁七八四三——七八七〇）。東派的主張主要的見陸西星《參同契測疏》，收入陸著《方壺外史》，下，頁四〇九——五三〇，仍參看 Liu Ts'un-yan, "Lu Hsi-hsing and His Commentaries on the *Ts'an-t'ung-ch'i*"，前引。又可參看蕭天右《道家養生學概要》，卷二，《東派修眞要旨》、《西派修眞要旨》，頁一一九——一二五。

199 天師道創於東漢，初名五斗米道，相傳是張陵或張道陵（三四——一五六）所創。因當時從張陵受道的，人出五斗米，故名。見《三國志》《魏書・張魯傳》，卷八，頁二六三——二六五。晉代以後則稱爲天師道。自元代起，又稱正一教。一般來說，天師道是屬於畫符念咒的符籙派。關於天師道的文獻頗多，最主要的有張正常（一三三五——一三七七）編，張宇初（卒於一四一〇）校及張國祥（約於一五七七——一六〇七年間生存）補的《漢天師世家》，見《道藏》，冊一〇六六；元元明善編、明周召續編《龍虎山志》，（台灣，丹青圖書有限公司影印明刊本，一九八三）；淸婁近垣修《龍虎山志》，十六卷，（臺灣，丹青圖書有限公司影印淸刊本，一九八三）。又可參《元史》，卷二〇二，《釋老傳》；《新元史》，卷二四三，《釋傳》。

200 全眞教是金時人王喆（一一一二——一一七〇）所創，極盛於金元之際。此教主張清靜專修，合儒釋道爲一體。因爲產生及流行於北方，故又稱爲道教的「北宗」。參陳垣《全真篇上下》，見陳著《南宋初河北新道教考》（北京，中華書局，一九六二），頁一——八〇。「南宗」是宋人張伯端（約一〇七六——一一五五）所創的，（亦有人說創自劉海蟾），主張「內丹」，修鍊的重點放在「性」的功夫上。後人爲了與全眞教分清門戶，故稱這一派後來的信仰者爲「南宗」。亦稱「金丹教」。有關張伯端的研究，可參看柳存仁教授著《張伯端與悟眞篇》，收吉岡義豐博士《還曆記念道教研究論集》（東京，一九七八），頁七九一——八〇四。參註126道教道統表。

201 十一派的名稱如下：邋遢派、新宗派、檀塔派、自然派、三丰祖師自然派、三丰派（一）、三丰派（二）、三丰派（三）、三丰祖師日新派、日新派、三丰祖師蓬萊派。（三個三丰派下之數字是筆者加上去的，以示有別。）見小柳司氣太編《白雲觀志》，頁一一三——一一四；亦見傅勤家《中國道教史》，頁二二四——二二五。

202 十派名稱如下：自然派、三丰派、日新派、蓬萊派、王屋山自然派、三丰自然派、三丰又派、邋遢派、三丰日新派、三丰清微派。前八派見「《諸眞宗派總簿》及《道統源流登錄宗派》一覽表」，《道教の研究》，頁二三三——二三六；後兩派見「《登眞錄》所載宗派勢力比較表」，同書，頁二三〇——二三三。

203 將註201及202所列出的派別比較，可得此名稱不同的十五派。

204 這八派是：自然派、三丰祖師自然派、三丰派（一）、三丰派（二）、三丰派（三）、三丰祖師日新派、日新派、三丰祖師蓬萊派。參註201。

205 關於派詩之作用，吉岡義豐在其《道教の研究》一書裏頗有清楚的談論，見頁二二七——二二八。

206 見吉岡義豐《道教の研究》，頁二三五。

207 《諸眞宗派總簿》所收錄的派別，最遲成立者爲第三十九派的正乙派（後門火神廟），其時爲民國八年（一九一九）。見《白雲觀志》，頁一〇八；而成書於道光二十四年（一八四四）之重編本《張三丰全集》所收錄的資料未見提及這些派別。再者，《諸眞宗派總簿》內的日新派下註明「此派係光緒八年（一八八二）七月二十日續起」，故作如此推想。

208 同註167。

209 《萬曆野獲篇》（北京，中華書局，一九五九），卷二七，頁六八四。

210 前引，卷七，頁四四八。

211 同註179。

212 前引，卷七，頁一五下——一七上。

213 《張三丰全集》，卷八，頁九一下——九二上（七八三九——七八四〇）。

214 前引，卷六，頁四二九。

215 金源璹撰《終南山神仙重陽眞人全眞教祖碑》說全眞教的始祖王喆勸人誦《般若心經》、《道德清靜經》及《孝經》。《般若心經》是佛經，《道德清靜經》是道經，《孝經》是儒經，可見王喆所創的全眞教是儒、佛、道三教合一的。《全眞教祖碑》又說王喆曾到各地設立三教會，如三教七寶會、三教金蓮會、三教三光會、三教玉華會、三教平等會。見元李道謙《甘水仙源錄》，《道藏》，册六一一，卷一，頁二下——一〇上。《元史》及《新元史》之《釋老傳》俱記載全眞教之第二代大宗師丘處機勸元太祖戒殺生、敬天愛民、清心寡慾及導民以孝，又曾設法挽救大河南北之災民二三萬人。參註166。王喆與丘處機都是全眞教的代表人物，他們的作風可代表全眞教一般道士的作風。

216 張三丰崇奉玄帝事見《太嶽太和山志》本傳：「洪武初（張三丰）來入武當，拜玄帝於天柱峯。」卷六，頁四三〇。張三丰的信徒李西月等爲他們一派——隱仙派或猶龍託名張三丰僞造了若干經典，其中有名爲《洞玄度人寶懺諸天無上眞經》者，在其「志心朝禮」部份裏所列出的衆神眞中有北極眞武玄天仁威大帝，即玄帝。可見他們亦崇奉玄帝。見《張三丰全集》，卷七，頁三〇上（七八〇九）。關於歷代崇奉玄帝的情形，可參看拙文《玄帝考》，《馮平山圖書館金禧紀念論文集》（香港大學，一九八二），頁二四一——二六四。

217 見吉岡義豐《道教の研究》，頁三〇七。

218 同上，頁二九八。

219 見元程鉅夫（一二四九——一三一八）《元賜武當山大天一眞慶萬壽宮碑》，收《玄天上帝啓聖靈異錄》，《道藏》，冊六〇八，頁六下——七上。

220 《太嶽太和山志》，卷六，頁四二三——四二四。

221 見程鉅夫《元賜武當山大天一眞慶萬壽宮碑》，收《玄天上帝啓聖靈異錄》，《道藏》，冊六〇八，頁六上、七上——八上。張守清傳見《太嶽太和山志》，卷六，頁四三二——四三四。

222 據《太嶽太和山志》《張道貴傳》說：「（張道貴）至元歸武當，禮汪眞常爲師」，後「參覲雷囦黃眞人，得先天之道。歸五龍宮，潛行利濟。」卷六，頁四二七。黃雷囦，卽是黃應炎，字舜申，福建建寧人，活動於宋末元初，爲清微派的祖師。

223 此七派總名曰「七眞派」。見小柳司氣太《白雲觀志》，頁九七——一〇一；傅勤家《中國道教史》，頁二一三——二一六；吉岡義豐《道教の研究》，頁二三三；陳教友《長春道教源流》，卷七，頁一上。陳書於王處一一派作「崑嵛派」。

224 七眞派的支派很多，而且也很複雜，根據小柳司氣太《白雲觀志》、傅勤家《中國道教史》及吉岡義豐《道教の研究》所蒐集的材料，這些支派更有十多派：金山派、金山支派、金輝派、閻祖派、嶗山派、霍山派、邱祖又派、龍門華山派、郝祖分派、崳山派（或作嵛山派）、遇山清微派、隨山龍門派、餘杭銅山半持庵支派……等等。見《白雲觀志》，頁一〇一——一〇三，一一六——一一八；《中國道教史》，頁二一七——二一八，二二六——二二七；《道教の研究》，頁二三二、二三四——二三六。

叁、《張三丰先生全集》作者考

一、《張三丰全集》何時編入《道藏輯要》

研究一個人的歷史，最好是讀他自己的著作（如果他有著作傳世的話）。從著作裏，很多時可以看出他的思想、活動情況及當時的一般環境。要是他的傳世的著作是相當多的話，這幾點就更容易看出來了。如果他的留存的作品被後人搜集編輯而能成爲所謂「全集」的話，那自然可以從中看出他的歷史的一個輪廓來了。我們研究張三丰而不能不讀《張三丰先生全集》就是希望可以達到這個目的。《全集》的材料頗爲豐富，照理來說，應該是很有利於我們的研究的，換句話來講，是很有助於了解張三丰的歷史的，可惜它的作者却大有問題，連它的編者也不無研究之處，所以它的價值便不能不引起我們的懷疑。但是，既然《全集》是被認爲張三丰所作的，（題爲《張三丰先生全集》，作者自然「應該」是張三丰了）在研究張三丰的大前提下，我們當然要讀，要研究了。

我們現時見到的《全集》的一般本子，是清末光緒三十二年（一九〇六）賀龍驤、彭瀚然同編的四川成都二仙菴《道藏輯要》本（此《道藏輯要》亦名《重刊道藏輯要》）。但《道藏輯要》的成書時期比這早得多，而且在此本出現之前又屢經編纂。那麼，《全集》是甚麼時候才收入《輯要》的呢？要解決這個問題，我們不能不稍爲研究《輯要》的編纂歷史。

賀龍驤在《道藏輯要》《道門一切經總目》的《欽定道藏全書總目序》說：「伏讀聖祖仁皇帝頒行《道藏全書總目》，悉依明本，蓋詳愼也。相國彭定求所編《道藏輯要》，出於頒行者半，出於坊間者亦半。雖坊本亦皆純正精粹，然非《道藏》所有，今成都二仙菴重刊《道藏輯要》，特將我朝頒行《道藏全書總目》附刊於後，以爲讀是書者識別所自來焉。❶」現時成都二仙菴刊本亦注明彭定求輯的。彭定求是清初人，時代爲一六四五至一七一九❷，若然賀龍驤的記載是可靠的話，《道藏輯要》至遲在十七世紀末或十八世紀初便成書了。但據當代學者柳存仁教授的研究，有關彭定求編輯《道藏輯要》的記載可能不確，故此《道藏輯要》可能不曾在這個時候成書❸。現存的《道藏輯要》的最早版本是一七九六至一八二〇年刻的，編刊者爲蔣予蒲（一七五五至一八一九）。此本現時已甚難得。它收有一七三種道書，而這些道書都可見於《道藏》，並沒有新加進去的東西。但是，在一八二一至一九〇〇這段時期內，《道藏輯要》曾刻過兩次，加入了九十六種《道藏》原來沒有的道書。到一九〇六年，成都二仙菴本便問世了。這個本子又多收錄了十八種道書。故總數爲二八七種，分裝成二四五册。❹

如果我們當蔣予蒲刊刻本爲《道藏輯要》的第一次刊刻本，那麼，一八二一至一九〇〇時期內的兩次刊刻則爲第二、三次刊刻本，一九〇六年的成都二仙菴本爲第四次刊刻本。《全集》究竟最先在那個刊刻本出現呢？蔣予蒲本所收的全是《道藏》原有的東西，而《道藏》不曾收有《全集》，故當然不會在蔣本出現。成都二仙菴本，如我們所見，收有《全集》，自不成問題。問題是，二仙菴本是否首次收錄《全集》？如果不是的話，自然是第二或第三次刊刻本首次收錄了。然而究竟是第二次刊刻本，還是第三次刊刻本呢？何時是第二次？何時是第三次呢？我們都不易知道。而這兩次新加入的九十六種道書的名稱我們也不大清楚。不過，《道藏輯要》所收的《全集》是「道光甲辰」（即道光二十四年，一八四四）李西月重編的❺，故無論如何，收入的時間不會早過這一年。

在丁福保（即守一子，一八七四至一九五二）編纂的《道藏精華錄》裏，收有《道藏輯要總目》，題目注解說：「是書清嘉慶間（一七九六至一八二〇）蔣元庭（按：即蔣予蒲）侍郎輯，板存京邸，及浚板南歸，而先生又北上，卒於京，故外間傳本甚少。❻」這個《總目》共收二七九種道書，其中有百餘種如《仙佛合宗語錄》（明伍守陽（一五六三至一六三二❼）著，伍守虛校注）、《伍眞人天仙正理直論增注》（明伍守陽撰並注、伍守虛同注）、《伍眞人天仙正理淺說增注》（明伍守陽撰並注、伍守虛同注）等等都不見於《道藏》，換言之，是新加入的，故這個《總目》一定不是我們說的第一次刊刻本的總目，而應該是第二次或第三次的。但第二次和第三次一共只增加了不見於《道藏》的九十六種道書，合上原見於《道藏》的是二六九種，而現時這個《總目》却多出了十種。不知何故？但有一點可以肯定的是，此《總目》未收有《全集》。在成都二仙菴本裏《全集》是收入《續畢集》的，而這個《總目》則未有《續畢集》。可見《續畢集》是二仙菴本始加入的，目的完全是爲了加入《全集》。《總目》在「《伍眞人論丹道九篇》」（《畢集》六）一題下爲「《眞誥》二十卷」（梁陶弘景（四五二至五三六）撰，《觜集》一至《觜集》二），二仙菴本則在此兩者之中插入《全集》，是爲

《續畢集》，七至十二。總而言之，成都二仙菴本的《道藏輯要》才首次收入《全集》。

二、《張三丰全集》的重編者李西月

《全集》是李西月所重編的。李氏的生平事蹟如何呢？在此《全集》中可以知道他又稱長乙山人、涵虛生或涵虛子[8]。他的《敍》既然撰於清道光甲辰年（一八四四），故可推知他大概是清嘉慶（一七九六至一八二〇）到道光（一八二一至一八五〇）年間的人。李爲道教西派之始創人（或始創人之一），此點上文已談及了。在《全集・古今題贈》部份，有下列記載：「李元植，字蘋荃，樂山縣（按：在四川）人，內舍生，著《長乙山房稿》。[9]」此《長乙山房稿》的作者與署長乙山人的李西月，很可能是一個人。[10]

於一九三四年成書的《樂山縣志》載有「李平權」一傳，此傳與李西月有密切關係。其文如下：

> 李平權，號涵虛，樂邑諸生也。住凌雲鄉之李家河。河故淺狹，舟楫不通。權書舍近焉。一夜月明，偕友散步其處。見溪中一漁舟，有老翁對月仰臥而歌。權默計：此地嚮無漁人，何來此翁？因與友人同詣之。問對間，知非常人，遂邀至館，師事之。居年餘，頗有所得。時李嘉秀主講九峰書院。權為其門人。久之，嘉秀知其有異，轉師之。著有《無根樹》。臨終時與族人宴座，聯句結云：「兒女英雄債，從

今一筆勾。」吟畢偈曰：「清風明月，纔知是我。」溘然而逝。⑪

李西月與上引之李平權同號涵虛，而李西月亦有一友人名李嘉秀⑫，這是相吻合的。此外，李西月曾注釋《無根樹詞》⑬。《樂山縣志》載李平權「著有《無根樹》」，疑為「注有《無根樹》」之誤，因《無根樹》一般人——甚至李西月——都認為是出於明初著名道士張三丰之手⑭，實非李平權所著。

我們雖不能找到直接的材料證實李西月為樂山縣人，但我據現存資料知道其來往儕輩多籍屬樂山，而其本身的活動範圍亦以是縣為中心⑮，由此可推知李西月是樂山縣人。如果這個推想可以接受的話，再加上以上的論證，我們可以說李西月即李元植，亦即李平權，三者實是一人。

李西月雖為《全集》的重編者，但與他同時而有功於重編此《集》者更有兩人：遯園居士與劉卓菴。李迦秀《敍》說：「長乙山人、遯園居士忘名利者也，得先生（按：指張三丰）書於夢九（按：夢九為汪錫齡之字，略歷參下文。）六世孫名曇者之家，十存七八，因採諸書以補之……⑯」李西月《敍》說：「卓菴劉君得汪書而補記之，刊版傳世……⑰」可見除李西月外，遯園居士與劉卓菴兩人亦曾參與重編《全集》的工作，而劉君更是出資刊刻之人。不過，大抵李氏為主要負責這項工作的人，且在當時道教圈子中他較其他兩人有名，所以便只題上他的名字罷了。故董承熙⑱的《序》亦只提及李西月而不提其他兩人。董說：「常於李子齋頭得故劍南觀察汪夢九先生所藏《三丰全集》，……李生以其書歷年既久，腐不堪披，亟欲梓而存之，並搜名山碑版，道院抄存者以補其闕，由是郁郁然成一家言也。⑲」董《序》中所謂李子、李生，無疑是指李西月。

從以上所引的文字，又可以知道李西月重編的本子實根據汪錫齡所藏的舊本，而這個舊本是從汪氏的六世孫汪雲得來的。

三、清初汪錫齡之《張三丰全集》舊本

汪雲的略歷不易知道，汪錫齡的資料則散見於《全集》若干處。除他自己撰的《全集・序》、《三丰先生本傳》、《藏蛻居記》、《雲水前集序》、《雲水後集序》外⑳，主要有藏厓居士的汪錫齡傳㉑及大有可能爲李西月作的《度汪夢九》一文㉒，可是它們大多數存有神話及依託的成份，尤其以後者爲甚，可靠的地方不多。然把這些神話過濾後，其中亦未嘗沒有可取之處。汪錫齡生於康熙甲辰年（一六六四），卒於雍正甲辰年（一七二四）㉓，卒年六十一。據他自撰的《藏蛻居記》說，他「名錫齡，字夢九，號圓通，江南徽州府歙縣水界山人。僑寓揚州府江都縣。歷官別駕州牧戶工二部。任四川劍南觀察。受修養秘法於張三丰先生之門。㉔」所謂「受修養秘法於張三丰先生之門」自然不必信，但若解釋爲隨着張三丰的修養方法而進行修養，則可以說得通。至於《全集・序》說「幸遇我祖師（按：指張三丰），名言提警，招齡至前而語之……復蒙祖師面示……㉕」《三丰先生本傳》說：「……奇峰異水間，幸遇先生，鑒齡微忱，招齡入道……齡侍先生甚久，得悉先生原本。㉖」《雲水後集

序》說：「先生神游天海……或來劍南道署，必有新詩垂示……㉗」藏厓居士說他「遇三丰先生於峩眉，得其道妙，……丹成尸解……㉘」及《度汪夢九》一文說他「忽遇至人張三丰先生來游峩眉，一見如舊。……公乃大悟本來爲沈萬三分神寄世，並知三丰爲恩師，再求指度。師乃授以《金丹要旨》。……夜與仙師往來。……復遇三丰先生傳以秘訣。……而公病益劇，絕粒月餘，面轉紅暢。一日謂弟曰：『汝善事父，吾將往矣。』薰沐正襟，空中隱隱，有彩雲下覆，突見一氣從頂門出，乃終。舉屍入棺，輕如蟬蛻，方知成眞得道人也。……後有巴南樵夫見公於峩山，從一奇偉道人飛行峭壁，仍如當日容貌，髭鬚飄飄然。㉙」等等都是神話，不足爲信。張三丰是明初人，而汪錫齡生於淸初，汪氏如何能見到張三丰呢？若非利用「乩降」與靈交通，則爲白晝作夢了。說「本來爲沈萬三分神寄世」，自屬無稽，亦不必信，沈萬三爲明初人，與張三丰同時，跟汪錫齡風馬牛不相及。

至於李迦秀《敍》謂李西月得汪錫齡輯《全集》舊本於汪六世孫汪曇之家，從時間上去計算，汪之六世孫應與李西月同時㉚，故此李迦秀之言是可信的，換言之，李西月之《全集》舊本是從汪曇得來是可信的。

汪錫齡所藏《全集》舊本的眞相，我們也不易知道，只可從李西月重編本中零碎的材料窺其大概。汪氏《全集．序》說：「……因將我祖師丹經二卷、詩文若干篇，夙夜尋求，以圖解脫。……齡乃記祖師顯蹟三十餘則藏之。㉛」汪氏《三丰先生本傳》說：「……幸遇先生（按：指三丰），鑒齡微忱，招齡入道，並示《丹經秘訣》一章，及《捷要篇》二卷。㉜」汪氏《雲水前集序》說：「《雲水前集》者，我三丰先生在元、明間所作者也。……錫齡於康熙五十九年（一七二〇）得此本於揚州書肆，寶而藏之。……[33]」汪氏《雲水後集序》說：「《雲水後集》者，錫齡與先生相遇後所作者也。先生神游天海，興好朗吟，或來劍南道署，必有新詩垂示，集而抄之，裒然成卷。異日與《前集》並刊，以誌先生鴻印，庶幾見我先生之神妙也夫。[34]」藏厓居士說：「（汪錫齡）校正《玄要篇》，及著《三丰本傳》、《顯跡》等章傳世。[35]」李西月說：「祖師於元、明間著作甚多，其詩有《雲水集》。其文體若干篇皆見夢九藏本。[36]」《度汪夢九》一文也指出張三丰授汪錫齡以《金丹要旨》。《全集・凡例》又指出《集》中之《大道論》、《玄機直講》與《玄要篇》之名稱「照汪仙所藏先生（按：指張三丰）自訂者名之，不復更易」[37]，故可知汪氏藏本收有這三篇。

根據上面的材料，我們可以整理出汪藏本的內容的大概情形：

丹經：丹經二卷（可能卽爲《大道論》及《玄機直講》）

《丹經秘訣》一章

《金丹要旨》

詩：《雲水集》（包括《雲水前集》及《雲水後集》）

《捷要篇》二卷（亦名《玄要篇》或《節要篇》[38]）

文：內容不詳

傳：《三丰本傳》

顯跡：三十餘則

後兩項為汪所撰，引文已清楚地指出。前三項則認為是出於張三丰之手。但倘若我們仔細研究汪如何得到三丰這些著作的情況，則可發現它們的作者大有問題。

汪氏《全集‧序》很清楚地指出丹經二卷及詩、文的來源。它說：「錫齡風塵俗吏，未省根源，幼讀儒書，只期用世，今倦矣，將長往雲山與安期、羨門[39]遊矣。曩者官劍南，擢永北，宦潮疊起，塵海憂勞，幸遇我祖師，名言提警，招齡至前而語之，曰：『方今聖人在上，下有賢宰輔、名公卿，相與佐治，子無忘蓬山共處時也。』退而思之，始大覺焉。……因將我祖師丹經二卷、詩文若干篇，夙夜尋求，以圖解脫，……[40]」但汪錫齡如何能見到張三丰而得「丹經二卷、詩文若干篇」呢？可能是通過「降授」的方法（即扶乩），或甚至有意地假託。故此這些所謂「丹經二卷、詩文若干篇」並不真實是張三丰所作的。至於《丹經秘訣》一章及《金丹要旨》，在上引的文字中亦清楚的指出是張三丰親授與汪錫齡的。這些事情怎可以信呢？可能又是「降授」或假託了。

在《雲水後集序》裏（前已引），汪錫齡亦毫不隱瞞地指出這個集子是他與張三丰「相遇後所作」的，是張三丰「神游」到他的官署時，以新詩垂示他，而他抄集而成的。但所謂「相遇」、「神游」，那有可能呢？他在此處的態度還比較誠實，坦白地及清楚地指示這個集子是如何及何時作的。也許，這是莫可奈何的事，因為集中的作品大多與他有關，不如此做也不行呢！

但當他談到《雲水前集》時，他的態度便不是如此誠實了。他企圖要人家相信這個集子的的確確是張三丰作的。這點在他的《序》中表露無遺。此《序》不長，姑且抄錄於後：

> 《雲水前集》者，我三丰先生在元、明間所作者也。永樂時胡廣等收入《大典》之內，世間少得其本，嘉靖中詔求方書，仍從《大典》中繙出梓行，頒示國師等等。錫齡於康熙五十九年（一七二〇）得此本於揚州書肆，寶而藏之。卽花谷藏書也。後有起者將此板刊出，必能傳其人。讀其詩，知先生之清風高節為不可及也。41

汪錫齡既然要使人家相信這個《集》是張三丰作的，自然要說它是成於元、明期間的了，因爲一般人都認爲張三丰活於元末明初。（張三丰時代的問題，我們在第一部份已詳論過了。）說「永樂時胡廣等收入《大典》之內」，是甚難令人相信的。在清代高宗乾隆三十八年（一七七三）《四庫》開館之前之清代，只有極少數特權份子可以見到《大典》，就算有機會見到，亦不能見其全部（因爲部份在明末已燬）42，汪錫齡如何能知《雲水前集》收入《大典》之內呢？而《大典》是用韻編的，恐無詳目，因此可以見得他是信口開河了。說「嘉靖中詔求方書」却是事實。《明史·世宗本紀》便有如此記載：「〔嘉靖〕四十一年（一五六二），……十一月乙酉，分遣御史訪求方士、法書。43」至於說「仍從《大典》中繙出梓行，頒示國師等等」只是一派胡言而已。

《序》中說的「花谷藏書」的花谷是誰呢？「花谷藏書」又是甚麼呢？原來他們都是有來歷的，最早見於託名明陸西星的《淮海雜記》44。此書載有張三丰傳，內文說：「〔張三丰」六世孫花谷道人（原注：「即鸞嫡孫」。按：鸞指張鳴鸞。）與余爲方外友，其家有林園之勝，老仙（按：指張三丰）嘗至其家，叩以當年軼事，則書雲遊詩若干篇，寶語數章，丹訣一函，命藏之。花谷每爲余言，不勝使人遐想也。㊺」故花谷即爲張三丰的六世孫，而「花谷藏書」就是陸文所說的「雲遊詩若干篇」了。亦即是《雲水前集》。

我們更可以進一步的指出汪《序》所說的是不確的。託名陸西星的張三丰傳說：「〔張三丰〕生平詩文，每起稿於樹皮、苔肉、茶湯七箸間，積數十年猶能記誦，然未嘗錄以示人，故元朝文藝中無有知者。㊻」元朝文藝中既然不知三丰有詩文存在，明初亦未聞搜集，如何入《永樂大典》呢？我懷疑陸西星（託名）之所以如此說是因爲發覺到在元代的文獻中，如當時人的文集、劄記、隨筆等等都沒有三丰爲詩爲文甚至三丰本人歷史的記載，所以不得不作如此掩飾之詞。又，陸西星是嘉靖間（一五二二至一五六六）人，花谷與陸同時，又都住在揚州㊼。如果據汪《序》說《雲水前集》（即「花谷藏書」）在嘉靖中從《永樂大典》中繙出「梓行」的話，則此《雲水前集》應是當時（嘉靖時）「梓行」之本。何以陸撰之傳却謂「元朝文藝中無有知者」，必得「老仙（張三丰）〔在嘉靖時〕至其〔六世孫花谷之〕家」，別人「叩以當年軼事」，才「書雲遊詩若干篇、寶語數章，丹訣一函，命藏之」呢？可知嘉靖時「梓行」《雲水前集》並無其事。如有之，陸文亦不必以爲此書如此值得珍視了。當然，「老仙」之出現看來也是「降授」，張三丰那有可能如此長壽得見他的「六世孫」呢？且何以知其人爲其六世孫？如果世間有刊本，「降授」亦不必重複此「舊作」了。由此觀之，在明嘉靖時不曾存在過的《雲水前集》刊本，到了清康熙間汪錫齡忽得之揚州，云是「花谷藏書」不可謂不值得懷疑。我相信汪說他所「得」的《雲水前集》是「花谷藏書」一事，是由於看了陸文始構想出來的。（但陸文亦不曾收入他處，是否可靠，亦一問題。）因爲只有如此，才可以顯示他的《雲水前集》是有來歷的，不是他泡製出來的。

因此，我可以說這個《雲水前集》是僞造的，很有可能是出自汪錫齡之手。

《捷要篇》（卽《玄要篇》）二卷的來歷，從汪撰《三丰先生本傳》觀之自然大有問題，說是出自汪手不是沒有可能的事。但，是否全盤由汪錫齡一手包辦呢？這個問題很值得探究。清初徐道《歷代神仙通鑑》有這樣一段記載：「尚書胡廣言，張三丰實有道法，廣具神通。錄其《祛（應爲「捷」字之誤）要篇》並《無根樹》二十四旨（可能爲「首」字之誤），《金液還丹歌》、《大道歌》、《鍊鉛歌》、《地元眞仙了道歌》、《題麗春院》二闋、《瓊花詩》、《青陽宮留題》諸作，上呈帝（按：指明成祖）覽之，……[48]」《歷代神仙通鑑》的成書時期大約爲清康熙庚辰年（一七〇〇），卽是說在此時期或以前已有《捷要篇》存在，卷數不詳，至少亦有此《篇》名及一部份子目存在。汪錫齡於一七二四年去世，故他生前很有可能看過《歷代神仙通鑑》一書。如果他不是在某個機會中獲得此《捷要篇》或此《捷要篇》的一部份的話，大有可能是他根據《歷代神仙通鑑》所載的消息僞造《捷要篇》的。汪本《捷要篇》的內容詳情不易知道，但有兩卷是肯定的。（是他自己說的，上文已引。）不過，我們或可從旁邊的資料得到一點消息。李西月說：「又《神仙鑑》載胡廣錄呈祖師道詩名《捷要篇》，中有《無根樹》、《大道歌》、《鍊鉛歌》、《瓊花詩》、《麗春院》二闋、《青陽宮留題》、《金液還丹歌》、《眞仙了道歌》等作。近來傳本多所混雜……玆編廣取博採，兼以夢九眞本，一一印證，務使復還舊觀。……[49]」似乎說汪本《捷要篇》就收有《歷代神仙通鑑》所提及的幾篇。查李西月重編的《全集》內的《玄要篇》，這幾篇是散見於上下卷的。重編時既然處處都以「夢九眞本」爲依歸[50]，相信它們仍然是汪本的原樣。然《捷要篇》有兩卷之多，除了上面所說的數篇外，其餘的或爲汪氏所搜輯，或爲他通過「降授」的方法得到，或爲他有意假託，就很難知道了。但《歷代神仙通鑑》所載胡廣（一三七〇—一四一八）呈《捷要篇》事從何而來呢？《無根樹》等篇的篇目又從何而得呢？查胡廣歷史並無呈三丰著作事[51]。如果不是《通鑑》的作者空想出來的話，《無根樹》等篇大概在清初已傳爲三丰所作，流行於民間，故《通鑑》有這些篇目的記載。

附帶一提的是，汪氏《雲水前集序》說：「永樂時胡廣等收入《大典》之內」，或者是從《歷代神仙通鑑》所說「尙書胡廣言，張三丰實有道法，廣具神通，錄其《捷要篇》，……上呈帝覽之」構想出來的。

汪錫齡所藏舊本的情形大概如此。我們所根據的材料除了汪氏本人的記述外，還有後人如李西月的記述。這些後人所看到的汪本只是汪錫齡的六世孫汪曇的藏本，而從汪錫齡到汪曇經過一百多年，其中對汪錫齡本有無作若干更改我們不易知道。然而，在未有足夠證據之前，我們還是把汪曇本作汪錫齡本看。

汪錫齡本並未刊印過。李迦秀《敍》說得很清楚：「夢九藏舊本，拾遺文，將付梓，並欲與巡撫奏請〔爲張三丰〕立祠，均未果。[52]」所以李西月所得的汪本是從未刊印過的本子。這當然給與他重編這個集子時很多「額外」的方便，這一點我們留待以後再談。

四、清中葉託名張三丰著作的傳本

未談李西月重編本之前，我們首先談談李西月時流行的託名爲張三丰著作的本子。李西月說：「近來傳本多所混雜，即如吳鎮響雲洞天張靈機、鄧靈謐所刻《玄要篇》舊本中有金丹詩三十六首，以象三百六十度，變作十六首，餘皆散見雜出，全無條理，一切道情，皆不入刊，蓋未見此《全集》也。俗鈔有比張、鄧刻本全備者，又多以呂祖詩混入其中。[53]」這些本子刊刻當然都在李氏重編本之前，不過，它們確實是何時刻的？何時鈔的？我們不清楚。無論如何，李氏重編《全集》時，是採用過這些本子的。李氏在談過這些本子後，繼續地說：「茲編廣取博採，兼以夢九眞本，一一印證，務使復還舊觀，……[54]」李氏既然能見這些本子，重編《全集》時又「廣取博採」，豈會不採用呢？而且，在重編本裏我們實在可以找到一些證據。《玄要篇・下・天仙引》第五體後面有這樣一段按語：「……又此詞不可分段，茲分兩段者，亦因可分之處而分之也。張、鄧刻本分爲三段：一段名《鵲橋仙》，二段名《玉女搖仙佩》，三段作《尾聲》，蓋唱道情者爲之也。且《鵲橋》、《玉女》乃是古曲名，祖師所作，既不拘舊譜，則孟浪安名，有何意味？今照汪本正之。[55]」又同《篇》《一枝花》解題說：「……詞照彭好古選本、張鄧刻本及《神仙鑑》參訂。[56]」張鄧所刻《玄要篇》的眞相我們不太清楚，現在只能見到它的《序》文，裏面有幾句話頗爲値得注意：「此書傳自張三丰祖師，……此書久無刻本，恐傳寫多亥豕之訛，又久而腐朽漶漫也。爰付剞劂，以求其傳。……學道弟子張靈機、鄧靈謐盥手題。[57]」他們不說《玄要篇》爲張三丰所作，而只是說「傳自張三丰」，可見他們大抵亦不相信《玄要篇》眞的爲張三丰所作。但是既然向來都題上張三丰的名字，自然又不能不與張三丰發生關係，所以便折衷地說「傳自張三丰」了。張、鄧刻本的確實時代雖無由得知，但刊刻於李氏重編本之前是可以肯定的（上文已談及），故通過這篇《序》我們可以知道李氏重編本之前有一個時期《玄要篇》是「久無刻本」的，是相當難得的，否則張、鄧二人亦不需把它刊刻了。

關於俗鈔本的情形，很可惜找不到多一點材料，無法進一步談論。

除張、鄧所刻之《玄要篇》、俗鈔之《玄要篇》及彭好古（一五九一年前後生存）選之《玄要篇》幾個本子外，在李氏重編本裏更可找到若干其他有關版本的材料：

①**瀘州廖復盛刻的《醒道雅言》**——《玄要篇上·金丹詩二十四首》解題說：「此二十四首金丹詩，以象二十四氣也。瀘州廖復盛刊刻訛誤，勦襲沽名，嘗輯古仙歌爲一部，名曰《醒道雅言》，而於群眞姓字大半不書，欲使未見者詫爲己作，……今照汪仙眞本改正，以復舊觀，庶使好道者不致迷誤耳。[58]」看來這本《醒道雅言》是收有託名爲張三丰著的二十四首金丹詩的。顧名思義，大概這本集子所輯的古仙歌都是談道的佳篇。

②**一般道士抄本**——這類抄本可細分爲兩種：《玄要篇》抄本及《全集》抄本。（這裏的所謂「《全集》」自然不是李氏重編的《全集》）。關於前一種的，《玄要篇下·玄機問答》

解題這樣說：「前見羽流抄本有三丰先生《自問》、《自答》二條，……59」關於後一種的，《雜說》有這樣的提示：「羽流抄本有《三丰供狀》一篇，……60」《三丰供狀》是散文體，所以我們假定這一條材料所說的是指《全集》而言。以前一般稍爲受過教育或說稍爲有文化修養的道士和僧侶都愛抄書的，這大概是因爲過去書籍流通不廣，頗爲難得和昂貴，從經濟方面說要買許多書亦不容易，而抄書實是得書的一種好方法。這些比較一般俗人爲清閒的道士和僧侶是最適宜做這種工作的。而且抄書以傳道亦是一種功德。

③**常州孫念劬**（一七四二至？）**刋刻的《全人矩矱》**——「天口篇」部份《戒淫篇》按語曰：「此原作也。常州孫念劬曾刋於《全人矩矱》中。61」孫念劬是十八世紀時代人，較李西月約早一世紀，故此《全人矩矱》自然較李氏重編本成書爲早。最妙的是，在按語中指出《全人矩矱》所收的《戒淫篇》是原作，這表示其他有些本子所收的《戒淫篇》不是原作，即可能是僞作，或可能是被竄改過的作品。《全人矩矱》大概是一部勸善性質的書。

此外，還有若干諸如此類零星的材料，如李迦秀《敍》說：「其（張三丰）書曾刋於前明永樂時，久而版壞，然其散見於他書者亦不少矣。62」此處所謂「其書」應該是泛指張三丰的著作而言，而不應是指他的《全集》，因爲就算張三丰眞有所著述，相信在永樂時亦未有《全集》出現。說張三丰的著作「曾刊於明永樂時」，大概是從汪錫齡的《雲水前集序》謂《雲水前集》曾於永樂時收入《永樂大典》又於嘉靖時梓行[63]構想出來的。《雲水前集》收入於《大典》事前文已有交代了。李迦秀是與李西月同時的人，李西月能夠見到託名張三丰的著作的多種版本，李迦秀當然也可以見到。此點是絕無疑問的。至於「他書」所指的大概是如《醒道雅言》、《全人矩矱》一類收錄一小部份託名為張三丰的著作的書籍吧。

又如《玄要篇上·倣古二章》末尾注云：「此二章俗本皆作一首，題作《金丹內外火候總論》，心竊非之，後得汪仙藏本，不覺爽然。[64]」這裏說的「俗本」未知確指那些本子，可能為刊本，亦可能為鈔本，當然亦可能為我們上面所談過的幾個有關本子。總之，在重編《全集》的時候，坊間上是有不少這些「俗本」的。

在重編《全集》的《凡例》裏，有數則是談及認為是張三丰的著作的版本的。現將這幾則節錄如後，並加次序號碼，以便討論：

一、此書得於他處所刻，黃冠所抄者，類多訛誤，惟汪本特為近善，……

二、《雲水前集》……其有散見於各省志傳者，皆《集》中之作也，故不注某詩見某志、

三、此書前刻大板，各部頂批失落者甚多，並且篇頁錯亂。內有《雲水詩集》，難以清正。近有張之洞者，督學四川，指貲繙刻袖板，校正無訛，亦且便於行篋。凡此刊補遺，盡皆編次其中。

四、《玄要篇》，詩古、道情，別刻混為一卷，茲照汪仙藏本，分詩古為上卷，道情為下卷，……[65]

第一則說的「此書」當然是指《全集》。既說「他處所刻」，可知重編《全集》的時候，坊間已流行着《全集》刻本，大有可能有一個刻本以上。「他處所刻」的《全集》自然與李西月從汪雲處得來的《全集》不同。汪本不獨「特爲近善」，而且我相信在內容方面也有不同。如汪錫齡的《序》、《三丰先生本傳》及《雲水前後集》……等就不是別本可以有的。換句話說，出於汪錫齡之手的文字（無論是標明他所撰的，或他通過「降授」的方法而得的，或他有意假託三丰的）都不可能見於他本，原因是汪本從未刊印過的。他本如何能有這些汪本獨有的文字呢？至於別的部份，或同是轉鈔某書，或互相鈔襲，自然是相同了。但「他處所刻」的本子成書早，抑或汪錫齡的鈔本成書早，就不清楚了。「黃冠所抄者」在上面談一般道士抄本的時候已提及，於此不再重複了。

第二則說的頗爲隨便，滿不負責任的樣子。既說「其有散見於各省志傳者皆《集》中之作」，又「不注某詩見某志」，如果《集》中的一部份詩篇眞的是重編者於「各省志傳」中能見到的話，爲何不注明呢？這不是輕而易舉且是很自然的事嗎？今查有關的省志、府志、州志、山志，在張三丰傳裏皆不見有收錄《雲水前集》內的作品。《山西通志》和《遼東志》則錄有《瓊花詩》一首㊻，然《瓊花詩》並不屬於《雲水前集》的，而是屬於《玄要篇》的㊼。《貴州通志》則提及張三丰「嘗有《了道歌》、《無根樹詞》二十四首」㊽，但它們都與《雲水前集》無關，亦是屬於《玄要篇》的㊾。這說明重編者只是以爲這些作品可見於「各省志傳」而已，事實上他並未有親眼見過的。不過，託名張三丰的一些作品（不論是如何的少數）的的確確是可以見於某些地方志的。而這些地方志在李氏重編《全集》時已經存在。可是，《雲水前集》所收的就偏偏不見於這些地方志，重編者寫這一則《凡例》時可算是「錯用心」或不小心了。實際上，最初只能見於汪本的《雲水前集》又怎會被認爲是張三丰的作品而被收入「各省志傳」呢？成書於汪本之前的「各省志傳」固然不會收，就算成書於汪本之後的「各省志傳」我相信也不會不智地加以收入的。

第三則也指出重編本之前《全集》已有刊刻，但版本並不佳，不獨「大板各部頂批失落者甚多，並且篇頁錯亂」，其中尤以《雲水詩集》的情形爲甚。但，最可注意者爲張之洞（一八三七至一九〇九）於四川捐貲繙刻《全集》一事。查張之洞任四川督學是一八七三至一八七七年[70]，較重編本成書遲三十年，李西月重編《全集》時如何能預知呢？故我懷疑這幾句不是李西月寫的，而是後人（可能是成都二仙菴本《道藏輯要》的編者）加上去的。由於這幾句，我也懷疑到這一則全是李西月之後的人寫的，更懷疑到其他數則也是如此。不過，在無法證實之前，我們還只好當其他數則出自李西月之手好了。倘若我們細讀重編本《全集》，我們更會發現李西月的重編原本並不是和成都二仙菴本依爲根據的李本內容完全一樣的，換言之，李西月之後更有人在重編本上動過手脚的。雖然只能找到一些蛛絲馬跡，但已夠我們玩味了。這一點以後也會提到，然而，在現階段裏已能見到一些痕跡了。

第四則指的《玄要篇》的「別刻」，不知實際所指，可能爲張、鄧刻本，可能爲彭好古選本，亦可能爲其他的本子——所謂「俗本」。姑勿論指的是那一個本子，最使我們感興趣的是，《玄要篇》的刊刻本在重編《全集》以前已有頗多的他本。

以上所談過的各種本子，除張之洞刻本外，其他的大抵都在李西月重編《全集》時已經存在，亦卽是說，它們在重編本印行之前已經印行。既然李西月強調「廣取博採」，所以這些本子大有可能爲他的重編本之一部份來源。不單只可能爲李本的來源，亦有可能爲汪本的來源。彭好古（一五八六年進士）選本《玄要篇》是明代的書，汪錫齡可能看過，其他有些本子也有可能成於汪本之前，汪編《全集》的時候亦有可能採用過的。

李氏重編本成書於淸道光二十四年（一八四四），由劉卓菴出資印行。前文已經談及。故此書在這一年應該是第一次付刻。第二次付刻又是幾時呢？是成都二仙菴重刊《道藏輯要》的那一年，卽光緒三十二年（一九〇六）。這一年《道藏輯要》首次收錄《全集》。出資刊刻的人爲朱道生㉑。由第一次付刻到第二次付刻，其間經過六十二年，好事者很可能對《全集》作過若干增減，而且在第二次付刻時又經賀龍驤、彭瀚然編輯過，其中可能有所改動也說不定，至少在《凡例》裏面已找到一些初步證據。不過，我相信李氏重編本（卽刊刻於一八四四年的本子）的內容與成都二仙菴本《道藏輯要》所收的不會相差很遠。

五、李西月重編《張三丰全集》本

李氏重編本，說得正確一點，成都二仙菴本《道藏輯要》裏的李氏重編本的內容，據它的《總目》共有八卷，現把卷目鈔列如下：

一卷

序　誥　傳　仙派　正訛　顯蹟

二卷

古文　隱鑑

三卷

大道論　玄機直講　道言淺近

四卷

玄要篇上　玄要篇下　補遺

五卷

雲水前集　雲水後集　雲水三集

六卷

天口篇　訓世文

七卷

九皇經　三教經　度人經　菩提經　鐘偈

八卷

水石閒談　古今題贈　隱鏡　彙記

卷一和卷二佔一冊（《續畢集》七），卷三和卷四佔一冊（《續畢集》八），卷五和卷六佔一冊（《續畢集》九），卷七和卷八佔一冊（《續畢集》十）。但全個集子是六冊的，第五冊（《續畢集》十一）是劉悟元（一八〇二年前後生存）註、李涵虛（即李西月）增解的《張三丰祖師無根樹詞註解》，第六冊（《續畢集》十二）是數種經咒[72]。第五，六冊的內容都不見於《總目》。但既然都在《全集》之內，自然是《全集》一部份了。

整個《全集》，我們可以把它重新分成兩部份：認爲是張三丰作的一部份和他人作的一部份。所謂「他人作的一部份」是指那些注明是張三丰以外的人所作，或雖沒有注明撰人而以考述張三丰其人其事爲務的文字；其他的就算注明是張三丰以外的人所編所輯者都算是「認爲是張三丰作的一部份」。

六、李氏重編本內他人撰作部份

現在先談「他人作的一部份」。這一部份包括第一卷的「序」、「誥」、「傳」、「仙派」、「正訛」、「顯蹟」，第八卷的「古今題贈」、「隱鏡」、「彙記」及第五冊的《無根樹詞註解》。

「序」共有四篇：汪錫齡的（撰於雍正元年，卽一七二三）、董承熙的、李迦秀的及涵虛生的（撰於道光甲辰，卽一八四四。涵虛生卽李西月。）。他們都是清代人，略歷亦稍爲清楚，分別爲這四篇序的作者，我相信是沒有問題的。四篇序之後是「凡例十二則」。其中四則有關《全集》及《全集》裏一部份內容的板本已於前文談過了。另外有一則是頗爲有趣的，全文如下：

此書內有《靈寶畢法丹經》，乃修仙之捷徑，凡讀此《經》者，盡心修身，金丹大可是《全集》並無收錄《靈寶畢法丹經》，這個經一般人認爲是鍾離權[74]著，呂洞賓[75]傳的，現亦收入《道藏輯要》[76]，同時亦見於《道藏》[77]。《全集》不收錄此《經》是對的。但何故《凡例》說「此書內有《靈寶畢法丹經》」呢？又何故有這一則存在呢？是否李西月重編本原有此《經》，而重刊時（即第二次刊刻時）爲賀、彭二人删去而忽略删去這一則呢？或另有其他原因呢？我相信這一則是李本原有的，（此《經》亦是李本原有的），不是到了《全集》第二次刊刻時才加上去，不然的話，第二次刊刻時一定應該收錄《靈寶畢法丹經》。如果一面加上這一則，一面又忘記把《靈寶畢法丹經》編進去，是很說不過去的吧。前文已經指出過除說張之洞本的那一則是後人（李西月以後的，大有可能爲賀、彭二人）加上去的外，其他的都是出自李西月之手。但李本是根據汪本而重編的，那有沒有可能這些《凡例》是汪本原有的呢？我相信這個可能性很小，因爲在《凡例》裏面屢次提及此書是參照汪本校編的。[78]

此十二則《凡例》和四篇序文都刊在正文之前。

隨着是張三丰的「行、立、坐、眠[79]」四幅圖像和題辭。

「誥」在正文裏作「明天順皇帝勅封誥命」。「天順皇帝」即英宗，天順爲一四五七至一四六四。這一部份包括《制》一、《誥》五及《參禮如來宣賜佛號並讚》。其中的《制》大抵是從明代藍田撰的《張三丰眞人傳[80]》裏鈔錄出來的，但卻作了若干增減。主要的是說要封贈張三丰一個「通微顯化眞人」的聖號。此號亦見於《明史·張三丰傳》[81]。此外的六篇大部份有可能是李西月僞造的[82]，一是因爲汪錫齡從未說過他曾輯有這些《誥》及《讚》，二是因爲《誥》四說的張三丰「爲文始正傳[83]」及《誥》五說的張三丰爲「猶龍六祖[84]」的道統的觀念是到了李西月時才有的。此點在第二部份已詳論過了。我們也許還記得託名陸西星的《淮海雜記》說過張三丰嘗至張的六世孫花谷道人家，命之藏「雲遊詩若干篇、寶誥數章，丹訣一函[85]」的事，很有可能李西月是根據這幾句話而僞造這幾章誥的。

「傳」的部份包括六篇傳：第一篇傳未署撰人和出處，然實際上是抄錄《明史・張三丰傳》的，惟《明史》張傳末尾一句作「終莫測其存亡也」，此傳則作「終莫測其存否也。[86]」第二篇傳注明「見《微異錄》」及爲祇園居士所撰。但《微異錄》一書以前未見記錄，可能是記載異人異事一類的書籍。祇園居士亦不清楚爲何人。不過，既然排在明郎瑛（一四八七年生）所撰之傳之前，故可能也是明代作品。第三篇傳卽爲剛才說郎瑛撰的那一篇。注明「見《七修類稾》」。但正確一點，應該是說見《七修續稿》，爲其卷四《辯證類》所錄的《蓬萊仙奕圖》的一小段[87]。作者出處固無問題，但所說的是否眞實就很值得懷疑了。如說「天順三年（一四五九）曾來（按：《七修續稿》作「又來」）謁帝」[88]，如係事實的話，《明史・張三丰傳》依理是應該有記載的，但實際上却沒有記載，未知郎瑛何所本。第四篇傳爲明陸西星（一五二〇至一六〇一？）撰的，注明見於「《淮海雜記》」。此書正如《微異錄》一樣，未見以前有所記錄，頗有可能是僞造的。然而傳中的材料又從何處而來呢？照作者陸西星說大概是從他的友人——張三丰的六世孫花谷道人而來的。花谷道人又何以知張三丰的事蹟呢？如果花谷道人眞是張三丰的六世孫，則第一，知道張三丰確有其人；第二，家庭中當然可以有一點記載。但此是不可必的。故依託的可能性仍然存在，而且，我以爲是很高的。花谷道人所得的是難以置信的，所以陸西星所說的自然值得懷疑。又可能是陸西星本人通過「降授」而得的。在道教歷史中，陸西星曾得呂祖親授於草堂，從陸著《方壺外史[89]》可得到一點消息。這也是「降授」。歷史家如何能接受此類知識呢？我們充其量只可以說此文是陸作，其餘不易肯定。第五篇傳是汪錫齡撰的，名爲《三丰先生本傳》。此傳較前四傳詳細。大抵是集合前人的材料，再加上一些他個人的，對他有利的材料而編成的。所謂「對他有利」的材料，如說他在眉山祈禱之時，「幸遇先生（指張三丰），鑒齡微忱，招齡入道，並示《丹經秘訣》一章及《捷要篇》二卷」[90]，又如說「齡侍先生甚久，得悉先生原本又甚詳[91]」等等都是。這些與張三丰來往的事情，不消說，都是汪白晝作夢或出自「乩降」。要是我們把這樣所得到的材料都作爲可靠的材料的話，那還有甚麼不可靠呢？如果以材料來源的角度看，這些確是所謂第一手材料（還有甚麼材料比親身所得更原始呢？）但，如何值得相信呢？第六篇傳是圓嶠外史撰的，名《三丰先生傳》。頗短。傳中提及圓通眞人（卽汪錫齡），故此傳作者最早不過與汪錫齡同時，但既然編排在汪所撰之傳之後，亦有可能比汪稍晚。圓嶠外史不知何許人。在《全集》藏厓居士所考紀的「後列仙傳」一節裏有白白先生者，曾著《圓嶠內篇》[92]；又在同書「水石閒談」部份提到白白子者，曾作《圓嶠外史道竅談》、《悟眞參同雜解》諸書[93]。未知圓嶠外史是否卽白白先生或白白子？白白先生的事蹟亦不大清楚，據說道光初遇張三丰，又說曾遇呂祖[94]，大概亦是一個善於扶乩的道徒。白白子則與李西月同時（道光時代），同屬一個道派，曾與「降乩」的陸西星有往來[95]。由此看來，白白先生極有可能即白白子。

「仙派」部份（正文無標出「仙派」一詞）實包括幾節：「道派」、「前歷祖傳」、「後列仙傳」、「列仙派演」、「拳技派」等。「道派」概言張三丰一派的道統，謂此派始於老子，再傳至尹喜，三傳至麻衣，四傳至陳摶，五傳至火龍，六傳至張三丰，因皆以隱著名，故稱「隱仙派」；又因爲孔子曾說過「老子其猶龍乎！」一句話，所以又稱「猶龍派」。「前歷祖傳」爲老子（書中謂太上老君），尹喜、麻衣、陳摶、火龍、張三丰數人的傳略。「後列仙傳」共八則，包括沈萬三、邱元靖、「太和四仙」（即盧秋雲、周眞得、劉古泉、楊善登四人），明玉、王宗道、李性之、汪錫齡、白白先生等八人的傳略。據各傳所記，他們都曾遇見張三丰而得道，所以，在某個程度上說，都是張三丰的親傳弟子。「列仙派演」爲余十舍、陸德原、劉光燭三人的傳略。他們認爲是張三丰的再傳弟子。「後列仙傳」一題下有這樣的一個小注：「以下十一則藏厓居士考紀」[96]，「後列仙傳」八則加上「列仙派演」三則剛是十一則，故可知這兩部份是藏厓居士撰的。藏厓居士是李西月同時在四川活動的人，與李西月、楊蟠山俱與降乩的張三丰有唱和[97]。「拳技派」引王士禎（一六三四至一七一一）之言，謂內家拳與張三丰有關[98]。除「後列仙傳」及「列仙派演」兩節外，其餘的大概都是出自李西月之手，因正式編輯過《全集》的只有汪錫齡及李西月兩人，前者原編，後者重編，汪氏既沒有提過甚麼隱仙派或猶龍派（汪撰《三丰先生本傳》從未提過），亦未說過曾爲此派的歷祖作傳，更未說過張三丰曾習技擊，所以應當是李西月所爲。關於此派的道統及其他有關問題我們在第二部份已經詳論。

「正訛」部份共十一則，討論張三丰之生平事蹟、學說及其著作之板本等問題。最後一則署「長乙氏謹識」，長乙爲李西月的號，故這一則無疑是李西月作的。其餘的雖不注作者，但重編《全集》者爲李西月，裏面又屢次提到汪錫齡，故當爲李作。但其中所謂的「正」亦不一定正，如說張三丰的誕期應以汪錫齡作的《本傳》所說的元定宗二年（一二四七）四月初九爲正[99]則不可靠。汪氏何以知三丰的誕期呢？恐怕又是「降授」得來的知識吧。不過，現時我們只企圖指出作者是誰，內文所說的正確與否，不在此處研究範圍之內。

「顯蹟」原有三十二則，補輯四則。原有的三十二則是汪錫齡記的。這一點從汪撰的《全集・序》所說「齡乃記祖師顯蹟三十餘則藏之[100]」可證。這三十餘則之末尾大部份都有汪氏評語。文中的圓通子卽汪也。評語之中有借用《神仙鑑》（或稱《仙鑑》）的文字。這些借用的文字是汪所加抑或李西月所加則不易知道。補輯的四則可能是李西月重編《全集》時加上去的。其中有《度汪夢九》一則，記述汪錫齡略歷及遇張三丰而得道事，末尾有長乙子按語，曰：「題係《度汪夢九》，而此作乃如夢九先生小傳。何也？蓋先生觀察劍南，流風善政，至今猶稱頌之。兼以仙根道器，忠孝兩全，故祖師亟來指度，以衞吾道。玆作蒐軼事，擴遺聞，並照其壽藏碑跋著之，仍以著祖師度世之勤，而代寫夢九出處也。[101]」長乙子爲李西月之號，故可證這一則爲李西月作的。按語之後附汪錫齡自撰的《藏蛻居記》。最後一則有虛舟子的按語。虛舟子爲誰不大清楚。但按語中未有任何表示他是這一則的作者。我相信仍是出自李西月之手。而虛舟子的按語是後來再加上去的。我們在上文已指出過《全集》從第一次刊刻到第二次刊刻是有過若干改動的。我認爲李西月在重編《全集》的時候，再蒐輯張三丰的顯蹟而成此四則是很可能的。

卷八「古今題贈」部份記錄明、清兩代若干人爲張三丰而作的書信和詩篇。作者包括明成祖朱棣（一三五九至一四二四）、蜀獻王朱椿（一四二三年卒）、湘獻王朱柏（一三七一至一三九九）、寧獻王朱權（一三七八至一四四八）、蜀定王朱友垓（一四六三年卒）、蜀惠王朱申鑿（一四九三年卒）、胡濙（一三七五至一四六三）、沈元秀（卽沈萬三）、查愼行（一六五一至一七二八）、汪錫齡、陳政、錢陳群（一六八六至一七七四）、趙翼（一七二七至一八一四）、李調元（一七七八年前後生存）、張問安、張君瑞、董承熙、李迦秀、張其相、王筠、董江、楊鍾濤、李朝華、李朝拔、劉光澤、張昇鴻、李元植、楊廷峻、李岱霖等二十九人。他們一部份人題贈於張三丰生前，一部份人題贈於張三丰死後。題贈於張三丰死後的自然與張三丰無關，他們不過因懷念張三丰而有所撰作而已。但題贈於張三丰生前的也不一定與張三丰有直接關係。如胡濙作的一首詩（就算眞的是他作的吧）便不是題贈給張三丰的，只是因爲他到「祥符寺訪張三丰先生不遇[102]」有感而作的而已，根本沒有與張三丰扯上絲毫直接關係。實際上，這些題贈文字中那些是眞的那些是僞造的亦甚成問題，尤其是明代的更值得懷疑。明成祖給張三丰的書大概是從藍田的《張三丰眞人傳》或陸深的《玉堂漫筆[103]》鈔出來的。沈元秀（卽沈萬三）的煉丹懷三丰師》第一首大概是從《歷代神仙通鑑》所載沈氏的丹室一聯「八百火牛耕夜月，三千美女笑春風。[104]」堆砌而成的。其他明人的作品，如朱椿、朱柏、朱權、朱友垓、朱申鑿和胡濙的及沈元秀的其餘兩首如非李作，大約係根據一些前人鈔錄下來的零星記載。清人的作品，出自李西月手亦非無可能，不過那些署名爲董承熙、李迦秀

（此二人曾爲李氏重編本《全集》作序）撰的相信不會是僞造。還有，那些與李西月同鄉（樂山縣）的人——張其相、王筠、楊鍾濤、李朝華、李朝拔、張昇鴻、楊廷峻所撰的也相信不會爲李氏所僞造。這一輩樂山縣人，包括李西月在內，大概都是同時代的，亦大概同屬一個敎團的，都以張三丰爲祖師的。

「隱鏡」正文作「隱鏡編年」。題目之前署名劉元焯。照一般情形則表示《隱鏡編年》是劉氏編的。但《隱鏡編年》正文之首却有這樣的一段小語：「夢九汪氏曰：『先生（按：指張三丰）之爲眞仙也，聞之者多也；其爲隱士也，知之者少矣。公餘心靜，適金使君式訓過訪，焚香話先生奇蹤。使君曰：「公胡不書隱爲鏡，發明先生大節乎？」錫齡曰：「諾。」爰倣綱目體紀之，名曰《隱鏡編年》，崇徵實也。自是而先生隱跡與先生年譜均在玆矣。後有萬年同志者續之。』」[105] 可見《隱鏡編年》實爲汪錫齡編的，但是否與劉元焯全無關係呢？在未得到結論之前，試看看正文的體裁。除「綱」與「目」之外，其中三處是有所謂「發明」者，亦有多處編進「金氏」的按語。金氏自然是汪錫齡所說的金式訓，他的按語應該是汪氏編進去的。但那三則「發明」又是誰寫的呢？我以爲大有可能就是劉元焯。劉可能是李西月同時或稍早的人，他得到汪的《隱鏡編年》，又加上自己的「發明」。這些材料後爲李西月所得，（也可能是劉送給李的）因劉是這些材料的原藏者和曾加上「發明」的關係，所以李在重編《全集》時便把它們置於劉的名下。但眞實情形是否如此却很難知道。這幾則「發明」寫得頗爲精簡，亦頗能發明「綱」的內容，雖然「綱」所記載的不一定是事實。玆舉一則如下：

書「故元退老」，特表其貞也；書「一百三十七歲老人」，特尊其壽也；書「武當山隱士」，則高節清風可為百世之師也。[106]

「彙記」部份分「時地」、「名號」、「遺蹟」、「時地補」、「道壇記」、「序傳外記」數節。「時地」一節辨證張三丰的時代和籍貫，認爲張三丰是元初遼陽懿州人。說張三丰是元初人，其根據是汪錫齡撰的《三丰先生本傳》[107]，是不足信的。通過「扶乩」而得的材料怎可相信呢？「名號」一節指出張三丰的十三個名號的出處。「遺蹟」一節則節錄地方志、筆記、遊記、《明史》等所記有關張三丰的「事蹟」。「時地補」只有兩則，俱言「地」而不及「時」。「道壇記」一節記載張三丰「降乩」與其信徒交往事，共八則。惟第一、二則爲概論性質之文字，未及交往事情。首則云：「壇以道名，崇本也。神仙從道出身，則以道叩者必以道降焉。夫設壇請仙，士大夫多奇此事，但其中有可信者，有不可信者。鸞手正則可信，濁俗則難信。……[108]」可見筆者亦是直言「扶乩」——「設壇請仙」不諱。「序傳外記」一節包括缺名的《三丰先生傳》、張靈機、鄧靈謐撰的《吳鎮響雲洞天刻玄要篇序》、張紫瓊撰的《嶽雲壇序》。除「道壇記」外，其他的都注有作者或出處，把它們分類的編輯在一起自然是重編者李西月做的。然「道壇記」數則又是出自誰人之手？我以爲亦可能出自李西月。其中有一則是如此說的：「初冬寒峭，曉雪微晴，先生（按：指張三丰）降於山中，爲諸子講道消寒，並云：『吾今雪裏行吟，有能從我游者否？』俄聞小沙彌言，門前有一拔養道士，其行如飛。涵虛生追之，不及，記以詩云……[109]」涵虛生卽是李西月。李記載張三丰「降乩」與其交往是不足爲奇的。推而廣之，李記載張「降乩」與其同門交往亦何足爲奇？我們前文不是說過李西月等一輩樂山縣人都同屬一個以張三丰爲祖師的教團的嗎？他們又常常通過「扶乩」的方法與張三丰交往的。一讀《雲水三集[110]》卽可知道。

第五册的《無根樹詞注解》是注明爲劉悟元註及李涵虛（卽李西月）增解的[111]，無論《無根樹詞》本身是否爲張三丰所撰，都與張三丰本人沒有任何關係。查劉悟元的《註》成書於清嘉慶七年（一八〇二），原名爲《無根樹解》，收入《道書十二種》[112]。故當李西月重編《全集》的時候劉書早已面世。李得見此書而增解者自然是認爲自己讀《無根樹》的心得有超過劉所得者。何西復（一八四七年前後生存）的《序》亦指出這一點。《序》說：「〔李西月〕每欲著解彰之（按：指《無根樹詞》二十四首），恨無同心丹友。棲雲劉悟元以宏通大辯之才，作書數十種傳世，其中有《無根樹注解》。涵虛（按：指李西月）取而觀之，詞源浩大，理境圓通，由是欣然大喜，喜其先得我心之所同然也。其中有未盡洩者，涵虛乃爲補之。……[113]」何序是作於丁未年（道光二十七年，一八四七）的，是《全集》第一次付刻（一八四四）的數年之後。因此之故，我認爲《無根樹詞註解》一書是後來才收入《全集》的，說得明白一點，是《全集》第二次付刻時才收入的。

何《序》之後爲張三丰《自題無根樹詞》二首：《鷓鴣天》和《賣花聲》。此二詞沒有註或解，詞後署「明洪武十七年歲在甲子中和節大元遺老張三丰自記於武當天柱峰之草廬」[114]。按：《無根樹詞》二十四首及《自題無根樹詞》二首亦收入《全集》之《玄要篇》[115]，惟並無簽署，不知此書忽然間何來此怪簽署？劉悟元的《無根樹解》（《道書十二種》本）不獨無此簽署，亦不收《自題無根樹詞》二首。所以應該是李西月增解時加上去的。但本於何處則不大清楚。

繼而續之是《三丰張眞人源流》、《永樂皇帝訪三丰書》和《三丰託孫碧雲轉奏書詞》。這幾節全鈔劉著《無根樹解》。然劉書此三節之末署「嘉慶己未（即嘉慶四年，一七九九）春二月題於龍山書屋中皐邑介菴楊春和」[116]，《全集》本則無此署。這大概說明這三節原是楊春和編撰的。後來劉氏却收入《無根樹解》。《三丰眞人源流》是注明「本《仙鑑》所載[117]」的。所謂「《仙鑑》」即《歷代神仙通鑑》。但《歷代神仙通鑑》所載的[118]却與此《源流》稍有出入，大約此《源流》是本《歷代神仙通鑑》而更改而成的。如謂「永樂間皇帝勅修武當，眞人（按：指張三丰）隱於工人之中，勤勞行功，人皆不識，惟碧雲孫眞人深知。時碧雲爲武當山住持，與眞人來往，多受眞人益。[119]」一段就不見於《歷代神仙通鑑》。其餘兩節——《永樂皇帝訪三丰書》及《三丰託孫碧雲轉奏書詞》則同見於《歷代神仙通鑑》[120]。

《無根樹詞》二十四首，劉悟元皆有註，李西月亦皆有解。雖然說李西月認爲劉悟元的註「先得我心」（見何西復《序》），但是兩人對這組詞的看法不盡相同，所以對它們的解釋亦間中略有分別。如第一首劉以爲是「嘆世」，李以爲是「勸人養幽花」[121]，第二首劉以爲是「勉力學人」，李以爲是「勸人栽接」[122]；第八首劉以爲言「進退陰陽」，李以爲言「溫養還丹[123]」。在第八首的《解》裏，李更明白的指出「〔劉〕悟元所註，其理甚佳，然非此章本義。[124]」他們兩人對這組詞間有不同看法與解釋大抵與他們對「無根樹」一詞的悟解稍有差別。劉以爲「凡樹有根，方能生發；樹若無根，必不久長。人生在世，生老病死，忽在忽亡，百年歲月，石火電光，亦如樹之無根也。仙翁（按：指張三丰）二十四詞，以《無根樹》爲名，叫醒世人，使其看破浮生夢幻，早修性命耳。125」李則以爲「無根樹以人身氣言。人身百脈，皆生於氣，氣生於虛無之境，故曰無根。丹家於虛無境內養出根荄，先天後天，皆自無中生有，是無根乃有根之原也。……二十四章合一年氣候，皆勸人無根樹下隨時看花，此道情之盡美盡善者也。126」可見劉以爲無根樹是人的無根的生命，而李則以爲是人賴以有生命的氣。不過，無論他們的看法如何不同，其中有一點——重要的一點看法是相同的：他們認爲《無根樹》並不涉及「採戰之術」，卽「男女雙修」之事。換句話說：卽與男女之事無關。127

本文不打算詳談劉李對《無根樹詞》的註解，因爲這是他們的事，與《無根樹詞》本身無多大關係。然，《無根樹詞》究竟是甚麼性質的文字，是否一如劉李所說不及男女之事呢？則頗值得一談。先看看這兩首詞：

無根樹，花正孤，借問陰陽得類無？雌雞卵，難抱雛，背了陰陽造化爐。女子無夫爲怨女，男子無妻是曠夫。嘆迷徒，太模糊，靜坐孤修氣轉枯。128

無根樹，花正偏，離了陰陽道不全。金隔木，汞隔鉛，陽寡陰孤各一邊。世上陰陽男配女，生子生孫代代傳。順爲凡，逆爲仙，只在中間顚倒顚。129

詞中很顯明是說「男女雙修」之事的，若然謂如此的詞都不涉及這方面，實在是很難令人信服的。當然，二十四首詞之中不是首首都說得如此明白，若然，則劉李亦不會認為不含有男女之事的意思了。含蓄如《周易參同契》一書⑬⓪，明陸西星都以為談「男女雙修」事⑬①，而現在這些一讀則有此感覺的文字却被說成與此事無關，如何可以說得過去呢！就算我們不堅持說這組詞一定講「男女雙修」，亦不能不說頗有這樣的可能性，或可以作如此解釋。當然，最客觀的說法是說它們含有「雙重意義」了。⑬②

七、李氏重編本內託名張三丰撰作部份

現在再談「認為是張三丰作的一部份」。這部份包卷二、卷三、卷四、卷五、卷六、卷七的全部，卷八的「水石閒談」，及第六册的幾種經咒。

卷二包括「古文」及「隱鑑」兩部份。現在先談「古文」部份。此部份可能是屬於汪本《全集》的「文」的一部份。若然，我們在前文討論汪本內容的來源的時候已指出它不可能眞實是張三丰作的，而可能是汪錫齡通過「扶乩」的方法而得或直接僞造的。但當我們細讀這部份的各篇文字（共十九篇），又發覺它們的來源不是這麼簡單，雖然，歸根地說，不是張三丰的作品。它們一部份可能成於汪錫齡之前，也有一部份可能成於汪錫齡之後，當然也有一部份可能出自汪錫齡之手，但，不是張三丰作却是明顯的。現在談談較為明顯的幾篇。

如第三篇的《完璞子列傳》。此篇是描寫程瑤[133]羞辱燕王朱棣的次子朱高煦（漢王）及幫助燕王的姚廣孝（一三三五至一四一八）的。篇中有以下的一段文字：

……周隱遙真人適來相遇，怪而問之，曰：「燕王應運之主，何為挫之？」完璞曰：「先生誤矣。燕王棣今之管蔡也。時無周公，使彼得行其志，而先生以應運歸之！若此，則強藩叛國，皆稱應運，而綱常從此墜地矣。小子念此，殊不敢狥俗情，故常兩羞〔姚〕廣孝，三辱〔朱〕高煦，蓋欲振飭大倫，維持名教，使千秋以後，知燕王之師為山林仙客所不能容者，定非應運之主也。自古真人崛起，則必除殘去暴。上如湯武，次如高光，乃克稱應運焉。近今如太祖開國，平賊寇，繼大元，亦可稱為應運。然天以天下與明，率當以祖宗傳貽者，尊為天命。燕王不據位，安知建文以後，遂無世子耶！矧其立位以來，操心仁孝，上天原無改易之心，而燕王以強凌弱，此不過如鄉人之豪奪其宗人之產，於天命何與乎！乃高煦暴物，佐父稱兵；道衍（按：即姚廣孝）奸奴，輔渠肆志，淺識者猶不平，況豪士哉！……」[134]

其擁護建文帝及反對永樂帝之情是見乎辭的。張三丰是永樂時代的人，當時對建文事文網極嚴，張三丰那有可能寫出這樣的文章。如眞的有這樣的事情，永樂帝一定把他殺害，那還有飭胡濙再三訪求之事。若說明代中葉以後，建文事文網鬆了，有此議論，則有可能。但，自然不是張三丰作的了。

又如第十五篇的《永樂大典記》，也是反對永樂帝的——反對《永樂大典》的纂輯。此文頗短，玆鈔錄如下：

先儒有言，讀書者多取不如精取，自天子以至士庶，其學問同也。永樂初，朝廷命上（按：大概爲「尙」字之誤）書胡廣、侍講王洪等編成一書名曰《大典》，計二萬二千八百七十七卷，一萬一千九十五本，目錄六十卷，其表文嘗見於《蟫精雋》中。夫《御覽》、《元龜》不過千卷，求多者徒具望洋之嘆而已。《大典》以萬計，安能推布夫海內也哉！[135]

活動於永樂年間的張三丰那會寫出如此不客氣的文字？查《永樂大典》的纂修，「始於〔永樂〕元年（一四〇三）之秋，而成於〔永樂〕六年（一四〇八）之冬」[136]，由姚廣孝等主其事。此書「包括宇宙之廣大，統會古今之異同，巨細精粗，粲然明備」[137]，上自唐虞，迄於明初，凡經、史、子、集、百家之書，以及天文、地志、陰陽、醫、卜、僧、道、技、藝之言，無不旁搜而彙輯之，括之以類，統之以韻，彙萬卷於一編，實爲淸修《四庫全書》之前之最鉅大之類書。宋元以前之佚文秘典，賴此多得而傳。雖永樂帝勅纂之初，意在羈縻士子，消弭反抗，然於保存文獻之功，究竟是不可一概抹殺的。張三丰——永樂帝飭胡濙再三訪求之張三丰有甚麼理由要反對《永樂大典》的纂修呢？我懷疑這篇文章很有可能是明代中葉以後，甚至是晚明的一個同情建文帝的人撰的，很可能卽是撰《完璞子列傳》的那一個。

《自題勅封通微顯化眞人誥命後跋》也很顯明不是張三丰撰的。自跋誥命已是很不尋常的事，而且一開始就替自己——「眞人」吹噓，很不像一個受封的人應有態度。文說：「從古稱眞人者，必須外達眞氣，內涵眞心，入有眞操，出有眞守，……[138]」這樣的態度不免有自驕之嫌吧。這還未算甚麼，最重要的是下面的一段文字：

> 至若成化嘉靖之間（一四六五至一五六六），番僧劄巴、妖僧繼曉，封國師、禪師；方士則鄧常恩、李孜省、邵元節、陶仲文、唐秩、劉文彬、以及羽流數百，均係阿比宵小，設詭貪奸，妄稱法師，普號真人，氾濫無涯，笑罵史册。……厥後或誅或罷，追奪前封，殆無遺匿，快哉樂哉！[139]

文中所反對的人都是歷史人物，皆見於《明史》[140]，時代是在成化至嘉靖間的（一四六五至一五六六）。試問在永樂時期（一四〇三至一四二四）活動的張三丰如何能及見這些人物？這篇文章自然不是張三丰作的。雖不是三丰所作，但假託三丰之名的亦不一定是如汪錫齡或李西月輩的清人。清人對此節史實研究的很少，且僞造三丰故事除「鸞降」與自己有關者外，亦必敍元、明間事，不會移後到此一階段。疑這篇文字，正如上述兩篇一樣，可能是晚明人所造。篇末署「大元遺老三丰道人書[141]」是可以說得過去的，因爲張三丰是生於元延祐年間（一三一四至一三二〇）的。但若到嘉靖年（一五二二至一五六六）間他還在世的話，那豈不是有二三百歲？實是很難令人相信的。

英宗授誥命，贈張三丰爲「通微顯化眞人」事見《明史．張三丰傳》。時爲天順三年（一四五九）[142]。《自題勅封通微顯化眞人誥命後跋》中有「廟諱英宗[143]」之語，則其作者必在英宗死後可知[144]。英宗死於一四六四年，這已距離三丰之死（一四一七）四十多年了。《跋蓬萊仙奕圖》也不可能是張三丰作的。明郎瑛早在《七修類稿》裏已指出來了。他說：「此必憸人假冷〔謙〕之名，張〔三丰〕之跋，淇國〔公邱福〕之所遺，見其難得之物，貨人重價。一時名人不察而紀其異，爲之題詠也。[145]」據《跋》說，《蓬萊仙奕圖》是冷謙爲張三丰而作的。後張轉贈給邱福（一四〇九年卒）。《跋》中有一段頗值得注意的文字：

> 此卷乃至元六年（一三四〇）五月五日為余作也。吾珍藏若連城之璧，而未嘗輕以示人。今將訪冷君於十洲之島，恐後人不知冷君胸中邱壑三昧之妙，不識為真仙異筆，混之凡流，故識此特奉遺元老太師淇國邱公覽。……時永樂壬辰（十年，一四一二）孟春三日三丰遯老書。[146]

根據這段文字，可知此跋是張三丰特意爲邱福撰的，時爲永樂十年。但據《明史．邱福傳》，邱是永樂七年（一四〇九）戰死的[147]，何以成於永樂十年的《跋》仍說：「故識此特奉遺元老太師淇國邱公覽」呢？我懷疑僞造這篇《跋》的人忽略了這個重要的時間問題。可是，據郎瑛《七修類稿》說，《蓬萊仙奕圖》是張三丰於「永樂二年（一四〇四）轉送淇國邱國公福，併跋啟敬（按：冷謙之字）來歷[148]」的，在時間上與《跋》所記的相差了八年！不知郎氏所本？在按語裏李西月亦提及永樂二年事，但並沒有指出時間上的矛盾[149]。也許他也忽略這個問題吧。然而，《跋》爲託名張三丰是毫無問題的，不論李西月如何強調它是三丰的作品。另外一點，我們可以肯定的是，此《跋》最晚在郎瑛時已經存在，而不是清人僞造的。

有幾篇一讀而知是僞造，實無須多少辯證。如第九篇《八遯序》，其始云：「三丰先生因朝廷屢詔而假遯以深藏，乃浩然曰：……」[150]；又如第十七篇《刀尺賦》，文曰：「三丰先生常攜刀尺以遨遊，空乎兩大，浩乎十州。客有怪者，不知其由，先生乃爲之賦曰：……[151]」如此語氣和寫法是很難令人相信是三丰作的。第十九篇《湖南山中與胡給事夜話》就更明白了。此篇篇首有汪錫齡小記，說：「胡濙巡訪之九年，行次湖南，憩騶山中。一夕，三更人靜，茶冷澄（按：疑是「燈」字之誤）清，忽聽有叩門聲。俄然，扉影自啟，見一道者貌似丰翁，胡欲狂叫，先生急掩其口。拂几細談而去。此事明一代無有知者，昨先生降吾署中，言及此事，齡乃濡毫記之。[152]」由此觀之，此篇文字是汪利用「降乩」而得的，自然不是出自三丰之手了。甚至更可能是汪有意僞造的，說三丰降其署中不過欺人而已。總之，是由汪製造出來的，與張三丰毫無關係。然而，《八遯序》和《刀尺賦》是否亦是汪造便不容易知道，不過亦不是沒有可能的。

此外，有三篇——《沈線陽小傳》、《余氏父女傳》及《蘆汀夜話》大概是改動《歷代神仙通鑑》所載而成的[153]。它們兩者之中不獨內容相同，文字也沒有太大差別。茲把《歷代神仙通鑑》所載有關沈線陽部份及《沈線陽小傳》一篇鈔錄如下以作比較：

是秋，〔張〕三丰踐約來會，同〔沈〕萬三鍊人元服食大藥。明年始成。初萬三生長女，三歲忽失去，迄今三十餘年。一旦歸家，曰：「兒少遇祖師薛真陽，卽中條玄母，改名化度，呼女為玉霞，號線陽，掌玉匣諸秘法，為師擎神劍，得授靈通大道，教回就服成藥，當以拯濟立功。」萬三卽出藥，全家共服，皆能冲舉。玉霞聲洪體碩，無女子相。慨然有普救生靈之志，歎曰：「能忍有裨於道，好殺必喪國元。」遂與父散遊於世，隨時救度[154]。（《歷代神仙通鑑》）

沈線陽者，〔沈〕萬山長女也。聲宏體碩，無女子相。生三歲而失去，莫知所之。方萬山之徙雲南也，吾往會於滇上，同煉天元大藥，至期年而始成。日者，線陽來見，已隔三十餘年。父女相逢，兩不相識，細詢之，始知其為長女也。自小離親，幾成永訣，然在髫稚，亦不自知。其別庭闈之際，卽遇薛真陽，古稱中條玄女者是也。名之為玉霞，號之以線陽，命掌神劍，兼守玉匣諸秘法，得授靈通大道。吾與萬山正煉天元，爰此來滇，共服成藥，皆真陽教之也。萬山大喜，卽出成丹，與全家服之，皆冲舉焉。線陽願大慈深，慨然有普救生靈之志。嘗言：「能忍者有裨於道，好殺者必喪其元」。遂與父散游四方，隨時化度云。嗚呼，可謂女仙中英雄矣！[155]（《全集‧沈線陽小傳》）

其餘兩篇情形大致相同。舉一知三，不多鈔錄比較了。

我們已經指出過，《歷代神仙通鑑》的成書時期較汪錫齡編的《全集》及李西月重編的《全集》爲早，所以這幾篇可能是汪改作的。亦可能是李改作的。不過，旣然李西月曾經說過張三丰的著作，「其文體若干篇皆見夢九藏本」[156]，故我相信汪改作的可能性較大。

以上我們討論了「古文」部份中的十篇文章，指出了它們不是張三丰作而是出自他人之手的理由。但其餘的九篇又如何呢？我們雖然不能正面指出它們是僞作，但混雜在這麼多的僞作中，我們很難相信它們不是僞作的。在沒有證據證明它們眞實是張作之前，我們只能視它們爲存疑。況且，無論是汪或李所輯的文字，多數都是來自「降乩」的，我們怎能輕易相信它們是三丰之作呢？

「隱鑑」部份載錄由元代至清代的處士、逸士、達士及居士的傳記。元代的三十六人，明代的五十三人，清代的十五人，共一百〇四人。張三丰是活動於明永樂年間的人，就算他的壽命很長，也斷不會活到清代的。所以清代的十五人的傳記一定不會出自他的手，而是僞造的。但，爲誰僞造的呢？極有可能爲汪錫齡或李西月。汪是雍正二年（一七二四）去世的，故生於此年之後的人的傳記一定不會是汪作，而應該是李作的。如趙翼（一七二七至一八一四）、吳蔚光（一七四三至一八〇三）、羅聘（一七三三至一七九九）、翁春（一七三六至一七九七）等人的傳記卽是。但這不等於說生於雍正二年前的人的傳記是汪作的，它們可能是汪作，也可能是李作，也可能是汪原作在前，李改作在後。

元、明兩代的人的傳記也很難令人置信是張三丰作的。我們可以找出一點證據去支持這個說法。如元代的無有先生的傳記，裏面便露出馬脚。內文說：「先生，大元逸民也，行藏莫測，或無或有，故以爲號焉。生於元，游於明，神行於清。六百年來，不隨物化，……[157]」一望而知這是一個虛構的人，稱「無有」實在是名符其「實」的。就算眞實有這個人，且就算他能活到六百歲，張三丰又怎能夠知道他「神行於清」呢？又如明代王先生的傳記，文說：「達士王先生者，以忠節隱其名，永樂初寓居金華府東陽縣之東山，自號大呆子，……日盤桓於山南村落之間，狂歌自適。其與宴游者，皆不識其姓氏，惟與王姓俱，則以宗兄稱之，遂以王先生呼焉。嘗與村中人曰：『他日吾逝，只祈斂吾尸懸於林杪足矣。』……張三丰聞而嘆曰：『此建文遺臣也。』[158]」從字裏行間透露出撰此傳略的人是同情這個「建文遺臣」的。稱讚他「忠節」，自然是不滿永樂帝的一種表示。我相信這個傳略也是那個明代末年同情建文帝的人撰的。他只不過假借張三丰的口去說出他心裏的同情與不滿而已。

明末與清人的傳記不是三丰作是很清楚的。現舉些例子加以證明。林明儁（明末清初人）傳說：「（林）嘗在平都請乩，余偶臨其筆，贈以『鐵肝石膽』四字。[159]」殷如梅傳說：「余神遊見之，直許其爲逸士。[160]」羅聘傳說：「余神遊雨（按：應爲「兩」）峰之齋，鬼皆起拜，眞奇事也。[161]」翁春傳說：「余適化老道閒遊，……[162]」徐大椿（一六九三至一七七一）傳說：「余神遊見之。[163]」由此可見這些傳不獨不是三丰所作，而且作這些傳的人亦很明白傳中主人翁在生的時候三丰已不在世，故此以「臨其筆」、「神遊見之」一類字眼去自欺欺人。

我相信「隱鑑」裏的傳記大有可能全部都是由汪錫齡與李西月包辦的。

卷三的第一部份「大道篇」分上篇、中篇、下篇。上篇「首探大道之源，而講生人之理與人生老病之故」[164]，中篇「專講金丹外藥，而金液內藥亦次其中」[165]，下篇「窮性命之眞，發聖賢仙佛之理」[166]。它們所談的不外是人生哲學及修煉上的問題。第二部份「玄機直講」包括八篇，專談煉丹之事。第三部份「道言淺近說」亦談煉丹之事，惟較前者具體化一點。因爲內文不涉及作者與他人關係，亦沒有透露出張三丰存在時期與這些文章的撰作時期有任何時間上的矛盾，故此不易指出它們是僞作。但，如果我們承認汪錫齡《全集》本內的《丹經》二卷是《大道篇》和《玄機直講》的話，則它們大有可能是由於「降授」或汪有意僞造。（這一點在談汪本內容時已討論過。）《道言淺近說》與前兩部份是同一類型的東西，說它是「降授」或僞造亦並非沒有可能。

《全集．凡例》有一條說：「《明史．文翰類》所載道書目，其中有先生（按：指張三丰）《金丹直指》一卷，又《金丹秘訣》一卷，即今《大道論》、《玄機直講》與《玄要篇》也。……茲照汪仙所藏，先生自訂者名之，不復更易。[167]」查《明史．藝文志》著錄張三丰《金丹直指》一卷、《金丹秘旨》一卷[168]。《凡例》將《金丹秘旨》誤作《金丹秘訣》。姑勿論《明史》所載的兩種是否眞的是三丰所作，編《凡例》的人（應該是李西月）如何知道它們卽是《大道論》、《玄機直講》和《玄要篇》呢？汪本有這三篇可能是事實，但編《凡例》者又何以知道是三丰自訂？我疑心他恐怕讀者不相信這三篇是三丰所作，所以強說它們是《明史》所載的兩種而已。

《玄機直講》題目下有這樣的小注：「此祖師（按：指張三丰）刪改前人之作以示人者，故附入《全集》。[169]」我認爲這部份爲汪錫齡「刪改前人之作」而託名張三丰的可能性更大。

說：《道言淺近說》之末尾附《三丰先生輯說》。此部份最有可能是後人僞造的。一開始便

先生曰：「空青洞天向多有仙真來游，留下丹訣去者，此亦度人覺世之心也。山中人何必另尋瑤草，別採仙花，只此是救命符，延年藥也。今特節錄存之，以公好道之士。」[170]

倘若這段文字是三丰自撰的話，可能不會冠以「先生曰」三字。而那段說話又從何而來呢？除了僞造還可有甚麼解釋呢？裏面提到的「空青洞天」是清代道光時期的道壇[171]，張三丰怎會知道清代的事？《輯說》收錄陸潛虛（即陸西星）《論調息法》三條。陸是嘉靖至萬曆（一五二二至一六二〇）年間的人，與三丰之六世孫花谷道人同時，三丰何能得見其著作而錄之？更收有李涵虛（即李西月）的作品，李是清道光時期的人，比陸更晚，三丰何能知之？與李有關的一節是這樣開始的：

先生曰：「吾與涵虛子談七返七（按：疑是「九」字之誤。）還金液大丹之道。涵虛曰：『據先生言是皆刀圭妙用耳。』他日見涵虛作《戊己二土篇》，深合元意，爰錄而傳之。學人欲了長生，舍此不能通神也。」[172]

這樣盛稱李四月，我相信除了李自己大吹大擂外，別人是不會如此做的。須知李是重編《全集》的人，他可以隨便删增《全集》的，爲了要使他人知道自己是張三丰的信徒，更爲了提高自己的聲譽，李只好利用重編《全集》的機會爲自己吹噓一番了。很顯明，整節文字都是他製造出來的。

也很可能，整個附錄都是他編進去的。

卷四，據《全集·總目》，分爲《玄要篇上》、《玄要篇下》及《補遺》三部份。但在正文裏却沒有《補遺》部份。這可能是重編本《全集》第一次付刻時（一八四四）這部份是原有的，但到第二次付刻時（一九〇六）却被删去了，或沒入於上下篇之中。或根本上沒有《補遺》這部份，而「補遺」二字是誤刻。

《玄要篇》上下兩篇是汪本《全集》原有的。它們所收的篇章的來源的複雜情形，我們在談論汪本《全集》內容時已討論過了。李氏重編本大致是以汪本爲根據重編而成的，《玄要》兩篇自然沒有例外。在這兩篇的小注裏亦屢次的指出在編校方面是以汪本爲依歸的[173]。所以我相信重編本的《玄要篇》大致上還保留着汪本《玄要篇》的樣子，雖然小改動很難說是沒有的，但既然汪本的《玄要篇》不是張三丰撰的，很自然重編本的《玄要篇》亦不是出自張三丰之手了。

汪本的《玄要篇》我們沒有機會見到，其中實際情形無由得知，但觀重編本的《玄要篇》確實可以找到一些材料或可證明某些文字並非三丰所作。如上篇的《上天梯》一詩。其首說：「大元飄遠客，……[174]」張三丰雖然生於元代，但據歷史的記載，他是活動於明洪武至永樂年間的，而明太祖及成祖都曾遣使訪求之，對他極爲敬重，三丰或未必以元人自居，以致激怒明帝。這些文字，正如卷二「古文」一些篇章一樣，可能是晚明一個同情建文帝的人作的。他反對明成祖，而明成祖又恰可是最希望訪求得三丰之人，故他借三丰的不屬於明朝的拒絕態度去發洩他對成祖的不滿。當然，也可能是汪錫齡僞造的。他相信一些人以爲三丰是元初人的說法[175]，故此寫出這樣的文字。

《答永樂皇帝》一詩後面有一條小注，說：「此下又有五言一首：『金丹重一觔，……』係呂祖所作，蓋當時書以答永樂皇帝者。[176]」這條小注似乎是李西月作的。大概汪本錄有「金丹重一觔」的一首五言詩，但李西月認爲是呂祖作的，故加此小注以說明之。所謂「呂祖所作」「書以答永樂皇帝」，自然荒誕到極。呂祖是唐末人[177]，與明成祖相去數百年，如何有交通可能？此詩定必出自「降筆」或他人僞造。但此詩在《歷代神仙通鑑》已有記載，認爲是三丰答明成祖的[178]。未知李西月根據甚麼認爲它是呂祖所作？這一點都不是重要問題。可以不談。重要的是，通過這條小注可知道汪本《玄要篇》是雜有他人作品的。「金丹重一觔」一詩便是一個例子。

或者我們可以多找出一些例子。《嘆出家道情七首》題目後有小注，說：「《出家》七首，羽流多套襲以爲己作。又有疑爲羅洪先（一五〇四至一五六四）所作者，非也。末篇云：『五十二句玄中理，明明白白說與君。』蓋指《道情》歌也。據此觀之，的係丰師所傳無疑。繼閱汪本，更爲可證。[179]」既然這七首歌詞「羽流多套襲以爲己作」，可見它們的作者是不曾確定的，如果作者是確定的話，羽流又如何能夠隨便「套襲以爲己作」呢？舉例說，唐詩《琵琶行》的作者確定是白居易的，又有誰敢「套襲以爲己作」？說羅洪先[180]作亦並非絕無可能。羅是明代中葉半儒半道的人，即使偶爲僞作也不足爲奇的。李西月以爲「非也」的理由是很脆弱的。爲甚麼根據末篇的「五十二句玄中理，明明白白說與君」兩句就可證明「的係丰師所傳」？他人不可以這樣寫嗎？又，汪本是不可靠的，那可爲證呢？我疑心可能汪錫齡強把這幾首作者不肯定的歌詞編入《全集》，當爲三丰所作罷了，這也是一種「套襲」。可惜李西月過於相信汪本，不細加研究而已。

《金丹詩二十四首》的解題亦值得注意。我們在討論認爲是張三丰的著作的版本時已引用過了[181]，於此不再複引。這段文字很顯明是李西月作的。裏面提到的廖復盛刊刻的《醒道雅言》很可能收有此《金丹詩》二十四首；但，是否注明張三丰作並不清楚說明。然而內文既說「今照汪仙眞本改正，以復舊觀，庶使好道者不致迷誤耳」[182]，又好似間接指出《醒道雅言》並無注明此二十四首詩爲張三丰所作，否則何以說「庶使好道者不致迷誤」？所謂「迷誤」，自然是指迷誤爲廖復盛所作。我們不清楚汪本的《金丹詩》二十四首從何而來，但相信有可能是從《醒道雅言》一類不注明所收詩的作者的書籍鈔來而託名張三丰的。

《玄機問答》夾行小注云：「前見羽流抄本有三丰先生《自問》、《自答》二條，極爲玄妙。或以爲永樂遙問而先生遙答之者，是亦一說也。[183]」此小注可能爲汪所加，或李所加，無從得知。但《問》、《答》二條「或以爲永樂遙問而先生遙答之者」則頗值得注意。可見《問》一條在汪或李的時候已有人懷疑不是張三丰作品，而可能是永樂帝或他人之作。這是

《玄要篇》可能雜有他人作品的又一證據。

綜觀上述的情況我們實在很懷疑《玄要篇》裏有多少實實在在是張三丰的作品，或那些是張三丰的作品，或甚至究竟有沒有張三丰的作品？

不錯，《山西通志》和《遼東志》收錄注明爲張三丰撰的《瓊花詩》一首，《貴州通志》亦提及張三丰曾撰《了道歌》及《無根樹詞》二十四首，（前文已提及）這些文章都收入《玄要篇》，雖然這些地方志較《歷代神仙通鑑》一類書籍可靠，但仍不能看作絕對可靠的材料，傳聞誤記不是無可能的。尤其是《了道歌》及《無根樹詞》二十四首。《貴州通志》只記其目。當時《貴州通志》的編者所見到的與現時我們所讀到的是否一樣也是一個問題。況且，他是否見過也値得懷疑。就算他眞實見過，亦未必不是僞作。在未有足夠的可靠證據之前，我們不敢輕信這些文字是三丰作的。

卷五包括《雲水前集》、《雲水後集》及《雲水三集》三部份。前兩集我們在討論汪藏舊本的時候已強調過它們出自汪手的可能性。如果我們細讀它們的內容，更可以進一步的指出它們根本與張三丰沒有關係，說得淸楚一點，它們實際上不是張三丰作的。在這個重編本裏，這兩集沒有顯示出一些李西月新加上去的篇章的跡象，故我相信還是汪本原來的樣子。至於在文字上有否改動則很不容易知道了。

在未進一步的指出《前集》和《後集》裏一些決非三丰作的詩篇作爲證據之前，有一點必須澄淸：二仙菴重刊《道藏輯要》本之《雲水前集》該名《雲水後集》，而《雲水後集》則該名《雲水前集》，爲甚麼呢？根據汪錫齡的《雲水前集序》，《雲水前集》是張三丰在元明間所作的[184]。但二仙菴重刊《道藏輯要》本之《雲水前集》却沒有顯示出任何作於元明間之跡象，反之，在《雲水後集》裏却多處顯示出這一點。又根據汪氏《雲水後集序》，《雲水後集》是張三丰遇汪後所作的[185]，但是二仙菴重刊《道藏輯要》本之《雲水後集》對汪一字不提，而在《雲水前集》却有十多首詩與汪有關。因此，可以證明《前》《後》二集剛剛互相對調，是錯誤的。大概這是刊刻時的錯誤吧。

在《雲水前集》裏有不少詩篇我們可以指出不會是張三丰作的。首先如下列的幾篇與元初人有關的就顯然不會是三丰所作的：

《呈廉閣老》

《廉平章以書薦余名於劉仲晦太保感而詠此》

《送廉公之江陵》

《博陵上仲晦相公》

《答劉相公書》

《遙輓劉仲晦相公時至元十一年冬月初旬也》

《燕趙閒遊晤邱長春遂同遊西山》

篇目所說的「廉閣老」、「廉平章」、「廉公」是指廉希憲（一二三一至一二八〇）[186]，「劉仲晦太保」、「仲晦相公」、「劉相公」、「劉仲晦相公」是指劉秉忠（一二一六至一二七四）[187]，而邱長春就是邱處機（一一四八至一二二七）[188]。廉希憲、劉秉忠、邱處機三人去世之時，張三丰還未誕生，自然沒有可能相見，亦自然沒有可能互相贈答的。

邱處機是金元之間的人，是全眞教的第二代大宗師（第一代宗師是王喆（一一一二至一一七〇）[189]），曾爲元太祖成吉思汗在雪山講道，時間是頗早的，斷不會爲活動於明初的張三丰所見，而且在邱處機所撰的《磻溪集》裏[190]也沒有一點關於張三丰的材料，故此《雲水前集》的一篇晤邱處機的詩篇必定出自僞託（不論來自「扶乩」或有意僞造）。另外有一篇題名爲《家居無事忽有邱道人見訪臨別詩以贈之》的詩，裏面提到的邱道人亦可能是邱處機，但內容未有明確表示，故存疑勿論。如果晤邱處機的一篇詩是汪錫齡僞造的話（實際上，整個《雲水前集》也有可能是他僞造的），汪根據甚麼材料去僞造呢？說得明白一點是，汪從甚麼地方找到張三丰與邱處機的關係呢？這也可能是汪虛構，但亦可能有別的根據。在《全集》第一卷「正訛」部份有一段文字頗值得注意：

> 錢文端公陳羣（一六八六至一七七四）所著《香樹齋集・燕九日王新莊觀燈詩》有「仙攜邋遢來空碧，人立鞦韆望比紅」之句，註云：「張三丰與邱長春同時訪道，後皆仙去。」愚按：長春先生訪道於金朝，出世甚早，不與張祖同時也。但汪仙作傳謂祖師制居時有邱道人相訪之事，祖師成道後，於元至正初遨遊西山，復遇長春子，促膝談心。爾時邱眞人闡化元朝，正有同時顯道之事。若曰同時訪道則未也。[191]

這段文字大概是李西月作的。說張三丰與邱處機「同時顯道」是從汪錫齡所作傳推想出來的，自然不必信。但前半段引用錢陳群的詩及註卻有被注意的價值。錢是與汪同時而稍晚的人（錢的時代爲一六八六至一七七四，汪的時代爲一六六四至一七二四），其《香樹齋詩集》（十八卷）則刊印於一七五一年⑲²，故汪不可能得讀此詩集，從而張三丰與邱處機的關係有所本。同時在另一方面錢亦無可能從汪編的《全集》得到此段材料，因爲汪本《全集》從未刊刻過。那麼，錢又從那裏得到此段張、邱的關係呢？是否又是如汪一般虛構呢？若是，則兩人先後虛構而相同，那實在是太巧合了。我推想：張三丰與邱處機的關係的傳說在清初是流行於民間的，汪與錢不過形諸筆墨而已。除《香樹齋集》，汪撰《三丰先生本傳》及《雲水前集》外，未見其他同時及以前文字記載此段關係。不過，無論如何，《雲水前集》裏與邱處機有關的詩篇（一篇或可能兩篇）沒有可能是張三丰作的。倘若說張三丰有意爲此以抬高自己的聲望，那就未免過於幻想了。

劉秉忠是元世祖時代的人。他本是個和尚，因得世祖賞識，遂侍世祖左右。至元元年（一二六四），拜光祿大夫，位太保，參預中書省事。凡建國號，及規模制作，皆所草定。《雲水前集》裏與他有關的詩大概是根據明陸深的《玉堂漫筆》及託名明陸西星的《淮海雜記》一類的筆記製造出來的。《玉堂漫筆》說：

> ……蓋〔張三丰〕與劉太保秉中、冷協律起敬（按：即冷謙）同學於沙門海雲（疑爲「雲」字之誤）者。⑲³

《淮海雜記》說：

〔張三丰〕幼有異質，長負才藝，遊燕京，故交劉秉忠見而奇之，曰：「真仙才也。」默挈之。久乃得一宰於中山苦寒之地。❶❾❹

製造《雲水前集》的人根據此類材料便泡製出數篇與劉秉忠有關的詩。張三丰與劉秉忠的關係只是無稽的傳說，故《明史稿》記載這一段關係時只抱着懷疑的態度，說：「或言三丰金時人，元初與劉秉忠同師，後學道於鹿邑之太清宮。❶❾❺」《明史》亦是如此，而且懷疑更深，說：「或言三丰金時人，元初與劉秉忠同師，後學道於鹿邑之太清宮，然皆不可考。❶❾❻」遍讀劉秉忠的《劉太傅藏春集❶❾❼》亦不見有任何與張三丰有關的文字。

廉希憲是與劉秉忠同時仕元的人，我疑心因爲這個緣故《雲水前集》的製造者便有意地把他與張三丰拉上關係，僞造出爲廉希憲而作的詩篇，因爲這樣也許更能「證實」張三丰在元初存在。張三丰與廉希憲的關係見汪作《三丰先生本傳》❶❾❽，亦見圓嶠外史作《三丰先生傳》❶❾❾。若果《雲水前集》是汪僞造的話，《本傳》所記的這一段關係自然不可信，因爲汪是有意如此寫去配合《雲水前集》的詩的。圓嶠外史作的《傳》，比汪作《本傳》更晚出，自然更不足信了。

《雲水前集》內的《贈完璞子見訪武當》、《贈王先生歌》兩篇也不可能是張三丰作的。在討論卷二「古文」部份的時候已指出《完璞子列傳》不可能爲張三丰作，因爲內文只想借着完璞子（即程瑤）的言行反對永樂帝和幫助永樂帝的姚廣孝（一三三五－一四一八）。

而《贈完璞子見訪武當》一詩的寫作態度亦是如此。茲舉數句如下以證之：

> 如吾子者仙豪也。跨虎龍兮壯士哉！天下往還扶日月，劍端游戲喝雲雷。戰坊三奪高煦氣，談笑兩羞廣孝才。……[200]

如此地稱讚程瑤的所作所爲，那裏可能是三丰的時代所能作的呢？

卷二「隱鑑」部份有王先生的傳，因爲傳內對這個建文的遺臣深表同情，間接表露出對永樂帝不滿，所以已經指出不會是三丰所作。現在《贈王先生歌》一篇亦本此態度，依理來說，自然也不會是三丰所作的。看看下面的幾句便淸楚了：

> 王先生，忠義全。……醉後出神思故主，兩眼汪汪哭向天，平常衣服與人異，披麻戴笠心事傳。……[201]

《前集》內有《南京道觀崇淸寺題壁》四首，其第三首是這樣說的：

> 天羅已網邵元節，地嶽纔收陶仲文。他有靈丹應不死，此人旣死復何云。[202]

邵元節是卒於嘉靖十八年（一五三九）的，而陶仲文則卒於嘉靖三十九年（一五六〇），此詩最早應成於嘉靖三十九年。但張三丰怎會在此年仍活着呢？故此詩不可能爲三丰所作。如果其餘三首也是同一時期作的話，亦自然不可能爲三丰所作。要不是出自汪錫齡僞作，則可能是晚明人所作，我所持的理由與說明卷二「古文」部份《自題勅封通微顯化眞人誥命後跋》一樣。我較相信明人所作可能性高些，因爲清初在四川的人未必如此憎恨邵、陶兩人，何況汪那麼崇信道士。

《西苑宮詞》四首不可能爲三丰作，理由與《題壁》四首相同。題目下有夾行小注說：「自注云：『正德（一五〇六至一五二一）嘉靖（一五二二至一五六六）間曾受封誥，是時宮中日日以請鸞爲戲，故作此以存諷諫之意，勿謂神仙不知國體也。』[203]」正德嘉靖間張三丰是否曾受封誥不可考，就算眞有此事他亦不及知，但在這個時期宮中盛行請鸞事則爲事實[204]。無論如何，倘若這四首詩如「自注」說是諷諫正德嘉靖間宮中以請鸞爲戲事的話，則無可能是三丰作的。

《題壁》四首和《宮詞》四首都是反對方士的，雖然前四首比較明顯一點。另外有一首名爲《答永樂皇帝》的亦是反對方士的。其序云：「方士金石勿信爲佳。[205]」詩末尾云：「敢把微言勞聖聽，澄心寡欲是長生。[206]」我疑心這首詩與《題壁》四首、《宮詞》四首同是出自一個人的。

《前集》內有一部份詩篇大概是汪錫齡根據流行的傳說製造出來的。如《終南呈火龍先生》一篇大約是本託名陸西星的《淮海雜記》及《歷代神仙通鑑》所載張三丰與火龍先生的一段師徒關係而來[207]。《遊金陵贈沈萬三》、《別萬三》、《將之雲南先寄故人》、《滇南會沈子三山兼贈令倩余十舍》、《贈沈線陽余飛霞兩女仙》數篇相信也是本《歷代神仙通鑑》造出來的[208]。我們在討論卷二「古文」部份時已指出《沈線陽小傳》、《余氏父女傳》及《蘆汀夜話》三篇大有改動《歷代神仙通鑑》的可能，而此部份又極有可能是汪造的，加上肯定是出自汪手的卷一「顯蹟」部份中的《渡沈萬三》及《滇南踐約》兩篇，大概認爲這幾篇環繞着沈萬三的詩篇是汪僞造的不是完全沒有根據的吧。《付楊軌山一偈》、《將之巴蜀示門人邱元靖》、《題玄天觀寄蜀王》數篇都是有傳說可據的，不是汪憑空構想出來的。張三丰與楊軌山、邱元靖、蜀獻王的關係早在明藍田撰的《張三丰眞人傳》已有記載了。[209]

此外，如《洞庭晤呂純陽先生》、《遇家伯雨外史杭州人》亦不可能是三丰作的。呂純陽卽呂洞賓，俗稱呂祖，是唐末人，斷不可能與生活在明代的張三丰相遇的。若說三丰因景仰呂祖，幻想與他相遇，而致有此作，則倒不如說汪特意作此以抬高三丰的地位與呂祖相等更爲合理。卷一「顯蹟」部份有《道逢呂祖》一則，亦是記張三丰道逢呂祖事的，雖謂此事載於歐養眞（順治時代人，一六四四至一六六一年前後生存）《紀亂書》中[210]，但既然是汪把它輯錄出來的，自然表示汪認爲此事值得吹噓才如此做。另外在同部份有《枯梅復生》一則，本來只記張三丰把枯梅樹復活事，不曾提及呂祖，但汪錫齡却在後面加按語說：「呂祖活樟，邱祖活柏，張祖活梅，皆可謂恩及草木。[211]」呂祖、邱祖都是道教中的鼎鼎大名的人物，汪加此按語我相信不過只是想抬高張三丰的地位而已。《集》中與邱祖有關的詩篇（上文已談及的）大概亦可作如此觀。

伯雨是張雨（一二七七至一三四六）的字，號「句曲外史」，《新元史》有傳[212]。他卒於元順帝至正六年（一三四六），年七十。《遇家伯雨外史杭州人》一詩中後面的兩句是這麼說的：「老兄贈汝無他物，惟有仙家一味閒。[213]」詩中張三丰既自稱「老兄」，自然表示他的年紀比張雨較長。若然，則至正六年張雨死時張三丰必七十過外，而明成祖永樂五年（一四〇七）遣胡濙訪求他時，他至少一百三十多歲。以這樣大的年紀而有所活動，以至驚動朝廷，似乎不太合理。我們在張雨的《句曲外史集》中又找不到與三丰有關的材料[214]，去證明三丰與張雨有過交往。若謂《遇家伯雨外史杭州人》一詩是三丰作的，實很難令人相信。

實際上，我們單是根據汪錫齡的《序》已可證明這個《集》是假託的了，很有可能出自汪手。以上用了這麼多的篇幅去談《前集》的本身，只不過想藉此加強我們的論證罷了。

卷五的第二部份《雲水後集》在上文討論汪本時已指出不可能是張三丰作而是汪僞造的。本來無須再談，然在此要再談的原因只想藉着這個順序機會指出《集》中與汪直接有關的詩篇竟佔了全《集》六分之一有多。全《集》共收錄六十四篇詩，而與汪有關的有十一篇。茲把這些篇目錄之於後：

《大峩遇夢九觀察口占贈之》
《訪夢九石堂溪上清暉精舍》
《過圓通靜室》
《題夢九丹房》
《自述與汪子》
《聽夢九子思敏讀書》

《簫雲歌賜夢九》

《題夢九院中》

《示夢九》

《與夢九》

《題圓通綽綽山房》

既然《後集》是張三丰與汪錫齡「相遇後所作」的（如《序》說），自然有不少詩篇是與汪有關的了。這些詩篇與《集》中其餘的不是汪得自「乩降」，卽汪有意假造，否則，從何而來呢？

卷五的第三部份是《雲水三集》。此《集》不見於汪舊本，很顯明是後人所加的。最有可能的自然是重編《全集》的李西月。《集》前有序，不署撰人，不過既然李西月是《全集》的重編者，依理推想，他應該是此《序》的撰作人。此《序》清楚地說明《三集》的成書時期及如何成書，現將它節錄如後：

> 《雲水三集》，三丰先生再游劍南之作也。雍正間先生來此提撕〔汪〕夢九觀察，嘗往還於高標、凌雲。觀察去而先生隱矣。邇來〔李〕圓陽老人、〔劉〕卓菴居士及〔劉〕遯園、〔楊〕蟠山諸野客，志在山林，性躭泉石，隱士生而先生又至矣。……先生法相不輕示人，卽示人人亦不識。清詞妙語，惟事筆談，……間或放為詩歌，響遏雲水。飛吟既久，墨記日多，爰梓而存之，使人知神仙之樂只如是也，又

何異焉。[215]

汪錫齡卒於雍正二年(一七二四),故可知此《集》之詩必成於此年之後。李圓陽、劉卓菴、劉遯園、楊蟠山是李西月同時之人,而李西月是嘉慶道光間的人,所以此《集》之詩應成於嘉慶道光時期。所謂「先生法相不輕示人」,三丰那時已沒世甚久,如何可以「示人」呢?這當然最好以「卽示人人亦不識」去自圓其說,或說得不客氣一點,去自欺欺人罷了。而所謂「淸詞妙語,惟事筆談」,不用說是指「降筆」了。由此,可以知道此《集》之詩皆由「降筆」,時在嘉慶道光間,有關的人其中有李圓陽、劉卓菴、劉遯園、楊蟠山諸人。這些詩篇後來由李西月集合起來,在重編《全集》時通通編入《全集》內。因有《雲水前集》、《雲水後集》在前,故命名爲《雲水三集》。

與這個詩集有關的人除李西月自己及《序》中所提及的數人外(但實際上《集》中並無一詩提到劉卓菴的名字),還有槃山、髯仙、藏崖、李西來、白白子、王持平、團陽、朱生、李生、劉白酒、李魚溪等諸人,他們或得到張三丰贈詩,或與張三丰唱和。但關於他們的略歷則不易知道。李西月的略歷知道一點,前文已談過。劉卓菴是出資刊刻重編本《全集》的人,此點前文亦及。劉遯園卽遯園居士,曾與李西月同得張三丰書於汪錫齡六世孫汪曇之家(見李迦秀《敍》)[216]。遯園是劉光燭的弟弟,而光燭則是白白子的弟子[217]。藏崖卽藏厓居士,曾考紀《全集》卷一的「後列仙傳」及「列仙派演」十一則[218]。李西來卽李迦秀,前文已及。白白子,本來《集》中無一詩提及他的名字,但《集》中却有《題道德經東來正義》一篇。

據說《東來正義》一書是白白子撰的[219]。題他的書卽與他有關。其餘數人的略歷則不大了了。不過，說他們是嘉慶道光年間的人大概是沒有問題吧。

這輩都是同氣相投的人。根據這本詩集——《三集》，大概設道壇，請乩仙是他們喜歡做的事情。張三丰也許是他們頗爲敬重的「仙人」，故此很多時請他降乩。這就是此詩集的主要來源。其次的來源是這輩自作及其他「仙人」降筆。自作的是指與降乩的張三丰唱和的作品。如《老游仙圖》及《老隱仙圖》兩篇就有李西月、藏崖、楊蟠山諸人的和作[220]。其他「仙人」降筆則可分兩類：和作與聯句。和作如上述兩篇有呂祖的和作[221]。聯句則全《集》共有四篇[222]。參與其事的「仙人」有韓湘子[223]、白玉蟾[224]、邱處機、呂洞賓、劉海蟾[225]、麻姑[226]等等。

由此可見，《雲水三集》的形成除了「降筆」（包括張三豐及其他「仙人」的降筆）外，便是清人自己的作品。沒有一字是出自三丰本人的。這個集子根本與張三丰無關，不過是清人假託他的名義而刊行合集而已。《凡例》說：「《雲水前集》皆係先生住世時所作。[227]」又說：「《雲水後集》、《三集》，一係度汪仙時所作，一係住空青時所作，……紀神遊也。[228]」既然說《雲水前集》爲張三丰「住世時所作」，無形中說其他兩《集》爲非住世時所作。可是不住世——死後又如何可以有任何撰作活動呢？所謂「神遊」只是「降筆」的另一說法罷了。

卷六，根據《總目》，分兩部份：「天口篇」和「訓世文」。但正文並未分作兩部份，所有的篇章都統在《天口篇》一大題目之下。全卷共收錄散文二十九篇，前二十五篇皆以

「篇」名，如《正教篇》、《儒書篇》等等，後四篇則除最後一篇名「說」外，其餘三篇皆名作「文」，如「戒淫文」是也。統觀全部文章，除起首幾篇大談儒、釋、道三教外，其餘的多談一般人生哲理，與《太上感應篇》、《陰騭文[229]》及一般勸善性質的文字相若。從這些文章本身我們看不出它們是否爲張三丰所作，但卷首的一篇如小序般的文字却顯示出它們不可能出於三丰之手。茲鈔錄如下：

先民有言，聖為天口。愚非聖，安能代天立言？特以維皇上帝，陰騭下民，發聵振聾，本照臨之美意，勸善規過，亦普度之良因。舌端艾艾期期，不辭根鈍；天下林林總總，懇聽吾言。爰作訓體文若干篇，名曰《天口》，蓋以報碧翁崇褒之意云爾。

洞玄真人臣張三丰書。[230]

「洞玄眞人」一號不獨不見於明代有關張三丰的記載，就算清初的汪錫齡也沒有提到。查此號最早見於《全集》卷七的《三教經》[231]，而《三教經》却是李西月輩所僞造的（此點下文還要談論）。所以此號是李西月輩加給張三丰的。由此推想，也許可以得出一個頗爲合理的結論：這卷二十九文章可能都是加「洞玄眞人」一號給張三丰的李西月輩所僞造的。也或者，全盤可能都是出自李西月也說不定，因他是重編《全集》的人。

但其中有一篇似非此輩人之作。這篇爲《戒淫篇》。篇末有按語，云：「此原作也，常州孫念劬曾刊於《全人矩矱》中。[232]」此按語依理應該是李西月重編《全集》時所添，若然，則此篇文章在李重編《全集》時已存在。大概此按語不會是李憑空亂造出來的吧。

卷七共包括七個道經。《總目》所載的題目大都是簡目，現將七個全目列出如下：

《斗母元尊九皇眞經》

《前三教上聖靈妙眞經》

《中三教大聖靈應眞經》

《後三教大聖靈通眞經》

《洞玄度人寶懺諸天無上眞經》

《菩提圓妙經》

《鐘偈》

這幾個經都是後人製造而依託張三丰的。因爲汪本的內容沒有這些經，故此我認爲極有可能出自李西月輩。在每一個經裏，我們都可以找出一些證據，證實它不可能是三丰的作品。

先說第一個經——《斗母元尊九皇眞經》。這個經，據內文說，是斗母元尊爲張三丰說的。文謂當時張三丰「寄跡嵾峩福泉山，虔誠禮斗，候詔飛昇，斗姆慈心感動，……卽降眞人（按：指張三丰）禮斗壇中，結彩雲，縣寶座，而爲說此《九皇眞經》，眞人稽首頓首，伏拜座前。[233]」如此描寫是第三身的寫法，那會是張三丰自己寫的呢？另外有一段更可以增強我們的說法：

> 先天純陽氏孚祐帝君（按：卽呂祖[234]）曰：「某昔與涵三大衆敷說《瞻星禮斗章》，

以為世傳斗科，僅有禮拜之儀，而少秘密之訣，今觀斗姆元尊與崑陽真君（按：爲張三丰的道號，最初見於汪錫齡撰的《三丰先生本傳》[235]）所說《九皇經典》，渾三元之大道，明一器之靈通，足與《太上五斗》後先同揆也。上士修之，必能超凡入聖。中士悟之，亦可見性明心。……」[236]

呂祖與涵三宮大衆說經事發生於清初（當然是「降授」）[237]，張三丰如何得知？崑陽眞君一號亦是清代始有的，張三丰也不可能知道。說這個經是三丰所作是毫無道理的。

第二、三、四三個經，簡名爲《三教經》（如《總目》所記）。第二個經——《前三教上聖靈妙眞經》的題解對此三經有解釋，說：

三部《真經》，筆仿《黄庭》[238]，其言本勸人頂敬神聖，而却於金丹之道，亦具其中。字面字義，皆可奉行，愚本不敢贊一辭，因奉師（按：指張三丰）手授，並命其卽授為註，愚乃退而註之。……[239]

這些註解不署明何人所作，大概爲李西月輩。題解中所謂「奉師手授」自然是指「降授」。這當然不能算是張三丰自己撰的。但實際上，是否「降授」亦成問題，有可能只是李輩有意僞造的。

在此三經的內文裏，更可找出它們不是三丰作的證據。《前三教上聖靈妙眞經》說：

「爾時洞玄張仙眞，虬龍捧筆演眞經。……[240]」《中三教大聖靈應眞經》說：「洞玄至人張仙翁，經傳靈應下蒼穹，……[241]」《後三教大聖靈通眞經》說：「洞玄眞人張玄玄，懷抱眞經與世宣，於今又說三聖篇，……[242]」這樣的替自己吹噓，如何會是張三丰自己的作品？而且《前三教上聖靈妙眞經》所說的與第三身寫法無異。所以我認爲註者說的「祖師作三篇大經[243]」的話只是騙人罷了。我相信僞造這些經和爲這些經作註的同是那班人或那個人。

第五個經——《洞玄度人寶懺諸天無上眞經》的僞造證據更加明顯。此經言洞玄帝君玉虛右相參法天師（按：卽全一眞君，實卽爲張三丰）雲遊度世事。經內不獨提到崑陽先生（按：「崑陽」爲張三丰的道號），更提到沈眞君（按：指沈萬三）、汪眞人（按：指汪錫齡）[244]。「崑陽」只是汪錫齡給張三丰的道號，前文已及。沈萬三的「眞君」也只是李西月輩加與他的，汪錫齡也沒有說過。世人以爲沈萬三是張三丰的弟子，若然，則張如何會稱沈爲「眞君」呢？汪錫齡是清人，張三丰不可能見之，更不要說稱他爲「眞人」了。由此可證，這個經只是僞造，依理而論，出自李西月輩最有可能。經末有李西月跋，說：

> 《洞玄經》者，度世之航也。經中所述皆諸天垂訓法語，我三丰先生遵經演之，洞明玄蘊，洞達玄微，於是受封「洞玄帝君」，於是說此《洞玄真經》。有緣遇此，寶之重之。[245]

此跋的其中一個目的是要人相信《洞玄眞經》是張三丰所作，但其結果恰恰相反，只有加強我們認爲它不是三丰作的信念。如眞實是三丰所作，爲何多此一舉去說明呢？這不是畫蛇添足！李西月的一跋只會使我們相信此經極有可能是出自他僞作。

這個經，要是我們站在張三丰作的立場看，本毫無價值；但倘若從張三丰派的角度去看它，其價值則大爲提高。三丰派的其中一派——隱仙派或猶龍派的道統便在此經可見[245]。這一點在第二部份已詳談。

第六個經——《菩提圓妙經》有跋語，說：

> 《菩提》一經，蓋得於西湖慈淨寺如湛上人者。……如湛珍藏者二十餘年。道光初來游峩眉，同人與如湛遇，甚洽，因以此經相示，並云玄教之中有此《菩提》而人不識也。其時劉、楊諸君，採輯全書，適得此本，因恭錄而敬存之。[247]

劉可能是指劉卓菴或劉遯園，或兼指兩人而言，因他們都曾參與編輯《全集》的工作。楊大概是指楊蟠山[248]。如湛上人，根據此經跋語，是烎虛大師的法孫。烎虛則是江南高僧，幼精禪旨，業宗大乘，晚主慈淨寺[249]。觀此經的內容，可斷爲佛經，毫無道教氣味，說是身爲道士的張三丰作實是很令人驚訝的。不過，經中有一段記菩提自言世尊宣賜他佛號「邋遢靜光佛」者[250]。而張三丰又稱張邋遢[251]，不知是否如湛因此而相信它是三丰所作，而李西月輩受了他的影響亦信以爲眞呢？若是，這眞是太牽強了。或根本是如湛僞造，或有可能此經及從如湛所得此經一事全盤都是李西月輩構造出來也說不定。

卷一「誥」的一部份有《參禮如來宣賜佛號並讚》一節，文字與此經宣賜佛號一段相同，大概是從此經抽錄出來的。

第七個經——《鐘偈》題目下有小注，曰：「隱仙派寺觀所用。[252]」更表示出它是隱仙派的人所造的了。隱仙派是李西月輩爲張三丰而立的（已詳本書第二部份），這一經自應爲李輩所編寫。

綜觀此卷的七個經，不可能爲張三丰作的理由及證據頗多，而大有可能爲李西月輩僞造的也不止一端。我相信這幾個經全是隱仙派信徒的產物，換句話說，它們是因隱仙派的存在而後產生的。只因爲張三丰被尊爲隱仙派的祖師，爲了尊敬他，故把這些經當爲他作，而收入《全集》之內而已。

卷八的「水石閒談」包括三個部份：《閒談》、《詩談》及《乩談》。《閒談》所談的多爲做人煉養的事，《詩談》是談唐代至清代的道教中人的詩風，《乩談》就是談扶乩。在每一部份裏我們都可以找出一些證明它不是三丰作的證據。

先說《閒談》部份。裏面有一節這樣說：「張子謂卓菴曰：……[253]」張子自然是指張三丰，卓菴大有可能是劉卓菴，卽與李西月同時，出資刊刻重編《全集》的那一位。劉卓菴是清道光時代的人，張三丰如何可以與他談話？另外一節也提到卓菴，說：「張子偕雲石，卓菴輩冬寒時節，走亂山中，……[254]」雲石不清楚爲誰，不過與卓菴同時是可以肯定的。這又當然是不可能的事了。有一節提到涵虛子，說：「張子遊嶽雲之上，止吟風之館，而與諸生言曰：『今日山清人靜，心遠地偏，洵是難得風景，諸子各賦新詩，再命涵虛子一彈再鼓，以助吟興，不亦樂乎！……』[255]」涵虛子是李西月的號，是肯定的。嶽雲是李西月輩設的道壇，《後三教大聖靈通眞經》說的「莫謂棲眞止涵三，至今常降嶽雲壇。[256]」可證。在《雲水三集》裏亦提過此壇[257]。吟風館亦是他們所設的道壇之一，亦見《雲水三集》[258]。這節提到的人和地都是清代的，三丰怎會知道？此外又有多處提及李圓陽的，茲節錄如下，以爲佐證：

> 張子謂圓陽子曰：……[259]
>
> 張子曰：「仙家地理，須合丹道同悟，即如圓陽子怡雲山莊住宅一區，坐落在兩山之間，不吞不吐，……[260]
>
> 張子曰：「山靜恰宜談至道，心清惟愛爇名香。」此當前妙景也。吾偶拈此二語，圓陽為我續之。[261]
>
> 張子出清微天界，入淡遠山中。弟子數人烹泉款洽，先生曰：「吾今以混元仙曲戲贈圓陽，衆生為我歌之，添作林泉佳話也。……[262]

這幾節都提到圓陽子，圓陽子是指李圓陽而言，這大概是沒有問題的。李圓陽與李西月同時。上引最後一節同時提到另外一些人，說：

> 是時李山樵敲喚龜之行，楊居士椎招鳳之琴，劉野人按行雲之板，遂為先生唱曰，
> ……[263]

楊居士可能是楊蟠山，劉野人或爲劉卓菴或劉遯園的別號，李山樵的歷略不清楚。但，他們都是與李圓陽同時的人，即大概道光年間的人。總之，他們都不是三丰可以見到的。所以這些文字不可能是三丰所作。我相信它們的來源大多是由於「降筆」，不然的話，則是有意僞造，情形與《雲水三集》相若。

《談詩》部份假託張三丰，也是很顯明的。裏面所錄的詩篇大概都是「降筆」，其他批評及敍事文字我疑心是李西月輩所造，連「降筆」也不是。內有呂祖《七夕遊嶽雲仙院》、麻姑（漢代人）《題嶽雲壇三絕句》、清逸仙人（即李白）《修楔節降雙清閣》、邵堯夫（即邵雍，一〇一一至一〇七七）《贈圓陽山人》、邱長春《清秋過嶽雲樓》等作，都清楚地從題目上顯示出是「降筆」。呂祖、麻姑、李白、邵雍、邱處機都是清代以前的人，而所謂嶽雲仙院、嶽雲壇、嶽雲樓我疑心都是同一個地方，是李西月時的一個扶乩之場所（道壇）。雙清閣也是同類的地方，《雲水三集》亦收錄張三丰「降筆」於雙清閣的詩[264]。邵堯夫是北宋人，贈詩給李圓陽自然是「降筆」了。否則，如何有可能呢？

余十舍之女余飛霞也有「降筆」。關於此事的一節說：

飛霞仙子，余十舍女也。服神丹飛空。嘗降雲南紫霄觀，留題一絕，款落「飛霞」而去。詩云：……265

「嘗降雲南紫霄館」明明白白地說是「降筆」。陸西星也有「降筆」。那節說：

……近日同門中有白白子者，註《道德經》，名《東來正義》，〔陸〕潛虛題之云：……266

白白子是與李西月同時代的人，陸西星能夠爲其著作題詩當然只是「降筆」。但陸西星比通常說的張三丰的時代至少晚一百年，陸有所活動，張亦不能知。白白子的事，張更不可能知了。說這節文字是三丰所作，只是騙人而已。

我相信以上所舉已足夠證實《談詩》部份是僞造的吧。至於首節說「張子曰：……吾嘗與諸仙往來曠野，出沒煙霞，每見群眞妙句，輒心記而筆存之，以入於『水石閒談』之類。267」不消說是李輩編造出來的。

《乩談》一部份我們亦可指出是僞作。其始曰：

或問：「乩沙之術，小伎也，而好者紛紛，談者赫赫，其術果何自耶？其皆可信耶？否耶？」張子曰：「昔回翁欲與涵三諸子發明此妙，而終未竟其說也，吾今特明之。……[268]」

涵三是清初始有的一所道觀，為呂祖（即引文中所謂「回翁」）常常「降筆」的地方。張三丰如何可以知道清代的事呢？這不是分明偽造嗎？偽造者為誰？可能為李西月輩。我的看法是：既然我們可以在「水石閒談」的其他兩個部份找出不少李輩偽造的跡象，這一部份又與它們編在一起；此外，它又無汪錫齡的按語，所以僅為李輩偽造的可能性更高。

《全集》的第六冊是數種經咒。根據此冊目錄是分為上下兩卷的，但正文却沒有如此劃分。目錄中之篇目與正文的亦稍有差別，我們自然以正文所錄的為標準。茲錄之如下：

《文昌帝君開心咒注釋》（張世犖撰）

《受正元機神光經》（吳海雲輯）

《準提心經》（吳海雲輯）

《斗姥大法語》

《大悲神咒》（吳海雲書）

《文昌帝君開心咒注釋》有張世犖《序》，說：「此咒舊無注釋，今詳加疏通，……[269]」但實際上內裏所收的幾個短咒——《心咒》、《總持咒》、《無極咒》並無註釋，只有一句按語，其餘的《開心符》、《總持符》則有若干解釋。故《序》說的與實際情況並不符合。而題目與序後更有另一個題目——《文昌帝君開心神咒符錄》。可見情形是為頗混亂的。不過，這都不是我們要強調的問題。

以下的幾點才是我們要強調的。一、此冊的目錄頁作「《如意寶珠》目錄」，跟着後面又標出「《張三丰先生全集》」一目。目錄頁版心作「《三丰全集》」，同時又作「《如意寶珠》目錄」，而正文每頁版心俱作「《三丰全集》」及其所屬篇的篇名。這是否示意《全集》中這一冊又名《如意寶珠》呢？二、《受正元機神光經》一目後有「《張三丰先生遺集》」字樣，顯然是指此經是《張三丰先生遺集》，也可能指《張三丰全集》之補遺。此經是注明吳海雲輯的，吳氏又從何而得此經呢？是否「降授」呢？《準提心經》與《大悲神咒》亦與吳氏有關，但來歷不明，亦未有說明與張三丰有否關係；三、此冊任何地方不見標出「李西月重編」幾個字，與前幾冊不同，故此我疑心這一冊根本與李西月無關，亦根本不是重編本《全集》的一部份，而是李西月之後的人加進去的，最有可能是重編本《全集》第二次刊刻時（一九〇六），即成都二仙菴重刊《道藏輯要》時，《道藏輯要》的編者。但，與此冊中四個經咒有關的張世犖與吳海雲是甚麼人呢？與張三丰有甚麼關係呢？或說得正確一點，與三丰派有甚麼關係呢？我們都不易知道。四、《準提心經》與《大悲神咒》依內容來看，與佛書為近，收入《全集》，實在不倫不類。篇中亦無可與三丰拉上關係的地方。

無論如何，這一冊是李西月之後始編進去的，就算屬於《全集》，亦不過是續編性質而已。《全集》的正編不是三丰所作已極有可能，且差不多可以成為定論；這一個來歷不明、內容更為蕪雜的續編又如何會是三丰之作呢？

《大悲神咒》末有這樣的按語：「……凡誦此咒，……有求則靈，常得豐衣足食，貴人扶持，意欲所求，悉皆稱遂，一切求謀，感應如響，隨心所欲，眞如意珠也。[270]」此册名《如意寶珠》大概取名於此吧。

第三部份附註

❶ 賀龍驤《欽定道藏全書總目序》，見《道門一切經總目》，卷二，序頁，頁一下（三〇三。此括弧內之頁數即一九七一年臺北考正出版社據一九〇六年成都二仙菴重刊本《道藏輯要》影印之本子之總頁數。）

❷ 彭定求之傳略可參看 Rufus O. Suter 所撰傳，見 Arthur W. Hummel *ed*. Eminent Chinese of the Ch'ing Period（Ch'eng-Wen Publishing Co. reprint, Taipei, Taiwan, 1975), pp. 616-617.

❸ Liu Ts'un-yan, "The Cempilation and Historical Value of the Tao-tsang" in D. Leslie and others *ed*. *Essays on the Sources for Chinese History*, (Australian National University Press, Canberra, 1973), pp. 107-108.

❹ 見吉岡義豐《道教經典史論》（東京，道教刊行會，一九五五），頁一七五—一七六。又見 Liu Ts'un-yan, "The Compilation and Historical Value of the Tao-tsang", 前引，頁一〇八。

❺ 《張三丰全集》卷首註明「李西月重編」。見卷一，頁一上（七六四七）。李西月之敍文是撰於道光甲辰年（一八四四），故可推知此《全集》是編成於這一年。見《張三丰全集》，序頁，頁五下（七六四三）。

❻ 守一子（卽丁福保）校《道藏輯要總目》，頁一上。見守一子編《道藏精華錄》（上海，醫學書局，一九二二），第二冊。

❼ 伍守陽及其學說的研究可參看 Liu Ts'un-yan, "Wu Shou-yang: The Return to the Pure Essence, in Liu's, *New Excursions from the Hall of Harmonious Wind*（Leiden, E. J. Brill, 1984), pp. 184-208.

❽ 《張三丰全集》署「長乙山人李西月重編」，卷一，頁一上（七六四七），其敍文末署「長乙山人涵虛生

敍」，序頁，頁五下（七六四三），故知李西月又稱長乙山人及涵虛生。涵虛子一名見《張三丰全集》，卷八，「水石閒談」，頁五一上（七八一九）。

❾ 《張三丰全集》，卷八，頁七三上（七八三〇）。

❿ 近人徐海印撰《李涵虛眞人小傳》一文亦說李初名元植，樂山縣人。頗値得參考。見《海印山人譚道集》（臺北，壺苑出版部，一九六八），頁一三九—一四五。

⓫ 黃鎔等纂修《樂山縣志》（一九三四年版，臺北，學生書局影印本，一九六七），卷九，頁六四上下。

⓬ 李嘉秀，又名李迦秀。《張三丰全集》有小傳，卷八，頁六九下（七八二八）。《樂山縣志》亦有關於他的材料，見卷五，頁五九上，卷八，頁五九下。他曾爲《張三丰全集》作序，見序頁，頁四上下（七六四二）。他於嘉慶二十四年（一八一九）登進士第，參看房兆楹、杜聯喆《增校清朝進士題名碑錄》，《哈佛燕京學社引得續編》，十九，（北京，一九四一），頁二七。

⓭ 李西月《無根樹詞》注解收入《張三丰全集》第五冊，即《道藏輯要》《續畢集》十一，（影印本總頁七八四三—七八七〇）。此冊原名《無根樹詞註解》，同時收錄劉悟元（約一八〇二年前後生存）的註和李西月的增解。劉註本題名《無根樹解》，成書於一八〇二年，見劉氏《道書十二種》。（此十二種道書上海江東書局曾於一九一三年印行，改名爲《精印道書十二種》。）《無根樹詞》共二十四首，收入《張三丰全集》卷四《玄要篇下》，頁四一—四六（七七三五—七七三七）。

⓮ 《無根樹詞》的作者是否果爲張三丰很成問題，可能是一個清初人所僞造而託名張三丰的，詳情可參看下文。

⓯ 關於李西月及其儕輩的一般情況與活動，可參看《張三丰全集》，卷五，《雲水三集》，及卷八，「水石閒談」、「古今題贈」的記載。《張三丰全集》，卷五，頁三八上—六一下（七七七〇—七七八一）；卷八，頁四四上—五四上（七八一六—七八二一），卷八，頁六九上—七五上（七八二八—七八三一）。

⓰ 《張三丰全集》，序頁，頁四上下（七六四二）。

⓱ 同上，序頁，頁五下（七六四三）。

⑱ 董承熙爲清嘉慶二十二年（一八一七）進士。傳略見《張三丰全集》，卷八，頁六九下（七八二八）。董名亦見房兆楹、杜聯喆《增校清朝進士題名碑錄》，頁一四七，惟「熙」作「熹」。

⑲ 《張三丰全集》，序頁，頁三上（七六四二）。

⑳ 汪錫齡《三丰祖師全集·序》，見《張三丰全集》，序頁，頁一上下（七六四一）；《三丰先生本傳》，見《全集》，卷一，頁八上—一一下（七六五〇—七六五二）；《藏蛻居記》，見《全集》，卷一，頁四三上下（七六六八）；《雲水前集序》，見《全集》，卷五，頁一上（七七五一）；《雲水後集序》，見《全集》，卷五，頁一二上（七七五七）。

㉑ 藏厓居士撰汪錫齡傳，見《張三丰全集》，卷一，頁一七上（七六五五）。

㉒ 《張三丰全集》，卷一，頁四一下—四三上（七六六七—七六六八）。

㉓ 藏厓居士撰的汪傳說：「〔汪錫齡〕康熙甲辰年（一六六四）十月十八日申時誕生。」同註㉑。《度汪夢九》一文夾行小註說：「時雍正甲辰（一七二四）二月初七日丑時仙昇。」同註㉒。

㉔ 《藏蛻居記》，《全集》，卷一，頁四三上（七六六八）。

㉕ 《張三丰全集》，序頁，頁一上下（七六四一）。

㉖ 同上，卷一，頁一一上（七六五二）。

㉗ 同上，卷五，頁一二上（七七五七）。

㉘ 同註㉑。

㉙ 《張三丰全集》，卷一，頁四二上—四三上（七六六七—一六六八）。

㉚ 汪錫齡之生卒年份爲一六六四至一七二四，而李西月之活動時期爲一八四四，故李應與汪的六世孫同一個時代，彼此的年齡不會相差很遠。

㉛ 《張三丰全集》，序頁，頁一下（七六四一）。

㉜ 同上，卷一，頁一一上（七六五二）。

㉝ 同上，卷五，頁一上（七七五一）。
㉞ 同上，卷五，頁一二上（七七五七）。
㉟ 同上，卷一，頁一七上（七六五五）。
㊱ 同上，卷一，頁二二上下（七六五七）。
㊲ 同上，《凡例》，頁二上（七六四四）。
㊳ 《玄要篇·自序》說：「（張）玄素（按：張三丰其中一名）幸荷天庇，得以有成，雖不敢妄洩眞傳，亦不敢緘默閉道，因是作爲修煉內外金丹歌、詩、詞，編次成錄，以覺後學，名曰《玄要篇》（原註：一曰《節要篇》）。」《張三丰全集》，卷二，頁一九下（七六七九）。此《自序》可能爲汪錫齡僞造，詳以後在正文的討論。「《玄要篇》」下小註不知是汪作抑或後人如李西月所加入。《凡例》說：「又《金丹秘訣》一卷，卽今《大道篇》、《玄機直講》與《玄要篇》也。又名《節要》、又名《捷要》，俱見《神仙通鑑》。」頁二上（七六四四）。可見《捷要篇》卽《玄要篇》或《節要篇》。
㊴ 安期和羨門乃古仙人之名。安期爲漢武帝時（公元前一四〇－八七年在位）仙人，見《史記》《孝武本紀》，卷十二，頁四五五。羨門爲秦始皇時（公元前二二一－二一〇年在位）仙人，見《史紀》《秦始皇本紀》，卷六，頁二五一。
㊵ 前引，頁一上下（七六四一）。
㊶ 前引，卷五，序頁，頁一上（七七五一）。
㊷ 考證《永樂大典》之文字不少，其中以郭伯恭的《永樂大典考》最有系統。關於淸初《永樂大典》的一般情形可參看是書（臺灣，商務印書館，一九六二），第六章，頁一二一－一二五。
㊸ 《明史》，卷一八，頁二四八。
㊹ 陸西星《淮海雜記》一書，未見以前紀錄。《張三丰全集》載有陸西星撰《張三丰列傳》一篇，註明出於《淮海雜記》，見卷一，頁六上－七上（七六四九－七六五〇）。

㊺ 同上，頁六下—七上（七六四九—七六五〇）。

㊻ 同上，頁六下（七六四九）。

㊼ 陸撰《張三丰列傳》說：「（張三丰）子道意，孫鳴鸞、鳴鶴。鸞入明初，遷淮揚。六世孫花谷道人（原註：卽鸞嫡孫）與余爲方外友。」前引，頁六下（七六四九）。淮揚卽揚州也。

㊽ 清初徐道述，張繼宗、黃掌綸同訂《歷代神仙通鑑》（生生館木刊本，一七〇〇），卷二二，節三，頁三下。

㊾ 《張三丰全集》，卷一，頁二二下（七六五七）。

㊿ 以「夢九眞本」爲依歸的事實，可以舉數個例子來證明。《倣古二章》後面小註說：「此二章俗本皆作一首，題作《金丹內外火候總論》，心竊非之。後得汪仙藏本，不覺爽然。」《張三丰全集》，卷四，頁二上（七七一五）；《金丹詩二十四首》解題說：「此二十四首金丹詩，……今照汪仙眞本改正，以復舊觀，……」同上，頁二三上（七七二六）；《嘆出家道情七首》題目小註說：「《出家》七首，……據此觀之，的係丰師所傳無疑。繼閱汪本，更爲可證。」同上，頁五八上（七七四三）。

51 《明史》有《胡廣傳》，傳內未提及胡廣呈張三丰著作事。見卷一四七，頁四一二四—四一二五。

52 李迦秀《敍》，見《張三丰全集》，序頁，頁四上（七六四二）。

53 同註㊾。

54 同上。

55 《張三丰全集》，卷四，頁三四上下（七七三一）。

56 同上，卷四，頁三四下（七七三一）。

57 張靈機鄧靈謐撰《吳鎭響雲洞天刻玄要篇序》，《張三丰全集》，卷八，頁九三上下（七八四〇）。

58 《張三丰全集》，卷四，頁二三上（七七二六）。

59 同上，卷四，頁六六上（七七四七）。

60 同上，卷一，頁二一下（七六五七）。

61 同上，卷六，頁八二下（七七九二）。

62 同上，序頁，頁四上（七六四二）。

63 同上，卷五，頁一上（七七五一）。

64 同上，卷四，頁二上（七七一五）。

65 同上，《凡例》，頁一下—二上（七六四三—七六四四）。

66 《山西通志》（王軒等修，一八九二年版，臺灣影印本，一九六九），卷一六〇，頁一〇上下。《遼東志》（明任洛修，一五三七年版），卷六，頁四七四；卷七，頁四九四—四九五。

67 《瓊花詩》見《玄要篇上》，《張三丰全集》，卷四，頁二八上（七七二八）。

68 鄂爾泰（一六八〇—一七四五）及靖道謨纂《貴州通志》（一七四一年版，臺灣影印本，一九六八），卷三二，頁一一下。

69 《了道歌》見《玄要篇上》，《張三丰全集》，卷四，頁五上下（七七一七）。《無根樹詞》二十四首見《玄要篇下》，《張三丰全集》，卷四，頁四一下—四六下（七七三五—七七三七）。

70 見Meribeth Cameron 撰之《張之洞傳》，in Arthur W. Hummel *ed.*, *Eminent Chinese of the Ch'ing Period*, P. 27.

71 《張三丰全集》八卷，每卷卷首皆有「閬中朱道生晚成子敬刊」一語，故知出資刊刻此書者為朱道生。

72 根據第六冊的目錄，此數種經咒名稱如下：《文昌開心咒》、《受正元機神光經》、《佛母准提心經》、《大寶廣博樓閣陀羅尼咒》（以上屬上卷）、《斗姥大法語》、《大悲神咒分句提詞》（以上屬下卷）。與正文內的名稱比較略有不同，詳情可參看下文。

73 《張三丰全集》，《凡例》，頁二上（七六四四）。

74 鍾離權，俗稱漢鍾離，是著名的「八仙」之一，也是全眞教道統上的遠祖，是東華帝君王玄甫的傳人，純陽呂眞人（呂洞賓）之師。他實際上是個神話人物，並無事蹟可傳，而是幾個漢代的鍾離綜合而構成的。他的

(75) 神仙說起源於北宋。參看浦江清《八仙考》一文，前引，其中第五節是專論鍾離權的。呂洞賓，即呂岩，呂祖，也是著名的「八仙」之一。他是個歷史人物，後來逐漸由人而演化而爲仙。說得明白一點，他本是個人，而遂漸被神話化了。根據羅香林教授的考證，呂洞賓大概爲唐穆宗（八二一—八二四）末年以後的人物。見羅著《唐元二代之景教》，前引，頁一四一—一四二。參本書第二部份註(147)。

(76) 此經正名爲《秘傳正陽眞人靈寶畢法》，簡名爲《靈寶畢法》，收入《道藏輯要》，危集一，册一〇三。

(77) 《道藏》，册八七四。

(78) 《凡例》裏提及《張三丰全集》是參照汪本校編的有三則，茲錄之如下：一、「此書得於他處所刻、黃冠所抄者，類多訛誤，惟汪本特爲近善。茲刻凡係汪仙所藏，必題圓通道人藏本，誌自來也。」二、「《玄要篇》，詩古、道情，別刻混爲一卷，茲照汪仙藏本分詩古爲上卷，道情爲下卷。……」三、「《明史・文翰類》所載道書目，其中有〔張三丰〕先生《金丹直指》一卷，又《金丹秘訣》一卷，即今《大道論》、《玄機直講》與《玄要篇》也。……茲照汪仙所藏、先生自訂者名之，不復更易。」《凡例》頁，頁一下—二上（七六四三—七六四三）。

(79) 四幅圖像及題辭見總頁七六四五—七六四六。惟《凡例》列出的次序爲「立、坐、行、眠」，《凡例》頁，頁一上（七六四三）。

(80) 藍田撰《張三丰眞人傳》見焦竑《國朝獻徵錄》（臺灣，學生書局翻印明本，一九六五），卷一一八，頁一一一下。

(81) 前引，卷二九九，頁七六四一）。

(82) 其中《參禮如來宣賜佛號並讚》一篇可能是從卷七的《菩提圓妙經》抽錄出來的，而《菩提圓妙經》有可能是與李西月同時的如湛上人僞造的。此點在下文有較詳細的討論。

(83) 《張三丰全集》，卷一，頁二下（七六四七）。

(84) 同上，卷一，頁三上（七六四八）。

85 《張三丰全集》，卷一，頁六上下（七六四九－七六五〇）。

86 同上，卷一，頁五上（七六四九）。

87 郎瑛《七修類稿》《續稿》，卷四，頁八〇二。

88 《張三丰全集》，卷一，頁六上（七六四九）。

89 陸西星《方壺外史》，以前較爲難得，但現時有臺灣影印本，（一九五七），檢覽頗便。

90 《張三丰全集》，卷一，頁一一上（七六五二）。

91 同上。

92 同上，卷一，頁一七下（七六五五）。

93 同上，卷八，頁五九下（七八二三）。

94 同上，卷一，頁一七上下（七六五五）。

95 《張三丰全集》「水石閒談」說：「陸潛虛，淮海人也。嘉靖中遇呂祖得道。……同門中有白白子者，註《道德經》，名《東來正義》，潛虛題之，云……」卷八，頁五九上（七八二三）。

96 同上，卷一，頁一五上（七六五四）。

97 他們數人的唱和詩見《雲水三集》，《張三丰全集》，卷五，頁四二上－四三下（七七七二）。

98 文曰：「王漁洋先生云：『奉（按：疑爲「拳」字之誤）勇之技，少林爲外家，武當張三丰爲內家。三丰之後有關中人王宗，宗傳溫州陳州同，……』」卷一，頁一八下（七六五五）。張三丰與內家拳的關係大概最早見於清初黃宗羲（一六一〇－一六九五）撰《王征南墓誌銘》，見黃著《南雷文定前集》（《梨洲遺箸彙刊》，上海，時中書局，一九一〇）卷八，頁二上－三下；及曹秉仁等修《寧波府志》（一七四一重修本，臺北，正文書局影印，一九七四）之《張松溪傳》，卷三一，頁一二上下。但《王征南墓誌銘》及《張松溪傳》皆言與內家拳有關之張三丰爲宋徽宗時人；而郎瑛《七修類稿》、焦竑《國朝獻徵錄》、《明史》等史籍皆未言張三丰擅拳術。所以，如果擅拳術的張三丰不是另外一個人的話，（即不是我們所談的明人張三丰），則《王征南墓誌銘》與《張松溪傳》所言實不足信。至少，內家拳是否與明代的張三丰有關仍是一個疑問。世又以爲張三丰爲太極拳之祖者，但據現代學者考證，張三丰實與太極拳無關。參看莊申《中周古代體育運動續談（下）》，《大陸雜誌》，卷一二，第三期（一九五六），頁二〇；曾昭然《太極拳全書》（香港，友聯出版社，一九六五），頁三五—三七；唐豪、顧留馨《太極拳研究》（上海，一九六三，香港，一新書店翻印），頁一四—一六。或以爲太極拳卽內家拳者，如徐琊輯註《張三丰武術滙宗》（臺北，眞善美出版社，一九六八），頁三。莊文及曾書則認爲兩者並無關係，無論在歷史上、拳技上皆無可同之處。

99 《張三丰全集》，卷一，頁一九下—二〇上（七六五六）。

100 同上，序頁，頁一下（七六四一）。

101 同上，卷一，頁四三上（七六六八）。

102 同上，卷八，頁六五上（七八二六）。

103 藍田《張三丰眞人傳》及陸深《玉堂漫筆》有關張三丰歷史的一段皆收入於焦竑《周朝獻徵錄》，卷一一八，頁一〇九上—一一二上，頁一一四下—一一五下。明成祖給張三丰的書信見是書頁一一〇上下，一一五上下。

104 前引，卷二一，節六，頁五下。

105 《張三丰全集》，卷八，頁七五下（七八三一）。

106 同上，卷八，頁七六上（七八三二）。

107 同上，卷八，頁七九下（七八三三）。

108 同上，卷八，頁八九上（七八三八）。

109 同上，卷八，頁九〇上（七八三九）。

110 同上，卷五，頁三八上—六一下（七七七〇—七七八一）。

111 同上，續畢集十一，正文頁，頁一上（七八四五）。

112 全名爲《精印道書十二種》（上海，江東書局，一九一三）。《無根樹解》有悟元子序（悟元子卽劉悟元之道號），撰於一八〇二年，故可知《無根樹解》成書於此年。

(113) 《張三丰全集》，《無根樹詞註解》，序頁，頁一上下（七八四三）。

(114) 同上，頁二下（七八四三）。

(115) 同上，卷四，頁四一上—四六下（七七三五—七七三七）。

(116) 《無根樹解》，序頁，頁二下。

(117) 《張三丰全集》，《無根樹詞註解》，「源流」，頁二上（七八四四）。

(118) 《三丰眞人源流》一節大約是本《歷代神仙通鑑》以下兩段而來的：卷二一，節六，頁三下—五下；卷二一，節九，頁二下—三上。

(119) 《張三丰全集》，《無根樹詞註解》，「源流」，頁一下（七八四四）。

(120) 前引，卷二二，節三，頁三下—四下。

(121) 《張三丰全集》，《無根樹詞註解》。頁二上（七八四五）。

(122) 同上，頁四下（七八四六）。

(123) 同上，頁一三下（七八五一）。

(124) 同上，頁一四下（七八五一）。

(125) 同上，頁一上（七八四五）。

(126) 同上，頁一上下（七八四五）。

(127) 二十四首《無根樹詞》，其中有好幾首至少在字面上是涉及男女之事者，但劉悟元和李西月却解釋爲只是比喻。如解釋第四首「無根樹，花正孤，……」，劉說：「又如女子無夫，男兒無妻，怎能生育？」李說：「人間男女夫妻亦如是也。女若無夫，則孤陰不生而爲怨女；男若無妻，則孤陽不養而爲曠夫。」《張三丰全集》，《無根樹詞註解》，頁七下、八上（七八四八）。劉在註裏反對採戰家對第五首「無根樹，花正偏，……」的「中間」與「顚倒」兩辭的解釋說：「噫！『中間』人不易知，『顚倒』人亦難曉。採戰家以男女交合之處爲『中間』，以男採女血爲『顚倒』，……凡此皆所以作僞而已，豈知神仙『中間』『顚倒』之義乎！」頁九下（七八四九）。李認爲二十四首《無根樹詞》不涉及採戰者更爲明顯。何西復《序》說：「遼陽張三丰先生，……在武當時曾作《無根樹道情》二十四首，……亦有認爲採戰爐火者。〔李〕涵虛喟然曰：『道之不行，由於道之不明也。』」序頁，頁一上（七八四三）。

(128) 《張三丰全集》，《無根樹詞註解》，頁七上（七八四八）。

(129) 同上，頁八下（七八四八）。

(130) 《周易參同契》爲東漢人魏伯陽所作，他假借《周易》的爻象以論作丹之意。查歷史上爲《周易參同契》作註釋和研究的甚多，就《道藏》所收錄，主要的便有下列數種：魏伯陽演、盧天驥進《參同契五相類秘要》，一卷，冊五八九；元俞琰述《周易參同契發揮》，九卷，冊六二五－六二七；唐彭曉註《周易參同契鼎器歌明鏡圖》，冊六二四；唐彭曉註《周易參同契分章通眞義》，三卷，冊六二三；宋朱熹《周易參同契註》，三卷，冊六二三；陰長生《周易參同契註》，三卷，冊六二一；儲華谷《周易參同契註》，三卷；宋陳顯微《周易參同契解》，三卷，冊六二八；元俞琰《周易參同契釋疑》，冊六二七。現代對《周易參同契》的研究，可參看周士一、潘啓明著《周易參同契新探》，湖南，人民出版社，一九八一。

(131) 此點一讀陸氏《參同契測疏》可知。見《方壺外史》，下，頁四〇九－五三〇。柳存仁教授對《參同契測疏》有深入的研究，見其"Lu Hsi-hsing and His Commentaries on the *Ts'an T'ung Ch'i*", *Tsing Hua Journal of Chinese Studies*, New Series, 1968, VII/1, pp. 71-98.

(132) Dr. Anna Seidel, "A Taoist Immortal of the Ming Dynasty: Chang San-feng", in Wm. Theodore de Bary *ed*: *Self and Society in Ming Thought* (Columbia University Press, New York, 1970), p. 524, note 84.

(133) 程瑤見《明史·程紹傳》，卷二四二，頁六二八二。瑤爲江西右布政使。又見王贈芳（一七八二－一八四九），成瓘修《濟南府志》（一八四〇年版，臺灣影印本），卷五二，頁三七下－三八上。但此程瑤於嘉靖十一年（一五三二）進士，故此定非《完璞子列傳》的完璞子程瑤，因完璞子活動於明永樂年間（一四〇三—一四二四）。兩人之名只是偶然相同而已。

134 《張三丰全集》，卷二，頁四上下（七六七一）。

135 同上，卷二，頁一七上（七六七八）。

136 明成祖文皇帝御製《永樂大典序》，見《太宗實錄》（臺灣，中央歷史語言研究所校印，一九六二），卷七三，頁四上；亦見《永樂大典目錄》（《連筠簃叢書》，一八四八），卷首，頁二上。

137 同上。

138 《張三丰全集》，卷二，頁一二下（七六七五）。

139 同上，頁一二下—一三上（七六七五—七六七六）。

140 繼曉（約活動於一四六五—一四八五年間）、李孜省（一四八七卒）、邵元節（一四五九—一五三九）、陶仲文（約一四八一—一五六〇）見《明史·佞倖傳》，卷三〇七，頁七八八一—七八八五，七八九四—七八九八。箚巴全名爲箚巴堅參（約活動於一四六五—一四八五年間），事蹟見《繼曉傳》，《明史》，卷三〇七，頁七八八四—七八八五；鄧常恩（約活動於一四八一—一四八五年間）見《李孜省傳》，同上，頁七八八一—七八八四；唐秩（約活動於一五六四年前後）見《明史》，卷三〇七，頁七九〇三—七九〇四；劉文彬（約活動於一五六四年前後）見《明史》，卷三〇七，頁七九〇一—七九〇四。柳存仁教授曾撰《補明史佞倖陶仲文傳》，見《東方文化》（香港大學出版社，一九七三），卷十一，第一期，頁一一五—一二一。

141 《張三丰全集》，卷二，頁一三上（七六七七）。

142 前引，卷二九九，頁七六四一。

143 《張三丰全集》，卷二，頁一二下（七六七五）。

144 英宗死於天順八年，即公元一四六四年，年三十有八。見《明史·英宗後紀》，卷一二，頁一五九—一六〇。

145 同註87。

⑭⑥ 《張三丰全集》，卷二，頁一五上下（七六七七）。
⑭⑦ 《明史》，卷一四五，頁四〇八八—四〇八九。
⑭⑧ 《七修類稿》《續稿》，卷四，頁八〇一。
⑭⑨ 《張三丰全集》，卷二，頁一五下—一六上（七六七七）。
⑮⓪ 同上，卷二，頁一〇下（七六七四）。
⑮① 同上，卷二，頁一七下（七六七八）。
⑮② 同上，卷二，頁二〇上（七六七九）。
⑮③ 《沈線陽小傳》、《余氏父女傳》及《蘆汀夜話》三篇見《張三丰全集》，卷二，頁八上—一〇上（七六七三—七六七四）。《歷代神仙通鑑》所載相同故事的見卷二一，節九，頁六下—七上（沈線陽及余氏父女）；卷二一，節六，頁四上—五上（張三丰對沈萬三講述他的歷史）。
⑮④ 見上註。
⑮⑤ 見上註。
⑮⑥ 《張三丰全集》，卷一，頁二二上下（七六五七）。
⑮⑦ 同上，卷二，頁二二下（七六八〇）。
⑮⑧ 同上，卷二，頁三三上（七六八六）。
⑮⑨ 同上，卷二，頁四五下（七六九二）。
⑯⓪ 同上，卷二，頁四八下（七六九三）。
⑯① 同上，卷二，頁四九上（七六九四）。
⑯② 同上註。
⑯③ 同上，卷二，頁四九下（七六九四）。
⑯④ 同上，卷三，頁五下（七六九七）。

165 同上，卷三，頁八上（七六九八）。

166 同上，卷三，頁一一上（七七〇〇）

167 同上，《凡例》，頁二上（七六四四）。

168 《明史．藝文志》，卷九八，頁二四五一。

169 同註166。

170 《張三丰全集》，卷三，頁三六上（七七一二）。

171 今《呂祖全書》（《道藏精華》本）所收錄的《純陽先生詩集》注明「板藏空青洞天」，同時指出是「道光丙午歲（一八四六）鐫」的；而主理重編者又是當時的道士火涵虛（即火西月），故此可推想空青洞天是個道壇，至少是與道教活動有密切關係的地方。《呂祖全書》內的《海山奇遇》（即《呂祖年譜》）亦是「板藏空青洞天」的。

172 《張三丰全集》，卷三，頁三八下（七七一三）。

173 參註50。

174 《張三丰全集》，卷四，頁二上（七七一五）。

175 如陸深《玉堂漫筆》便引用南陽張朝用之言，謂張三丰「元時於鹿邑之太清宮學道」。見焦竑《國朝獻徵錄》，卷一一八，頁一一四下。

176 《張三丰全集》，卷四，頁三上（七七一六）。

177 參註75。

178 前引，卷二二，節三，頁四下。

179 《張三丰全集》，卷四，頁五八上（七七四三）。

180 羅洪先事蹟見《明史》，卷二八三，頁七二七八—七二七九。羅氏曾校閱《高上玉皇本行集經註》，十卷（明周玄眞註，張國祥校），收入《道藏》，冊一〇六〇—一〇六二；《道藏輯要》，冊五六—五八。又曾撰《念庵集》及《冬遊記》，分別見《四庫全書總目》，卷一七二，一二四。

⑱1 《張三丰全集》，卷四，頁二三上（七七二六）。

⑱2 同上。

⑱3 同上，卷四，頁六六上（七七四七）。

⑱4 同上，卷五，頁一上（七七五一）。

⑱5 同上，卷五，頁一二上（七七五七）。

⑱6 廉希憲事蹟見《元史》，卷一二六，頁三〇八五—三〇九六；《新元史》，卷一五五，頁九下—二二上（一四七八—一四八四）。

⑱7 劉秉忠事蹟見《元史》，卷一五七，頁三六八七—三六九五；《新元史》，卷一五七，頁一上—八下（一四九三—一四九六）；劉秉忠撰《劉太傅藏春集》，卷六，附錄之張文謙撰《行狀》、王磐撰《神道碑銘》、徒單公履撰《墓誌銘》、姚樞及徐世隆撰兩篇《祭文》。《藏春集》，載《國立中央圖書館館刊》（臺北，正中書局，一九七〇），新三卷，第一期，頁一〇三—一一〇。又可參看陳學霖教授"Liu Ping-Chung, a Buddhist-Taoist Statesman", *T'oung Pao* (Paris, 1967), 53, pp. 98-146.

⑱8 邱處機事蹟見《元史》，卷二〇二，頁四五二四—四五二六；《新元史》，卷二四三，頁八下—一一上（二一六三—二一六五）；元樗櫟道人（秦志安）《金蓮正宗記》，《道藏》，冊七六，卷四，頁七上—一二下；元劉天素、謝西蟾《金蓮正宗仙源像傳》，《道藏》，冊七六，頁三一下—三六上；元李道謙《七眞年譜》，《道藏》，冊七六，頁四上—二〇上；元趙道一《歷世眞仙體道通鑑續編》，《道藏》，冊一四九，卷二，頁一〇上—一二上；元李道謙《甘水仙源錄》，《道藏》，冊六一一，卷二，頁五上—一一下；元姬志眞《雲山集》，《道藏》，冊七八四，卷七，頁一二下—一七上。關於邱處機的詞作研究，可參看拙文《丘處機的《磻溪詞》》，《香港大學中文系集刊》，第一卷，第一期（一九八五），頁一三七—一六三。

⑱9 王喆的事蹟見《金蓮正宗紀》，《道藏》，冊七五，卷二，頁一上—一〇上；《金蓮正宗仙源像傳》，《道

藏》，冊七六，頁一八上—二三上；《七眞年譜》，《道藏》，冊七六，頁一上—九上；《歷世眞仙體道通鑑續編》，《道藏》，冊一四九，卷一，頁一上—一一下；《甘水仙源錄》，《道藏》，冊六一一，卷一，頁二下—一四上；《雲山集》，《道藏》，冊七八四，卷七，頁一上—四上。王喆存詞六百餘篇，對王喆詞作的研究可參看拙文《全眞教祖王重陽的詞》，《東方文化》（香港大學），第十九卷，第一期（一九八一），頁二九—四三。又可參看本書第二部份註200。

190 邱處機《磻溪集》，六卷，見《道藏》，冊七九七；《道藏輯要》，冊一三七。

191 前引，頁二〇下—二一上（七六五六—七六五七）。

192 見 **Fang Chao-ying**（房兆楹）撰《錢陳羣傳》，in Arthur W. Hummel, ***Eminent Chinese of the Ch'ing Period*, p. 147.**

193 見焦竑《國朝獻徵錄》，卷一一八，頁一一四下。

194 見《張三丰全集》引，卷一，頁六下（七六四九）。

195 前引，卷一七六，頁八下。

196 前引，卷二九九，頁七六四一。

197 《劉太傅藏春集》共六卷，卷一至卷五爲劉秉忠之作品，包括三卷七言律詩，一卷七言絕句，一卷樂府。卷六爲他人撰之《行狀》、《神道碑銘》、《墓誌銘》及《祭文》等。參看註187。

198 內文曰：「至元甲子（一二六四）秋〔張三丰〕游燕京。時方定鼎於燕，詔令：舊列文學才識者待用。栖遲燕市，聞望日隆，始與平章政事廉公希憲識。公異其才，奏補中山博陵令，遂之官。」《張三丰全集》，卷一，頁八下（七六五〇）。

199 內文曰：「劉秉忠同師於前，廉希憲薦剡於後。至元間（一二六四—一二九四）以宰官致仕。」同上，卷一，頁一一下（七六五二）。

200 《張三丰全集》，卷五，頁三三上（七七六七）。

201 同上，卷五，頁三三下（七七六七）。

202 同上，卷五，頁三四下（七七六八）。

203 同上，卷五，頁三五上（七七六八）。

204 明武宗與世宗兩朝請鸞事至爲流行，可參看《明史・陶仲文傳》，卷三〇七，頁七八九六—七八九八；《明史・楊爵傳》，卷二〇九，頁五五二三—五五二七。又可參看 Liu Ts'un-yan, "The Penetration of Taoism into the Ming Neo-Confucianist Elite", *T'oung Pao*, Vol LV11, Nos. 1-4 (1971) pp. 31-102；楊啓樵《明代諸帝之崇尚方術及其影響》，《新亞書院學術年刊》，第四卷（香港，一九六二），頁七一—一四七。

205 同註201。

206 同上，頁三四上（七七六八）。

207 《淮海雜記》說：「……（張三丰）嘗言，富貴如風燈草露，光陰似雨電浮漚，乃決志求道訪師。終南得聞火龍妙諦，漸乃徉狂垢汚，人不能識。」《張三丰全集》，卷一，頁六下（七六四九）。《歷代神仙通鑑》說：「延祐間（一三一四—一三二〇），年已六十七，心命惶惶，幸天憐憫，初入終南，即遇火龍先生，……予（按：即張三丰）跪而問道。蒙師鑒我精誠，初指煉已功夫，次言得藥口訣，再示火候細微，……」卷二一，節六，頁四上下。

208 《歷代神仙通鑑》皆記載張三丰與沈萬三、余十舍、沈線陽及余飛霞的關係的故事。參註153。

209 見《國朝獻徵錄》，卷一一八，頁一〇九下—一一〇上。

210 見《張三丰全集》，卷一，頁三九下（七六六六）。《集》中「歐」字作「毆」，似爲「歐」字之誤。《道逢呂祖》一則記張三丰於清順治初遇呂祖事，末云：「此事載歐養眞《紀亂書》中。」所謂張三丰遇呂祖大概是扶乩把戲，而此事是發生於清順治初而已。似乎歐養眞正是與此扶乩有關。由此推想，歐養眞大概是順治初人。其《紀亂書》則不見他處著錄。

211 同上。

212 《新元史》，卷二三八，頁一一上（二一三〇），附於《張憲傳》之後。

213 《張三丰全集》，卷五，頁二五下（七七六三）。

214 張雨《句曲外史集》，見清顧嗣立編《元詩選》（臺北，世界書局重印，一九六七），壬集。

215 《張三丰全集》，卷五，頁三七上下（七七六九）。

216 同上，序頁，頁四上（七六四二）。

217 《列仙派演》《劉光燭傳》說：「明陽先生者，劉其姓，光燭其名，……嘗從白子游。……所著有《金丹詩》若干篇，尚存於其弟遯園處。」《張三丰全集》，卷一，頁一八上下（七六五五）。

218 此十一則見《張三丰全集》，卷一，頁一五上—一八下（七六五四—七六五五）。

219 同上，卷八，頁五九上（七八二三）。

220 同上，卷五，頁四二下—四三下（七七七二）。

221 同上。

222 此四篇名爲：《雙清閣同飛仙聯句限十五咸韻》、《聯句》、《青城山聯句》、《送閬泉閬山歸閬中同碧城道人聯句》，見《張三丰全集》，卷五，頁四七下—四八下（七七七四—七七七五），五〇下（七七七六）、六〇上（七七八一）。

223 韓湘子，據說是唐代大文學家韓愈（七六八—八二四）的親戚，或謂族姪，或謂姪孫，或謂姪不等。也是「八仙」之一。關於「八仙」的研究，除上面提到的浦江清《八仙考》外，還可參看W. Perceval Yetts, "The Eight Immortals", *Journal of Royal Asiatic Society* 78, (London, 1916), pp. 773-807; W. Perceval Yetts, "More Notes on the Eight Immortals", *Journal of Royal Asiatic Society*, 84 (London, 1922), pp. 397-426; 趙景深《八仙傳說》，《東方雜誌》（一九三三），卷三〇，號二一，頁五二一—六三。

224 白玉蟾（一一九四—一二二九），又名葛長庚，是南宋時著名道士，爲道教南宗的第五祖。事蹟見元趙道一《歷世眞仙體道通鑑》，《道藏》，冊一四八，卷四九，頁一六下—一八上；明洪應明《消搖墟經》，《道藏》，冊一〇八一，卷二，頁三六上下。著作有多種傳世，如《海瓊問道集》（《道藏》，冊一〇一六），《海瓊傳道集》（《道藏》，冊一〇一七），《海瓊白眞人語錄》（《道藏》，冊一〇一六），《白海瓊全集》（《道藏輯要》，冊一二八—一三三）等。

225 劉海蟾事蹟可參看本書第二部份註125。有《至眞歌》一卷傳世，見《道藏輯要》，冊一二四。

226 麻姑是東漢人，或謂爲王方平（漢桓帝時人）之妹。事蹟見唐王松年《仙苑編珠》，《道藏》，冊三三〇，卷中，頁一三上；五代杜光庭《墉城集仙錄》，《道藏》，冊五六一，卷四，頁一〇下—一三上；宋陳葆光《三洞羣仙錄》，《道藏》，冊九九四，卷一一，頁五下—六上，卷一四，頁一九下；元趙道一《歷世眞仙體道通鑑後集》，《道藏》，冊一五〇，卷三，頁五上下；明洪應明《消搖墟經》，《道藏》，冊一〇八一，卷一，頁二九上—三〇上。又可參看本書第二部份註82。

227 《張三丰全集》，《凡例》，頁一下（七六四三）。

228 同上。

229 《太上感應篇》的作者未有定論，如清代的學者惠棟（一六九七—一七五八）則認爲與晉代葛洪有關。他在《太上感應篇．序》說：「……故《道藏》有《太上感應篇》一卷，即抱朴子所述。」見惠氏《太上感應篇箋註》一卷，《道藏輯要》，冊四八。《輯要》亦有《太上感應篇集註》一卷，冊四八。《道藏》收有《太上感應篇》三十卷，見冊八三四—八三九，爲宋李昌齡（約一二三三年前後生存）傳，鄭清之（一一七六—一二五一）贊。我疑心撰寫《太上感應篇》的人就是李昌齡。《陰騭文》傳爲文昌帝君（本名張亞子，爲晉代大將，戰死。宋紹熙年間（一一九〇—一一九四）被封爲文昌帝君，乃考試之臣）降筆，眞正作者不可確知。《道藏輯要》載《文帝陰騭文註》，冊二一八。關於文昌帝君，可參看《元始天尊說梓潼帝君本願經》、《玉清無極總眞文昌大洞仙經註》、《清河內傳》、《梓潼帝君化書》，分別見《道藏》，冊二七、五一—

五三、七三、七四。按：梓潼帝君卽文昌帝君之別稱，《清河內傳》卽《梓潼帝君傳》。

230 《張三丰全集》，卷六，頁六二上下（七七八二）。

231 《三教經》包括：《前三教上聖靈妙眞經》、《中三教大聖靈應眞經》、《後三教大聖靈通眞經》。「洞玄眞人」一號見於《後三教大聖靈通眞經》，《張三丰全集》，卷七，頁二一下（七八〇五）。《前三教上聖靈妙眞經》提及「洞玄張仙眞」，同上，頁一一上（七八〇〇）；《中三教大聖靈應眞經》提及「洞玄至人張仙翁」，同上，頁一七上（七八〇三）。

232 《張三丰全集》，卷六，頁八二下（七七九二）。

233 同上，卷七，頁二下－三上（七七九五－七七九六）。

234 元世祖至元六年（一二六九）封呂純陽爲「純陽演正警化眞君」，武宗至大三年（一三一〇）加封「純玉（「玉」字似爲「陽」字之誤）演正警化孚佑帝君」。見元苗道一編《純陽帝君神化妙通紀》（《道藏》，冊一五九），《制詞》，頁一上－三上。《道藏》載《純陽眞人渾成集》，二卷，冊七二七；《純陽呂眞人藥石製》，一卷，冊五八八。

235 《張三丰全集》，卷一，頁九上。原文曰：「……別號昆陽。」

236 同上，卷七，頁七下－八上（七七九八）。

237 關於此點，可以證之以火西月撰《涵三雜詠前輯》小序，文曰：「涵三宮，在鄂城東隅，呂祖降神處也。自康熙壬午（四十一年，一七〇二）至乾隆己未（四年，一七三九），前後近四十年。」見陸西星原本、火西月重編《純陽先生詩集》，前引，卷六，頁一上。關於《純陽先生詩集》重編者火西月的一些資料，可參看本書第二部份註145及194。火西月大概爲清道光時（一八二一－一八五〇）人，理由是：一、《純陽先生詩集》爲火氏重編，而此集註明是刊刻於道光丙午（卽二十六年，一八四六）的；二、另一書《海山奇遇》（又名《呂祖年譜》）亦是火西月編的，裏面記呂祖的仙蹟自唐至道光二十六年而止。由此可知，道光二十六年之時火氏仍在世。如前指出，《純陽先生詩集》及《海山奇遇》同時收入《呂祖全書》（《道藏精華》

本）。

238 《黃庭》即《黃庭經》，是著名的道教經典。有兩種：即《上清黃庭內景經》和《上清黃庭外景經》。另有《黃庭中景經》，則多疑爲後人著作。一般言《黃庭》均不包括《中景》在內。《外景》早於《內景》，在《抱朴子・遐覽》已有著錄。《內景》又不見於《唐書・藝文志》，故其成書應在唐以後。兩書均以七言歌訣述養生修煉原理，爲歷代道教徒及修身養性者所重視。

239 《張三丰全集》，卷七，頁一〇上（七七九九）。

240 同上，卷七，頁一一上（七八〇〇）。

241 同上，卷七，頁一七上（七八〇三）。

242 同上，卷七，頁二一下（七八〇五）。

243 同上，卷七，頁二四上（七八〇六）。

244 同上，卷七，頁三一下（七八一〇）。

245 同上，卷七，頁三六下（七八一二）。

246 同上，卷七，頁三一下－三二上（七八一〇）。

247 同上，卷七，頁四〇上下（七八一四）。

248 劉卓菴與劉遯園參與編輯《張三丰全集》一事已見本部份第二節「《張三丰全集》的重編者李西月」。關於楊蟠山可參看本部份談論《雲水三集》一節。

249 《張三丰全集》，卷七，頁四〇上（七八一四）。

250 同上，卷七，頁三八下－三九上（七八一三）。

251 如郎瑛《七修類稿》說：「時人又稱張刺邋。」頁八〇二；焦竑《國朝獻徵錄》有關張三丰的第二個傳記說：「……不飾邊幅，人以爲張邋遢。」卷一一八，頁一一二上；（此傳似鈔錄一五八四年修《襄陽府志》）《明史・張三丰傳》說：「以其不飾邊幅，又號張邋遢。」卷二九九，頁七六四一。

252 《張三丰全集》，卷七，頁四二上（七八一五）。

253 同上，卷八，頁四九上（七八一八）。

254 同上，卷八，頁五〇上（七八一九）。

255 同上，卷八，頁五一上（七八一九）。

256 同上，卷七，頁二三下（七八〇六）。

257 《雲水三集》有《秋晚至岳雲樓》及《喜〔李〕光于來岳雲樓》二詩。裏面所提到的岳雲樓大抵就是設壇的地方。見《張三丰全集》，卷五，頁五一下（七七七六）、五九上（七七八〇）。按：「岳」與「嶽」相通。

258 《雲水三集》有《元夕後一夕同諸子集聽吟風館》一詩，見《張三丰全集》，卷五，頁五三下（七七七七）。

259 同上，卷八，頁五二下（七八二〇）。

260 同上。

261 同上。

262 同上，卷八，頁五三下（七八二〇）。

263 同上。

264 《雲水三集》有《雙清閣和髯仙原韻》、《雙清閣同飛仙聯句限十五咸韻》二詩。見《張三丰全集》，卷五，頁四〇下（七七七一）、四七下（七七七四）。

265 同上，卷八，頁五九上（七八二三）。

266 同上。

267 同上，頁五四上下（七八二一）。

268 同上，頁五九下（七八二三）。

269 同上，第六冊（續畢集，十二），頁一下（七八七二）。

270 同上，頁六六上（七九〇五）。

參考書文目舉要

一、中文參考書文目

《大明玄天上帝瑞應圖錄》，見《道藏》，册六〇八，民國十三年至十五年（一九二四—一九二六）上海涵芬樓據北京白雲觀藏明刊本正續《道藏》影印。

大嶽山人，《建文皇帝事蹟備遺錄》，臺北，學生書局，一九六九。

火西月編，《海山奇遇》（又名《呂祖年譜》），《道藏精華》本，道光丙午（一八四六）空青洞天版，臺北，自由出版社影印，一九六七。

方升，《大嶽志》，見《名山勝槩記》，明崇禎六年（一六三三）刻本。

方升，《太嶽誌略》，北平圖書館藏，明嘉靖間（一五二二—一五六六）刻本，美國國會圖書館顯微膠片，No.四五四—五。

方應選、張維新編，《汝州志》，明萬曆二十四年（一五九六）刊本。

《文帝陰騭文註》，見賀龍驤、彭瀚然等編《道藏輯要》，成都二仙庵本，光緒三十二年（一九〇六），臺北，考正書局影印，一九七一。

毛永柏、劉耀椿修，《青州府志》，咸豐九年（一八五九）刊本，臺北，學生書局影印，一九六八。

王世貞，《名卿績紀》，見《紀錄彙編》，上海涵芬樓影印明萬曆（一五七三～一六二〇）刻本。長沙，商務印書館，一九三八。

王世貞，《錦衣志》，見《紀錄彙編》。

王世禎，《細說中國民間信仰》，臺北，武陵出版社，一九八五。

王同軌，《耳談》，明萬曆間（一五七三～一六二〇）刻本。

王守仁，《王陽明全集》，上海，埽葉山房，一九三五。

王圻，《續文獻通考》，見《古今圖書集成》，《神異典》，雍正四年（一七二六）版，上海，中華書局影印，一九三四。

王明，《道家和道教思想研究》，中國社會科學出版社，一九八四。

王肯堂，《鬱岡齋筆麈》，明萬曆間（一五七三～一六二〇）刻本。

王松年，《仙苑編珠》，見《道藏》，册三二九—三三〇。

王家賓等纂修，《青州府志》，萬曆四十三年（一六一五）刻，康熙十二年（一六七三）覆印本。

王浮，《老子化胡經》，見羅振玉《敦煌石室遺書》，收錄於羅氏《羅雪堂先生全集》，臺北，華文出版社，據一九〇九年本影印，一九七〇。

王軒等修，《山西通志》，光緒十八年（一八九二）版，臺灣影印本，一九六九。

王崇武，《明成祖與方士》，見《中國社會經濟史集刊》，卷八，第一期，南京，一九四九。

王崇武，《奉天靖難記注》，見《中央研究院歷史語言研究所專刊》，二十八，上海，商務印書館，一九四八。

王崇武，《明靖難史事考證稿》，見《中央研究院歷史語言研究所專刊》，二十五，上海，商務印書館，一九四八。

王弼，《道德眞經注》，見《道藏》，册三七三。

王象之編，《輿地紀勝》，懼盈齋本，道光二十九年（一八四九）版。

王嘉，《拾遺記》，見《稗海》，振鷺堂刻本，臺北影印，一九六八。

王褘，《青巖叢錄》，見《學海類編》，上海，一八三一年版，一九二〇年重印。

王鴻緒，《明史稿》，臺北，文海出版社影印敬愼堂本，一九六二。

王贈芳等修，《濟南府志》，一八四〇年版，臺灣影印本。

王鏊，《震澤紀聞》，明嘉靖三十年（一五五一）刻本。

《元始天尊說梓潼帝君本願經》，見《道藏》，册二七。

《太上召諸神龍安鎭墳墓經》，見《道藏》，册一八〇。

《太上老君說城隍感應消災集福妙經》，見《道藏》，册一〇六三。

《太上洞玄靈寶八威召龍妙經》，見《道藏》，册一八〇。

《太上洞淵說請雨龍王經》，見《道藏》，册一八〇。

《太上感應篇集註》，見《道藏輯要》。

孔邇，《雲蕉館紀談》，《叢書集成初編》本，上海，商務印書館，一九三五—三七。

《玄天上帝啓聖錄》，見《道藏》，册六〇六—六〇八。

《玄譚全集》，見閔一得編《古書隱樓藏書》，卷十，光緒三十年（一九〇四）刊本。

司馬遷，《史記》，香港，中華書局，一九六九。

田雯，《黔書》，《粵雅堂叢書》，咸豐三年（一八五三）刊本。

白玉蟾，《瓊琯白眞人集》，《道藏輯要》本。

白玉蟾，《海瓊白眞人語錄》，見《道藏》，册一〇一六。

白玉蟾，《海瓊問道集》，見《道藏》，册一〇一六。

白玉蟾，《海瓊傳道集》，見《道藏》，册一〇一七。

《江寧府志》，見《古今圖書集成》，《神異典》，卷二五六，册五〇九。

任自垣，《太嶽太和山志》，見杜潔祥主編，《道教文獻》，第四、五册，臺灣，丹青圖書有限公司影印明本，一九八三。

任洛，《遼東志》，明嘉靖十六年（一五三七）版；《中國邊疆史地叢書初編》，臺灣，臺聯國風出版社影印，一九六九。

任繼愈，《宗教詞典》，上海，上海辭書出版社，一九八一。

守一子（丁福保）校《道藏輯要總目》，見《道藏精華錄》，上海，醫學書局，一九二二。

向達，《三寶太監下西洋的幾種資料》，見《小說月報》，上海，一九二九年四月。

向達，《唐代長安與西域文明》，北京，中華書局，一九五七。

朱存理，《鐵網珊瑚》，臺北，國立中央圖書館影印，一九七〇。

朱僾，《鄭和》，北京，三聯書店，一九五六。

朱國楨，《湧幢小品》，見《筆記小說大觀》，第二輯，上海，進步書局石印本，出版年不詳。

朱象先，《九天仙伯文始先生無上眞人傳》，見《道藏》，册六〇五。

朱象先，《古樓觀紫雲衍慶集》，見《道藏》，册六〇五。

朱象先，《終南山說經臺歷代眞仙碑記》，見《道藏》，册六〇五。

朱謀垔，《畫史會要》，《四庫全書珍本》，二集，臺灣，商務印書館影印，一九七〇。

朱熹，《周易參同契注》，見《道藏》，册六二三。

朱熹，《論語集注》，《四部備要》本。

朱璘纂修，《南陽府志》，康熙三十三年（一六九四）本，臺北，學生書局影印，一九六八。

朱謀㙔，《藩獻記》，萬曆年間（一五七三～一六二〇）刊本。

沈平山，《中國神明概論》，臺北，新文豐出版公司，一九七九。

沈曾植，《海日樓札叢》，上海，中華書局，一九六二。

沈葆楨修、何紹基纂，《安徽通志》，光緒四年（一八七八）刊本。

沈德符，《萬曆野獲編》，北京，中華書局，一九五九。

宋佩韋，《東漢宗敎史》，臺北，臺灣商務印書館，一九六七。

宋濂，《元史》，北京，中華書局，一九七六。

何出光，《蘭臺法鑒錄》，萬曆年間（一五七三～一六二〇）刊本。

何丙郁、陳鐵凡，《論「純陽呂眞人藥石製」的著成時代》，見《東方文化》，（香港大學），第九卷，第二期，一九七一年七月。

何宇度，《益部談資》，見曹秋岳輯，《學海類編》，一八三一年版，臺北，文源書局影印，一九六四。

何紹基等纂修，《安徽通志》，光緒三年（一八七七）重修本，臺北，京華書局影印，一九六七。

何喬遠，《名山藏》，臺北，成文出版社據崇禎十三年（一六四〇）刊本影印，一九七一。

何新，《諸神的起源——中國遠古神話與歷史》，北京，三聯書店，一九八六。

余象斗，《北方眞武祖師玄天上帝出身全傳》，見王繼權校勘《四游記》，哈爾濱，北方文藝出版社，一九八五。

余嘉錫，《四庫提要辨證》，北京，科學出版社，一九五八。

吳晗，《明代靖難之役與國都北遷》，《清華學報》，第十卷，第四期（一九三五年十月）。

吳湖帆，《元黃大癡富春山居圖卷燼餘本》，《古今》，第五十七期（一九四四）。

吳道邇修，《襄陽府志》，萬曆十二年（一五八四）刊本。

吳緝華，《明代建文帝在傳統皇位上的問題》，《大陸雜誌》，第十九卷，第一期（一九五九年七月）。

呂巖撰，陸西星編，火西月重修，《純陽先生詩集》，見《呂祖全書》，《道藏精華》本。

呂巖，《純陽呂眞人藥石製》，見《道藏》，冊五八八。

呂巖，《純陽眞人渾成集》，見《道藏》，册七二七。

宋世犖纂修，《扶風縣志》，嘉慶二十三年（一八一八）本，臺北，成文出版社影印，一九七〇。

李干，《元代宗教政策簡論》，見《中國民族學院學報》，一九八三，第一期。

李西月編，《張三丰全集》，見賀龍驤、彭瀚然等編《道藏輯要》。

李廷龍等編，《南陽府志》，北平圖書館藏，萬曆四年（一五七六）刻本，美國國會圖書館顯微膠片，No.三八七。

李昌齡傳，鄭清之贊，《太上感應篇》，見《道藏》，册八三四—八三九。

李叔還，《道教大辭典》，臺北，巨流圖書公司，一九七九。

李叔還，《道教要義問答大全》，香港，青松觀，一九七二。

李英昂，《張三丰和他的太極拳》，臺南，大衆書局，一九七二。

李桓，《國朝耆獻類徵初編》，臺北，據光緒十六年（一八九〇）本影印，一九六六。

李道謙，《七眞年譜》，見《道藏》，册七六。

李道謙，《甘水仙源錄》，見《道藏》，册六一一—六一三。

李賢，《胡濙神道碑銘》，見焦竑編《國朝獻徵錄》，明刊本，臺灣，學生書局影印，一九六五。

李遠國，《四川道教史話》，成都，四川人民出版社，一九八五。

杜光庭，《墉城集仙錄》，見《道藏》，册五六〇—五六一。

杜應芳、章應春纂修，《四川總志》，明萬曆間（一五七三～一六二〇）刻本。
周士一、潘啓明，《周易參同契新探》，湖南，人民出版社，一九八一。
周玄貞注，張國祥校，《高上玉皇本行集經注》，見《道藏》，册一〇六〇—一〇六二。
周希哲、張時徹編，《寧波府志》，北平圖書館藏，明嘉靖三十九年（一五六〇）刻本，美
　國國會圖書館顯微膠片，No.三九五—六。
周紹賢，《道家與神仙》，臺北，臺灣中華書局，一九七〇。
周黎庵，《清初鎭士氣的三大獄》，《宇宙風乙刊》，第四卷（上海，一九三九年四月）。
孟森，《建文遜國事考》，《北平圖書館館刊》，第五卷，第六期（北京，一九三一年十一
　月）。
房玄齡等撰，《晉書》，北京，中華書局，一九七四。
房兆楹、杜聯喆，《增校清朝進士題名碑錄》，《哈佛燕京學社引得續編》，十九，北京，
　一九四一。
《明太宗實錄》，見《明實錄》，臺灣，中央研究院歷史語言研究所影印明鈔本，一九六二。
明太祖，《御製赤脚僧詩》，見《紀錄彙編》。
明太祖，《御製周顚仙人傳》，見《紀錄彙編》。
《明太祖實錄》，見《明實錄》，臺灣，中央研究院歷史語言研究所影印本，一九六二。
明成祖，《永樂大典序》，見《太宗實錄》，臺灣，中央歷史語言研究所校印，一九六二。
《明孝宗實錄》，見《明實錄》，國立北平圖書館紅格鈔本，臺北，中央研究院歷史語言研

究所影印，一九六四。

元明善編，周召續編，《龍虎山志》，臺灣，丹青圖書有限公司影印明刊本，一九八三。

東方朔，《十洲記》，見《道藏》，册三三〇。

《武當山志》，見《古今圖書集成》，《神異典》。

邱處機，《磻溪集》，見《道藏》，册七九七。

金月巖編，黃公望傳，《抱一子三峯老人丹訣》，見《道藏》，册一三四。

金月巖編，黃公望傳，《抱一函三秘訣》，見《道藏》，册三二一。

金月巖編，黃公望傳，《紙舟先生金丹直指》，見《道藏》，册一一四。

金毓黻，《中國史學史》，北京，中華書局，一九六二。

《洪恩靈濟眞君事實》，《道藏》，册二六五。

南懷瑾，《禪與道概論》，臺北，眞善美出版社，一九七一。

《重慶府志》，見《古今圖書集成》，《神異典》，卷二五六，册五〇九。

俞琰，《周易參同契發揮》，見《道藏》，册六二五。

俞琰，《周易參同契釋疑》，見《道藏》，册六二七。

姚從吾，《元邱處機年譜》，見姚氏《東北史論叢》，臺北，正中書局，一九五九。

姚福，《青溪暇筆》，見《紀錄彙編》。

姚廣孝等編，《永樂大典目錄》，見《連筠簃叢書》，清道光二十八年（一八四八）刊本。

姜紹書，《無聲詩史》，見于安瀾編《畫史叢書》，上海，人民美術出版社，一九六三。

查愼行，《敬業堂詩集》，《四部叢書》本，一九二九。
柯劭忞，《新元史》，藝文印書館，據淸乾隆武英殿刊本影印，一九五八。
柳存仁，《張伯端與悟眞篇》，見《吉岡義豐博士還曆記念道敎硏究論集》，東京，一九七八。
柳存仁，《王陽明與道敎》，見柳著《和風堂讀書記》，香港，龍門書店，一九七七。
柳存仁，《明儒與道敎》，見柳著《和風堂讀書記》，香港，龍門書店，一九七七。
柳存仁，《研究明代道敎思想中日文書目舉要》，見柳著《和風堂讀書記》，香港，龍門書店，一九七七。
柳存仁，《補明史佞倖陶仲文傳》，《東方文化》，香港大學出版社，卷十一，第一期，一九七三。
柳詒徵，《沈萬三》，《史學雜誌》，一九二九，卷一，第二期。
洪應明，《消搖墟經》，見《道藏》，册一〇八一。
胡應麟，《少室山房筆叢》，北京，中華書局，一九六四。
苗道一編，《純陽帝君神化妙通紀》，見《道藏》，册一五九。
范午，《宋遼金元道敎年表》，見《宋遼金元史論集》，香港，崇文出版社，一九七一。
范烟橋，《沈萬三考》，《珊瑚半月刊》，一九三四，第四期。
范曄，《後漢書》，北京，中華書局，一九六五。
紀昀編，《四庫全書總目》，上海，大東書局，一九三〇。

祝允明，《野記》，見李栻《歷代小史》，上海，涵芬樓影印明刻本；長沙，商務印書館，一九四〇。
浦江清，《八仙考》，見《清華學報》，第十一卷，第一期，北京，一九三六。
唐玄宗，《道德眞經疏外傳》，見《道藏》，册三五八。
唐豪、顧留馨，《太極拳研究》，上海，一九六三；香港，一新書店翻印。
夏文彥，《圖繪寶鑑》，《津逮秘書》，上海，博古齋影印汲古閣本，一九二二。
孫克寬，《宋元道教之發展》，臺中，東海大學，一九六五。
孫克寬，《元代道教之發展》，臺中，東海大學，一九六八。
孫克寬，《全眞教考略》，《大陸雜誌》，第八期（一九五四）。
孫克寬，《寒原道論》，臺北，聯經出版事業公司，一九七七。
孫承澤，《庚子消夏記》，乾隆二十六年（一七六一）刊本，臺北，漢華文化事業股份有限公司影印，一九七一。
卿希泰，《中國道教思想史綱》，第一卷，「漢魏兩晉南北朝時期」，成都，四川人民出版社，一九八〇。
卿希泰，《中國道教思想史綱》，第二卷，「隋唐五代北宋時期」，成都，四川人民出版社，一九八五。
《徐仙眞錄》，見《道藏》，册一〇八六—一〇八八。
徐邦達，《黃公望和他的富春山居圖》，《文物參考資料》，第六期（一九五八）。

徐海印，《李涵虛眞人小傳》，見徐氏《海印山人譚道集》，臺北，壺苑出版部，一九六八。
徐道述，張繼宗、黃掌綸訂，《歷代神仙通鑑》，康熙三十九年（一七〇〇），生生館木刊本。
徐雍，《張三丰道術滙宗》，臺北，眞善美出版社，一九六六。
徐雍，《張三丰武術滙宗》，臺北，眞善美出版社，一九六八。
徐禎卿，《異林》，《廣百川學海》本，臺北，新興書局影印，一九七〇。
秦志安，《金蓮正宗記》，見《道藏》，册七五—七六。
翁獨健，《道藏子目引得》，哈佛燕京學社引得編纂處，臺北，成文出版社影印，一九六六。
郎瑛，《七修類稿》，北京，中華書局，一九五九。
《眞武靈應眞君增上佑聖尊號册文》，見《道藏》，册五五六。
馬西沙，《略論明清時代民間宗教的兩種發展趨勢》，見《世界宗教研究》，一九八四，第一期。
馬書田，《明成祖的政治與宗教》，見《世界宗教研究》，一九八四，第三期。
馬理等修，《陝西通志》，北平圖書館藏，明嘉靖二十一年（一五四二）刻本，美國國會圖書館顯微膠片，No. 三七一—三七二。
馬端臨，《文獻通考》，《十通》第七種，《萬有文庫》，第二集，商務印書館，一九三六。
馬鸙等纂修，《德安府志》，明正德十二年（一五一七）刊本。
高岱，《鴻猷錄》，見《紀錄彙編》。

清史館編，《清史列傳》，上海，中華書局，一九二八。

《清河內傳》，見《道藏》，冊七三。

婁近垣修，《龍虎山志》，臺灣，丹青圖書有限公司影印清刊本，一九八三。

康孔高、金福等編，《南陽府志》，北平圖書館藏，正統二年（一四三七）刻本，美國國會圖書館顯微膠片，No. 三九三。

《張三丰太極煉丹秘訣》，《道藏精華》本。

張天雨，《玄品錄》，見《道藏》，冊五五八。

張雨，《句曲外史貞居先生詩集》，《四部叢刊》本。

張雨，《句曲外史集》，見顧嗣立編《元詩選》，壬集，臺北，世界書局重印，一九六七。

張世雍修，《成都府志》，天啓元年（一六二一）刊本。

張正常編，張宇初校及張國祥補，《漢天師世家》，見《道藏》，冊一〇六六。

張宇初，《峴泉集》，見《道藏》，冊一〇一八—一〇二一。

張君房，《雲笈七籤》，見《道藏》，冊六七七—七〇二。

張廷玉等撰，《明史》，北京，中華書局，一九七四。

張輅，《太華希夷志》，見《道藏》，冊一六〇。

張維屏編，《國朝詩人徵略初編》，廣州，趣華齋，清道光十年（一八三〇）刊本。

張聰賢修，董曾臣纂，《長安縣志》，嘉慶十七年（一八一二）版，一九三六年重印，臺北，學生書局影印，一九六七。

張鶴，《神仙列傳》，光緒十年（一八八四）刊本。
張鶴鳴等纂，《潁州志》，明萬曆三十六年（一六〇八）刊本。
張覺人，《中國煉丹術與丹藥》，成都，四川人民出版社，一九八一。
曹秉仁纂，《寧波府志》，清雍正十一年（一七三三）修，乾隆六年（一七四一）補刊本。臺北，成文出版社影印，一九七四。
曹驥觀纂修，《寶鷄縣志》，一九二二年版；臺北，成文出版社影印，一九七〇。
《梓潼帝君化書》，見《道藏》，册七四。
莊申，《中國古代體育運動續談（下）》，《大陸雜誌》，卷一二，第三期（一九五六）。
莊宏誼，《明代道教正一派》，臺北，學生書局，一九八六。
許地山，《扶箕迷信底研究》，上海，商務印書館，一九四一。
許地山，《道教史（上）》，上海，商務印書館，一九三四。
許道齡，《玄武之起源及其蛻變考》，見《史學集刊》，第五期（北京，一九四七年十二月）。
胡霽英，《清乾隆朝文字獄簡表》，《人文月刊》，第八卷，第四期（上海，一九三七年五月）。
郭伯恭，《四庫全書纂修考》，上海，商務印書館，一九三七。
郭伯恭，《永樂大典考》，上海，商務印書館，一九三八；臺北，一九六二年重印。
郭維賢纂修，《荆州府志》，萬曆二十二年（一五九四）刊本。

陰長生，《周易參同契註》，見《道藏》，册六二一。

陳兵，《略論全眞道的三教合一說》，見《世界宗教研究》，一九八四，第一期。

陳其元，《庸閒齋筆記》，《筆記小說大觀》本，上海，進步書局石印本。

陳垣，《南宋初河北新道教考》，北京，中華書局，一九六二。

陳俊民，《全眞道教思想源流考略》，見《中國哲學》，一九八四，第十一期。

陳俊民，《略論全眞道的思想源流》，見《世界宗教研究》，一九八三，第三期。

陳建，《皇明通紀法傳錄》，崇禎間（一六二八至一六四四）崇文堂刊本，國立中央圖書館顯微膠片。

陳寅恪，《天師道與濱海地域之關係》，見《金明館叢稿初編》，上海，上海古籍出版社，一九八〇。

陳寅恪，《崔浩與寇謙之》，見《金明館叢稿初編》，上海，上海古籍出版社，一九八〇。

陳國符，《道藏源流考》，北京，中華書局，一九六三。

陳教友，《長春道教源流》，《聚德堂叢書》，一九二九。

陳萬鼐，《明惠帝出亡考證》，高雄，百成書局，一九六〇。

陳葆光，《三洞群仙錄》，見《道藏》，册九九二—九九五。

陳壽，《三國志》，北京，中華書局，一九六二。

陳夢雷、蔣廷錫等編，《古今圖書集成》，《神異典》，《山川典》，上海，中華書局據清雍正四年（一七二六）本影印，一九三四。

陳學霖，《歸潛志與金史》，《大陸雜誌》，卷二五，第八期（臺北，一九六二年十月）。
陳顯微，《周易參同契解》，見《道藏》，册六二八。
陸西星，《方壺外史》，臺灣影印本，一九五七。
陸深，《玉堂漫筆》，《廣百川學海》本。
陸德明，《經典釋文》，《叢書集成初編》本。
陶希聖等，《明代宗教》，臺北，學生書局，一九六八。
脫脫，《宋史》，北京，中華書局，一九七七。
姬志眞，《雲山集》，見《道藏》，册七八三—七八四。
傅勤家，《中國道教史》，上海，商務印書館，一九三七。
傅勤家，《道教史概論》，上海，商務印書館，一九三三。
傅維鱗，《明書》，《叢書集成初編》本。
彭泰士修，朱襄虞纂，《內江縣志》，光緒三十一年（一九〇五）修，一九二五年曾慶昌等重修，臺北，學生書局影印，一九六八。
彭曉注，《周易參同契分章通眞義》，見《道藏》，册六二三。
彭曉注，《周易參同契鼎器歌明鏡圖》，見《道藏》，册六二四。
惠棟，《太上感應篇箋注》，《道藏輯要》本。
曾昭然，《太極拳全書》，香港，友聯出版社，一九六五。
曾國荃等修，王軒等纂，《山西通志》，光緒十八年（一八九二）刊本，臺北，華文書局影印，一九六九。

程鉅夫，《元賜武當山大天一眞慶萬壽宮碑》，見《玄天上帝啓聖靈異錄》，《道藏》，册六〇八。

童書業，《重論鄭和下西洋事件之貿易性質》，《禹貢》，第七卷，第一、二、三期（北京，一九三七年）。

賀龍驤，《欽定道藏全書總目》，見《道藏輯要》。

鄂爾泰修、靖道謨纂，《貴州通志》，乾隆六年（一七四一）刊刻本，臺北，京華書局影印，一九六八。

閔爾昌編，《碑傳集補》，臺北，一九二三年影印本。

馮任、張世雍編，《成都府志》，北平圖書館藏，明天啓元年（一六二一）刻本，美國國會圖書館顯微膠片，No. 九〇五—六。

馮承鈞，《鄭和下西洋考》，上海，商務印書館，一九三四。

馮桂榮，《武當山的傳說》，北京，中國民間文藝出版社，一九八六。

黃之雋等修，《江南通志》，乾隆二年（一七三七）重修本，臺北，京華書局影印，一九六七。

黃公偉，《道教與修道秘義指要》，臺北，新文豐出版公司，一九八二。

黃兆漢，《丘處機的〈磻溪詞〉》，《香港大學中文系集刊》，第一卷，第一期（一九八五）。

黃兆漢，《全眞教祖王重陽的詞》，《東方文化》（香港大學），第十九卷，第一期（一九八一）。
黃兆漢，《玄帝考》，見《馮平山圖書館金禧紀念論文集》，香港大學，一九八二。
黃兆漢，《清代道教西派命名、活動及道統考》，《香港中文大學中國文化研究所學報》，第十二卷，一九八一。
黃兆漢，《張三丰與明帝》，《香港中文大學中國文化研究所學報》，第十四卷，一九八三。
黃兆漢，《從道書的形成看清代文人的宗教生活》，《香港中文大學中國文化研究所學報》，第十七卷，一九八六。
黃芝岡，《沈萬三傳說考》，《東方雜誌》，卷三十二，第一期，一九三五。
黃宗義，《宋元學案》，《萬有文庫》本，上海，商務印書館，一九三四。
黃宗義，《南雷文定前集》，《梨洲遺著彙刊》，上海，時中書局，一九一〇。
黃省曾，《吳風錄》，《學海類編》，上海，涵芬樓據六安晁氏聚珍版影印，一九二〇。
黃舜申傳授，陳采刊行，《清微仙譜》，見《道藏》，冊七五。
黃鎔等纂修，《樂山縣志》，一九三四年版，臺北，學生書局影印本，一九六七。
楊士奇，《東里文集》，嘉靖年間（一五二二—一五六六）刻本。
楊芬燦等編，《四川通志》，臺北，據清嘉慶二十一年（一八一六）刊本影印，一九六七。
楊啓樵，《明代諸帝之崇尚方術及其影響》，《新亞書院學術年刊》，第四卷（香港，一九六三）。
楊循吉，《蘇談》，《紀錄彙編》本。

楊儀，《高坡異纂》，見《古今說部叢書》，第五集，上海，國學扶輪社，一九一〇—一九一三。

溫肇桐，《元季四大畫家》，上海，世界書局，一九四五；香港，幸福出版社翻印，一九六〇。

溫肇桐，《黃公望史料》，上海，人民美術出版社，一九六三。

葛洪，《抱朴子》，《諸子集成》本，上海，國學整理社，一九三五。

葛洪，《神仙傳》，見丁福保編《道藏精華錄》。

董漢陽，《碧里雜存》，《叢書集成初編》本。

楊逢時，《中國正統道教人辭典》，上、下冊，臺北，逸群圖書有限公司，一九八五。

賈嵩，《華陽陶隱居傳》，見《道藏》，冊一五一。

賈善翔，《猶龍傳》，見《道藏》，冊五五五。

達靈阿修、周方炯纂，《鳳翔府志》，乾隆三十一年（一七六六）版，臺北，學生書局影印，一九六七。

《漢陽府志》，見《古今圖書集成》，《神異典》，卷二五八，冊五一〇。

臧晉叔編，《元曲選》，北京，中華書局，一九六一。

趙孟頫，《玄元十子圖》，見《道藏》，冊七二。

趙景深，《八仙傳說》，《東方雜誌》，卷三〇，第二一期，（一九三三）。

趙道一，《歷世眞仙體道通鑑》，見《道藏》，冊一三九—一四八。

趙道一，《歷世眞仙體道通鑑後集》，見《道藏》，册一五〇。

趙道一，《歷世眞仙體道通鑑續編》，見《道藏》，册一四九。

趙爾巽等編，《清史稿》，一九二七，香港，香港文學研究社影印本。

趙翼，《陔餘叢考》，臺北，世界書局，據清乾隆五十五年（一七九〇）本影印，一九六〇。

趙翼，《甌北詩鈔》，見《甌北全集》，乾隆（一七三六—一七九五）湛貽堂刻本。

趙懷玉，《亦有生齋文集》，清嘉慶二十年（一八一五）刊本。

劉大彬，《茅山志》，見《道藏》，册一五三—一五八。

劉天素、謝西蟾，《金蓮正宗仙源像傳》，見《道藏》，册七六。

劉向，《列仙傳》，見《道藏》，册一三八。

劉祁，《歸潛志》，見《筆記小說大觀》，第五輯，上海，進步書局，出版年不詳。

劉於義修，沈青崖纂，《陝西通志》，雍正十三年（一七三五）版，臺北，華文出版社，一九六九。

劉秉忠，《劉太傅藏春集》，見《國立中央圖書館館刊》，新三卷，第一期，臺北，正中書局，一九七〇。

劉悟元，《無根樹解》，見《道書十二種》，上海，江東書局，一九一三。

劉海蟾，《至眞歌》，見《道藏輯要》。

劉國梁，《試論張三丰的哲學思想》，見《社會科學戰線》，（長春），一九八五—，第二期。

劉道明，《武當福地總眞集》，見《道藏》，册六〇九。
墨繪齋編，《名山勝槩記》，明崇禎六年（一六三三）刊本。
潘天壽、王伯敏，《黃公望與王蒙》，上海，人民美術出版社，一九五八。
潘啓明，《周易參同契新探》，湖南，人民出版社，一九八一。
鄧球，《皇明泳化類編》，隆慶（一五六七—一五七二）刊本，臺北，國風出版社影印，一九六五。
鄭曉，《今言》，見《紀錄彙編》。
鄭曉，《吾學篇》，萬曆年間（一五七三—一六二〇）刻本。
鄭鶴聲，《鄭和遺事彙編》，臺北，一九七〇。
衞琪，《玉清無極總眞文昌大洞仙經註》，見《道藏》，册五一—五三。
蕭天石，《道家養生學概要》，臺北，自由出版社，一九七九。
錢穆，《金元統治下之新道敎》，《人生》，第三十一卷，第三期（香港，一九六六）。
龍文明、趙燿纂修，《萊州府志》，萬曆三十二年（一六〇四）刊本。
謝守灝編，《太上老君年譜要略》，見《道藏》，册五五四。
謝守灝，《太上混元老子史略》，見《道藏》，册五五四。
謝守灝，《混元聖紀》，見《道藏》，册五五一—五五三。
謝肇淛，《居東集》，明（一三六八—一六四四）刊本。
韓秉方、馬西沙，《林兆恩三敎合一思想與三一敎》，見《世界宗敎研究》，一九八四，第三期。

薛福成，《庸盦筆記》，見《筆記小說大觀》，上海，進步書局石印本。

鍾離權，《秘傳正陽眞人靈寶畢法》，見《道藏》，册八七四。

儲華谷，《周易參同契注》，見《道藏》，册六二八。

藍田，《張三丰眞人傳》，見焦竑編，《國朝獻徵錄》。

魏收，《魏書》，北京，中華書局，一九七四。

魏廷口述，俞梅隱整理，《創辦「武當道學研究中心（院）」緣起》，見《道教文化》，第四卷，第六期，（臺北），一九八七年六月。

魏伯陽演、盧天驥進，《參同契五相類秘要》，見《道藏》，册五八九。

羅香林，《唐元二代之景教》，香港，中國學社，一九六六。

羅振玉，《敦煌石室遺書》，見羅氏《羅雪堂先生全集》，三編，臺北，文華出版公司影印宣統元年（一九〇九）刊本，一九七〇。

羅振玉，《鳴沙石室佚書續編》，見羅氏《羅雪堂先生全集》，四編，臺灣，大通書局影印羅氏本，一九七二。

羅錦堂，《現存元人雜劇本事考》，臺北，中國文化事業股份有限公司，一九六〇。

羅懋登，《三寶太監下西洋記》，臺南，大東書局，一九六三。

釋來復，《蒲菴集》，洪武年間（一三六八—一三九八）刻本。

釋念常，《佛祖歷代通載》，《四庫全書珍本》，三集，臺北，商務印書館，一九七二。

釋惠洪，《冷齋夜話》，《筆記小說大觀》，上海，進步書局石印本。

饒宗頤，《老子想爾註校箋》，香港，一九五六。

饒宗頤，《老子想爾注考略》，見饒著《選堂集林・史林》，上册，香港，中華書局，一九八二。

饒宗頤，《黃公望及富春山居圖臨本》，香港，中文大學，一九七五。

饒宗頤，《想爾九戒與三合義——兼評新刊「太平經合校」》，《清華學報》，第四卷，第二期，（臺北，一九六四年二月）。

顧希佳編，《龍的傳說》，北京，中國民間文學出版社，一九八六。

顧留馨，《太極拳術》，上海，上海教育出版社，一九八二。

顧嗣立，《元詩選》，臺北，世界書局，據清康熙三十三年（一六九四）刊本影印，一九六七。

顧頡剛，《秦漢的方士與儒生》，香港，一新書店影印。

龔維英等，《神話、仙話、佛話》，河北人民出版社，一九八六。

二、外文參考書文目

小柳司氣太著，陳彬龢譯，《道教概說》，上海，商務印書館，一九二六。

小柳司氣太，《白雲觀志》，東京，東方文化學院，東京研究所，東京，一九三四。

小野四平，《呂洞賓傳說について》，見《東方宗教》，（東京），第三十二號，一九六八。
川勝義雄，《道教：不死の探究》，東海大學出版會，東京，一九六六。
本田濟，《清朝人と道教》，見《東方宗教》，第五十七號，一九八一。
吉岡義豐，《道教教團の系譜》，見《中國關係論說資料》，十一（下），（東京，一九六九）。
吉岡義豐，《道教の研究》，法藏館，京都，一九五二。
吉岡義豐，《道教經典史論》，道教刊行會，東京，一九五五。
佐伯好郎，《呂祖全書考》，《東方學報》，No.五，（京都，一九三四年十二月）。
佐伯好郎，《景教の研究》，東方文化學院，東京研究所，東京，一九三五。
酒井忠夫，《明末における新興の民衆信仰集團について》，見《東方宗教》，第四十八號，一九七六。
酒井忠夫，《陰騭文の成立について》，見《東方宗教》，第十二號，一九五七。
宮川尙志，《明初の道士張三丰について》，《宗教研究》，No.一九八，（東京，一九六九年三月）。
宮川尙志，《道教教團の源流》，見《東方宗教》，第四、五合集號，一九五四。
野口鐵郎，《明代宗教結社の教徒の問題》，見《東方宗教》，第十三、十四合併號，一九五八。
野上俊靜，《全眞教發生の一考察》，見《遼金の佛教》，東京，一九五三。

間野潛龍，《明代の武當山と宦官の進出》，見《東方宗教》，第二十二號，一九六三。

滋賀高義，《明の太祖と天師道について》，見《東方宗教》，第二十二號，一九六三。

福井康順等，《道教》，第二卷，《道教の展開》，平河出版社，一九八三。

福井康順等，《道教》，第一卷，《道教とは何か》，平河出版社，一九八三。

增田福太郎，《清末民國初における庶民の宗教と生活》，見《福岡大學研究所報》，第八期，一九六六。

Blofeld, John, *Taoism: The Quest for Immortality*, Mandala Books, Unwin Paperbacks, London, 1979.

Blofeld, John, *The Secret and Sublime: Taoist Mysteries and Magic*, George Allen & Unwin Ltd, London, 1973.

Couling, C. E. "The Patriarch Lü, Reputed Founder of the Chin Tan Chiao", *Journal of the North China Branch of the Asiatic Society*, 58, Shanghai, 1927.

Da Lin, *The Tao and Chinese Culture*, Routledge and Kegan Paul, London and Henley, 1981.

Chan, D. B. "The problem of the Princes as faced by the Ming Emperor Hui-ti (1399-1402)", *Oriens*, XI (Leyden, 1958).

Chan, D. B. "The Role of Monk Tao-yen in the Usurpation of the Prince of Yen", *Sinologica*, VI (Basel, 1959).

Chan Hok-lam 陳學霖, "The Compilation and Sources of the *Chin-shih*", *Journal of Oriental Studies* 東方文化, Vol. VI (Hong Kong, 1961-64).

Chan Hok-lam, "Liu Ping-chung, a Buddhist-Taoist statesman at the Court of Khublai

Khan", *T'oung-pao*, 53 (Paris, 1967).

De Rachewiltz, Igor, "The Hsi-yu Lu 西遊錄 by Yeh-lü Ch'u-ts'ai 耶律楚材 ", *Monumenta Serica*, XXI (Los Angeles, 1962).

Goodrich, L. C. & Fang, Chaoying, *ed*, *Dictionary of Ming Biography, 1368-1644*, Columbia University Press, New York & London, 1976.

Ho Peng Yoke 何丙郁, *On the Dating of Taoist Alchemical Texts*, Griffith University, School of Modern Asian Studies, Griffith Asian Paper I, 1979.

Ho Peng Yoke, "The Search for Perpetual Youth in China, with special reference to Chinese Alchemy", *Papers on Far Eastern History*, Vol.7 No.7 (Canberra, March, 1973).

Ho Peng Yoke and Needham, Joseph, "Elixir Poisoning in Mediaeval China", *Janus*, 48 (Leyden, 1959).

Ho Peng Yoke and Needham, Joseph, "The Laboratory Equipment of Early Mediaeval Chinese Alchemists", *Ambix*, 7 (London, 1959).

Ho Peng Yoke and Needham, Joseph, "Theories of Categories in Early Mediaeval Chinese Alchemy", *Journal of the Warburg and Courtauld Institutes*, 22 (London, 1959).

Hummel, Arthur W. (ed.) *Eminent Chinese of the Ching Period*, Ch'eng-Wen Publishing Co. reprint, Taipei, Taiwan, 1975.

Kaltenmark, Max, *Lao Tzu and Taoism*, Stanford University Press, 1969.

Lau, D. C. (tr.), *Lao Tzu (Tao te Ching)*, Penguin, London, 1963.

Legge, James (tr.), "The Thai-Shang Tractate of Actions and their Retributions", in

The Texts of Taoism (*Sacred Books of the East*, Vol. XL), Oxford University Press, Clarendon, 1891.

Liu Ts'un-yan 柳存仁, *Buddhist and Taoist Influences on Chinese Novels*, Vol. 1, Kommissionsvslag otto Harrassowitz, Wiesbaden, 1962.

Liu Ts'un-yan, *Chinese Popular Fiction in Two London Libraries*, Lung Men, Hong Kong, 1967.

Liu Ts'un-yan, "Lin Chao-en: The Master of the Three Teachings", *T'oung-pao*, 53, 4-5, (1967).

Liu Ts'un-yan,"Lu Hsi-hsing, A Confucian Scholar, Taoist Priest and Buddhist Dovotee of the Sixteenth Century", *Asiatische Studien*, XVIII/XIX, Bern, 1966.

Liu Ts'un-Yan, "Lu Hsi-hsing and His Commentaries on the *Ts'an-t'ung-chi*", *The Tsing Hua Journal of Chinese Studies* (《清華學報》), New Series, Vol. 7, No. I, 1968.

Liu Ts'un-yan, "Taoist Self-cultivation in Ming Thought", in de Bary ed., *Self and Society in Ming Thought*, Columbia University Press, New York, 1970.

Liu Ts'un-yan, "The Compilation and Historical Value of the *Tao-tsang*", in D. Leslie and others ed. *Essays on the Sources for Chinese History*, (Australian National University Press, Canberra, 1973).

Liu Ts'un-yan, "The Penetration of Taoism into the Ming Neo-Confucianist Elite", *T'oung Pao*, Vol. LVII, Nos. 1-4 (1971).

Liu Ts'un-yan, "Shao Yüan-chieh and T'ao Chung-wen", in Liu's *New Excursions from the Hall of Harmonious Wind*, (Leiden, E. J. Brill, 1984).

Liu Ts'un-yan, "Wang Yang-ming and Taoism", in Liu's *New Excursions from the Hall of Harmonious Wind*, (Leiden, E. J. Brill, 1984).

Liu Ts'un-yan, "Wu Shou-yang: The Return to the Pure Essence", in liu's *New Excursions from the Hall of Harmonious Wind*, (Leiden, E. J. Brill, 1984).

Liu Ts'un-yan, "Yüan Huang and His 'Four Admonitions'", *Journal of the Oriental Society of Australia*, Vol. V, Nos. 1-2, (1968).

Maspero, Henri, (translated by Frank A. Kierman, Jr.), *Taoism and Chinese Religion*, University of Massachusetts Press, Amherst, 1981.

Needham, Joseph, *Science and Civilisation in China*, Vol. 2, Cambridge University Press, Cambridge, 1959.

Saeki, Yoshirō 佐伯好郎 , *The Nestorian Documents and Relics in China*, Marzuen, Tokyo, 1951.

Seidel, Anna, "A Taoist Immortal of the Ming Dynasty: Chang San-feng", in Wm.

Theodore de Bary, ed., *Self and Society in Ming Thought*, Columbia University Press, New York, 1970.

Sivin, Nathan, *Chinese Alchemy: Preliminary Studies*, Harvard University Press, Cambridge, Mass., 1968.

Suzuki, Daisetsu 鈴木大拙 and Carus, Paul (tr.), *Yin Chih Wen, the Tract of the*

Quiet Way, Open Court, Chicago, 1906.

Suzuki, Daisetsu and Carus, Paul (tr.), *T'ai-shang kan ying p'ien, Treatise of the Exalted One on Response and Retribution*, Open Court, Chicago, 1926.

Waley, Arthur (tr.), *The Way and its Power, a study of the Tao te ching and its place in Chinese Thought*, Allen & Unwin, London, 1934.

Ware, James R. (tr.), *Alchemy, Medicine, Religion in the China of A. D. 320*, M. I. T. Press,Cambridge, Mass., 1967.

Welch, Holmes, "The Chang T'ien-shih and Taoism in China", *Journal of Oriental Studies*, Vol. IV, Nos. 1-2 (1957-58).

Welch, Holmes, *The Parting of the Way: Lao Tzu and the Taoist Movement*, Methuen and Co. Ltd, London, 1957.

Werner, E. T. C. *Myths and Legends of China*, Graham Brash (PTE) Ltd. Singapore,1984.

Wilhem, Richard, *The Secret of the Golden Flower*, Routledge & Kegan Paul, London, 1972.

Wolfgang, Franke, *An Introduction to the Sources of Ming History*, University of Malaya Press, Singapore, 1968.

Grootaers, W. A., "The Hagiography of the Chinese God Chen-wu", *Folklore Studies*, Vol. XI, No. 2 (Tokyo, 1952).

Wong Shiu Hon 黃兆漢, "The Cult of Chang San-feng", *Journal of Oriental Studies*, Vol. XVII, Nos. 1 & 2 (1979).

Wong Shiu Hon, *Investigations into the Authenticity of the Chang San-feng Ch'üan-chi*, Australian National University Press, Canberra, 1982.

Wu Lu-ch'ing 吳魯強 and Davis, T. L. (tr.), "An Ancient Chinese Treatise on Alchemy entitled *Ts'an-t'ung-ch'i*", *Isis*, Vol. 8, No. 2 (Brussels, 1932).

Yang, Richard, "A study of the Origin of the Legends of the Eight Immortals", *Oriens Extremus*, Vol. 5, No. 1 (Wiesbaden, 1958).

Yetts, W. Perceval, "The Eight Immortals", *Journal of Royal Asiatic Society*, 78 (London, 1916).

Yetts, W. Perceval, "More Notes on the Eight Immortals", *Journal of the Royal Asiatic Society*, 84 (London, 1922).

十八畫

十九畫

二十畫以上

十七畫

十六畫

十四畫

十五畫

十三畫

十二畫

十一畫

十　畫

九　畫

八　畫

七 畫

六　畫

五　畫

四 畫

索　引

一至三畫

Shen Wan-san and Wang Hsi-ling respectively by the Ch'ing devotees when they fabricated the relationship between Chang San-feng and Shen Wan-san. Once again, the appearance of these terms in the scriptures in *chüan* 7 gives a clue to their authorship. Mention of the names of some altars, which were established in the Ch'ing dynasty, in the works in *chüan* 8, serves to disclose the forgery of these works.

Lastly, it is also clear that some of the works were extracted from the *Shen-hsien chien* 神仙鑑, an earlier compilation than *Chang San-feng ch'üan-chi*, and were attributed to Chang San-feng. Other works by unknown or uncertain authors were also put under the name of Chang San-feng and were included in *chüan* 4. Actually, the complete works contain many complex foreign elements. The inclusion of a number of scriptures with strong Buddhist nature (*ts'e* 6) of which probably have nothing to do with Chang San-feng, illustrates the condition of the extant *Chang San-feng ch'üan-chi*.

In view of the many spurious works that can be found in the *Chang San-feng ch'üan-chi*, I feel justified in concluding that the authorship is extremely doubtful.

Chang San-feng to produce works filled with such sentiment. Therefore, there is a strong possibility that these prose pieces and poems were composed by an unknown author in the late Ming period.

It can be detected that some of the works, like those in *chüan* 5, are tinged with an anti-Taoist or non-Taoist coloration, which suggests that they could not have been written by a noted Taoist like Chang San-feng, nor have been fabricated by Wang Hsi-ling or Li Hsi-yüeh who were addicted to Taoist practices. I therefore attribute these works to the same unknown author in late Ming times who wrote the essays and poems mentioned above.

Some characters such as Shen Wan-san 沈萬三 (fl. 14th Century) who originally had no connection with Chang San-feng, but were associated with him by his Ch'ing devotees, figure in the works in *chüan* 5, helping to betray the false attribution and dating of these works.

Some terms were used only by Ch'ing advocates. For example, the designations 'Tung-hsüan chen-jen' 洞玄眞人 and 'K'un-yang chen-chün, 崑陽眞君 were given to Chang San-feng by his Ch'ing devotees and should therefore not appear in works actually written by the Taoist master of the Ming period. Such a discrepancy is found in the prose writings in *chüan* 6 and in the scriptures in *chüan* 7. Moreover, the appellations 'chen-chün' 眞君 and 'chen-jen' 眞人 were also attributed to of Chang, so it is impossible that they could have communication. Evidently all these poems included in the *Yün-shui ch'ien-chi* were fabricated.

The discrepancy becomes more obvious when Taoist priests, such as T'ao Chung-wen 陶仲文(ca. 1475-1560) and Shao Yüan-chieh 邵元節(1459-1539) who flourished during the Chia-ching (1522-1566) period, appear in some of the prose works in *chüan* 2 and poems in *chüan* 5 attributed to Chang San-feng who lived a century before. I have attributed these works to an author in the late Ming period, because Ch'ing writers rarely touched on happenings in Ming times. In some of the poems and discourses even the names of Ch'ing devotees appear, such as those in *chüan* 5 and 8. Such discrepancies confirm that the works concerned are forgeries. Moreover, the biographies of the hermits in *chüan* 2 flourished in late Ming and Ch'ing periods are obviously not authentic works and might have been forged by Wang Hsi-ling, or Li Hsi-yüeh, or both.

Some of the works in *chüan* 2 and some poems in *chüan* 4 are pervaded with a strong resentment against Emperor Ch'eng-tsu and sympathy for Emperor Chien-wen. It is very unlikely that Chang San-feng could have written such works, as he was much favoured by the Emperor and it would be illogical for him thus to provoke the anger of the sovereign. Moreover, the literary inquisition imposed by Emperor Ch'eng-tsu on any writings concerning the reign of Emperor Chien-wen was severely enforced, so that circumstances would not allow the products of planchette writing, while some other works were from the hand of an unknown author in the late Ming period, or were lifted from anonymous collections and attributed to Chang San-feng.

Some of the works purporting to have been transmitted by Chang San-feng in person are obviously spurious. For instance, the compiler claimed that some were written by Chang San-feng in the Ch'ing period, such as the *Yün-shui hou-chi* 雲水後集 (*chuan* 5) which must either have been deliberately forged by Wang Hsi-ling himself or be a product of planchette writing. The *Yün-shui sa -chi* 雲水三集 (*chüan* 5) is also atransparent example of forgery since Li Hsi-yüeh claimed that it included works written by Chang San-feng during Ch'ing times. Since it is impossible that Chang San-feng could still be alive in the Ch'ing period, all these works must be apocryphal.

The appearance of historical persons and the mention of historical facts also shed much light on the authorship of the works. For example, poems allude to communications between Chang San-feng and Lü Tung-pin 呂洞賓(798-?) of the T'ang dynasty included in the *Yün-shui ch'ien-chi* 雲水前集 (*chüan* 5) and some of the scriptures in *chüan* 7. Moreover, Chang San-feng was said to have exchanged verses with some noted persons of the early Yüan period, such as Liu Ping-chung, lien Hsi-hsien 廉希憲 (1231-1280), Ch'iu Ch'u-chi 丘處機 (1148-1227) and Chang Yü 張雨 (1277-1348), but all these historical figures lived in periods remote from the lifetime

The followers engaged in various kinds of activities, one of which was planchette writing. The spirits of Chang San-feng and other famous Taoist figures were often requested to descend to officiate at the performance and in the *Chang San-feng ch'üan-chi* there can be found poems written by the adherents themselves and those attributed to the various spirits that came to participate in the thaumaturgic practice. Besides exchanging verses, the devotees also made use of planchette writing to seek advice about the *tao* (way), on cultivation of nature and life and other matters. Another important religious activity performed by the followers of the Western Sect was the compilation of Taoist scriptures, which again can be found in the *Chang San-feng ch'üan-chi*.

The theme of Part III of this book is a discussion of the authenticity of the *Chang San-feng ch'üan-chi*. The extant edition of the complete works attributed to Chang San-feng was revised by Li Hsi-yüeh in 1844, working from an unpublished version edited by Wang Hsi-ling of the early Ch'ing Dynasty.

A large number of works in *chüan* I and 8 and the whole *ts'e* 册 5 of *Chang San-feng ch'üan-chi* are clearly indicated as having been written by authors other than Chang San-feng and can therefore be dismissed from my argument regarding his works. In the remaining parts, I have brought to light many serious discrepancies which indicate that they are spurious works. I surmise that wang Hsi-ling and Li Hsi-yüeh were responsible for a large proportion which in many cases were

(1664-1724), a Taoist advocate who claimed to be the immediate disciple of Chang San-feng. The sect was called 'yin-hsien' because Wang had always emphasized the quality of 'yin' 隱 (hidden), which Li Hsi-yüeh and his like-mind friends took from the works attirbuted to Chang San-feng. As for the term 'Yu-lung', it was often used to describe Lao-tzu 老子 (6th Century, B. C.) regarded by the sect as its first patriarch.

To enhance the prestige of their sect, Li Hsi-yüeh and his friends even claimed a 'tao-t'ung' 道統 or line of transmission in the sect, in which notable Taoist figures such as Lao-tzu, Yin-hsi 尹喜, Ma-i 麻衣, Ch'en T'uan 陳摶 (872-989), and Huo-lung 火龍 were claimed to be the patriarchs. However, a careful study of the biographical accounts of the alleged patriarchs shows that the allegation were mere fabrications and the line of transmission contains serious chronological discrepancies. Furthermore, of the eleven Taoist figures who, according to Li Hsi-yüeh's claim, were the immediate disciples of Chang San-feng, only five of them could have been related to Chang, and the rest could not have been his disciples.

Most of the followers of the Sect were natives of the district of Lo-shan 樂山 in Szechuan 四川 which had become a centre of Taoist practices throughout the Tao-kuang period. A modicum of biographical information on some of the followers of the sect can be gleaned from the *Chang San-feng ch'üan-chi* 張三丰全集 (Complete Works of Chang San-feng), a collection of works attributed to Chang San-feng.

that Chang San-feng lived in the period between the Yen-yu 延祐 reign (1314-1320) and 1417. Since it appears that the search for Chang San-feng grounded to a halt after 1417, there is reason to assume that in that year the Emperor was informed either that the Taoist had died or that he had retired from public life. As for his birth date, it is known that one of his disciples, Ch'iu Hsüan-ch'ing 丘玄清 (1327-1393), was born in 1327. Assuming that the master was older than the disciple, Chang San-feng must have been born before 1327. It may also be assumed that he did not live longer than one hundred years old. Therefore calculating back from 1417, around which time he appears to have died, I postulate that he was born around the Yen-yu period.

There is a saying that Chang San-feng was a descendant of Chang Tao-ling 張道陵 (34-156), the first Celestial Master of the T'ien Shih School of Taoist Religion founded in the Han dynasty, but this is not attested by the biographies of the hereditary Celestial Masters, *Han t'ien-shih shih-chia* 漢天師世家, and therefore should be viewed with reservation.

Part II is a study of the Western Sect of religious Taoism established in the Tao-kuang 道光 period (1821-1850) under the name of Chang San-feng by Li Hsi-Yüeh 李西月 (fL. 1796-1850) and his fellow advocates of Taoism. The Western Sect was originally known as the 'Yin-hsien' 隱仙 (Hidden Immortal) or 'Yu-lung' 猶龍 (Like Dragon) sect. The naming of the sect was very much influenced by Wang Hsi-ling 汪錫齡

the Taoist by Emperor T'ai-tsu 太祖 (Reg. 1368-1398) suggests that it was generally believed at the time that he existed, or at least that the Emperor was informed that such a Taoist figure was living as a recluse. The endeavours of Emperor Ch'eng-tsu 成祖 (Reg. 1403-1424) to invite the Taoist to court are powerful evidence of his existence. Many Ming writers attributed the search for the eccentric Taoist to a political motive, explaining it as a pretext to veil the Emperor's actual search for the deposed Emperor Chien-wen 建文帝 (Reg. 1399-1402). But, having scrutinized the material, I argue that Emperor Ch'eng-tsu was sincere in his search for the Taoist, and that it was a genuine motive in his dispatch of Hu Ying 胡濙 (1375-1463) to tour around the empire, an expedition which took many years. The Emperor had special reasons for wishing to invite the Taoist Chang San-feng to court. Firstly, he wished to boost the worship of the Dark God 玄帝 which he adored piously. Secondly, there is a strong possibility that the Emperor, who suffered from chronic disease in his old age, was trying to acquire some extraordinary medicine from the popular Taoist in order to heal his sickness. Although both Emperore T'ai-tsu and Ch'eng-tsu failed in their attempts to invite Chang San-feng to court, so many accounts of the search for the Taoist by the Emperors were written that it seems highly unlikely that Chang San-feng was merely an imaginary figure.

Not only is it possible to prove, almost without a shadow of doubt, that Chang san-feng did exist, but it can be deduced

A Study of Chang San-feng, a Taoist of the Ming Dynasty

(A Summary)

WONG SHIU HON

The Book is divided into three parts.

Part I is an examination of the biographical accounts of Chang San-feng 張三丰. In it I show that the biography included in the *T'ai-yüeh-t'ai-ho-shan chih* 太嶽太和山志 written in 1431 is possibly the earliest extant and is somewhat more reliable than later records which abound in fabulous legendary accounts cloaking the true face of Chang San-feng in myth. Close analysis of the source material indicates that some of the claims made about Chang San-feng, such as his association with Liu Ping-chung 劉秉忠(1216-1274), are unfounded. Moreover, the name of Chang San-feng appears in many local histories of different localities. It is my belief that compilers of these local gazetteers have attributed to Chang San-feng the deeds of other persons, whose description resembled that of Chang San-feng generally found in earlier records. It is also possible that in some cases they were misled by impersonations of the famed taoist.

I have made use of the biographical accounts of Chang San-feng and other source material to prove the possibility of the historical existence of Chang San-feng. The search for

國家圖書館出版品預行編目資料

明代道士張三丰考

黃兆漢著. – 初版. – 臺北市：臺灣學生，1988.02
面；公分

ISBN 978-957-15-1610-3 (平裝)

1. （明）張通 2. 道士 3. 傳記 4. 學術思想

239.76 103003348

明代道士張三丰考（全一冊）

著作者：黃兆漢
出版者：臺灣學生書局有限公司
發行人：楊雲龍
發行所：臺灣學生書局有限公司
臺北市和平東路一段七十五巷十一號
郵政劃撥戶：〇〇〇二四六六八號
電話：（〇二）二三九二八一八五
傳真：（〇二）二三九二八一〇五
E-mail：student.book@msa.hinet.net
http://www.studentbook.com.tw

本書局登記證字號：行政院新聞局局版北市業字第玖捌壹號

印刷所：長欣印刷企業社
新北市中和區中正路九八八巷十七號
電話：（〇二）二二二六八八五三

定價：新臺幣四〇〇元

一九八八年二月初版
二〇一四年四月初版二刷

23901

ISBN 978-957-15-1610-3 (平裝)